/ 当代世界农业丛书 /

北非农业

张 悦 雷 雯 李 众 聂凤英 编著

中国农业出版社

北 京

当代世界农业丛书编委会

序

| *Preface* |

2018 年 6 月，习近平总书记在中央外事工作会议上提出"当前中国处于近代以来最好的发展时期，世界处于百年未有之大变局"的重大战略论断，对包括农业在内的各领域以创新的精神、开放的视野，认识新阶段、坚持新理念、谋划新格局具有重要指导意义。农业是衣食之源、民生之基。中国农业现代化取得举世瞩目的巨大成就，不仅为中国经济社会发展奠定了坚实基础，而且为当代世界农业发展提供了新经验、注入了新动力。与此同时，中国农业现代化的巨大进步，与中国不断学习借鉴世界农业现代化的先进技术和成功经验，与不断融入世界农业现代化的进程是分不开的。今天，在世界处于百年未有之大变局、世界经济全球化进程深入发展、中国农业现代化进入新阶段的重要历史时刻，更加深入、系统、全面地研究和了解世界农业变化及发展规律，同时从当代世界农业发展的角度，诠释中国农业现代化的成就及其经验，是当前我国农业工作重要而紧迫的任务。为贯彻国务院领导同志的要求，2019 年 7 月农业农村部决定组织编著出版"当代世界农业丛书"，专门成立了由部领导牵头的丛书编辑委员会，从全国遴选了相关部门（单位）负责人、对世界农业研究有造诣的权威专家学者和中国驻外使馆工作人员，参与丛书的编著工作。丛书共设 25 卷，包含 1 本总论卷（《当代世界农业》）和 24 本国别卷，国别卷涵盖了除中国外的所有 G20 成员，还有五大洲的其他一些农业重要国家和地区，尤其是发展中国家和地区。

在编写过程中，大家感到，丛书的编写，是一次对国内关于世界农业研究力量的总动员，业界很受鼓舞。编委会以及所有参与者表示一定要尽心尽责，把它编纂成高质量权威读物，使之对于促进中国与世界农业国际交流与合作，推动世界农业科研教学等有重要参考价值。但同时，大家也切实感到，至今我国对世界农业的研究基础薄弱，对发达国家（地区）与发展中国家（地区）的农业研究很不平衡，有关研究国外农业的理论成果少，基础资料少，获取国外资料存在诸多不便。编委会、各卷作者、编审人员本着认真负责、深入研究、质量第一的原则，克服新冠肺炎疫情带来的诸多困难。编委会多次组织召开专家研讨会，拟订丛书编写大纲、制订详细写作指南。各卷作者、编审人员千方百计收集资料，不厌其烦研讨，字斟句酌修改，一丝不苟地推进丛书编著工作。在初稿完成后，丛书编委会还先后组织农业农村部有关领导和专家对书稿进行反复审核，对有些书稿的部分章节做了大幅修改；之后又特别请中国国际问题研究院院长徐步、中国农业大学世界农业问题研究专家樊胜根对丛书进行审改。中国农业出版社高度重视，从领导到职工认真负责、精益求精。历经两年三个月时间，在国务院领导和农业农村部领导的关心、指导下，在所有参与者的无私奉献、辛勤努力下，丛书终于付梓与读者见面。在此，一并表示衷心感谢和敬意！

即便如此，呈现在广大读者面前的成书，也肯定存在许多不足之处，恳请广大读者和行业专家提出宝贵意见，以便修订再版时完善。

余欣荣

2021 年 10 月

前　言

|Foreword|

  北非包括埃及、利比亚、突尼斯、摩洛哥、阿尔及利亚、苏丹6个国家。地理区位上，北非北隔地中海眺望欧洲，南接撒哈拉沙漠，西临大西洋，东有红海；社会文化上，北非和中东文化同源，这两个地区通常合起来统称中东北非。北非地区多年来受地区政治局势动荡和战乱，以及经济结构性问题、政府治理水平、人口膨胀等因素影响，经济发展相对缓慢。这些图景构成了大众对北非的初始印象，但北非农业其实具有鲜明的自身特点，在全球农业发展中也扮演着独特的角色。本书的编写旨在给读者呈现一个全面的、生动的北非农业的样貌。

  本书首先从6个北非国家的农业发展情况开始，介绍各国的农业资源条件、农业生产、农业贸易、粮食安全与营养、农业政策与农业科技。其次，关注北非特色农业生产组织方式，种植园、合作社、订单农业这3种最主要的方式在历史性的变化中存在着此消彼长的关系。这些农业组织方式虽然有不同的模式特点，但也有一个共同点即出口导向型的以经济作物为核心的种植模式。再次，关注北非特色农业生产体系，灌溉农业与绿洲农业是北非最具地域特色的农业生产方式，其产生与发展不仅能够反映出北非特有的农业地理和自然禀赋等条件，还能充分地反映出该地区的人文历史和社会变迁，是北非各国在长期的社会探索中发展出来的成熟的具有世界意义的农业生产体系。

  在中非合作的大背景下，中国与北非六国的合作不断发展。2019年，中国与北非六国的农产品贸易总额为16.88亿美元，主要贸易农产品为油籽、水产品、水果、棉麻丝、调味香料、饮品类和粮食作物（谷物）等。中国与北非六国在政府间援助、投资、贸易、科技、人力资源等领域合作也已有成效。未来中国将在合作机制化、农业生产、经贸往来、农业可持续发展、农业科技、能力建设、数字农业等领域继续加强与北非各国的合作。

  由于北非六国国家相关数据库及网站登录障碍、信息不全、非英语语言等困难，本书中数据主要来源于世界银行、联合国粮食及农业组织、联合国贸易数据库等相关数据库，文献资料主要来源于国内外相关机构报告等，数据存在一定缺失，例如利比亚、苏丹部分年份的农产品贸易数据缺失等，期望未来还能有机会补充更新。书中如有纰漏之处，敬请读者批评指正。

编　者

2021 年 10 月

目　录

| Contents |

第一章 CHAPTER 1

北非概况 ▶▶▶

第一节　北非区域

与撒哈拉以南非洲相对，北非指的是非洲大陆北部地区，习惯上认为是撒哈拉沙漠和苏丹热带草原以北、地中海以南的广大区域。根据相对位置，北非还可以进一步分为东北非（埃及、利比亚、苏丹）和西北非（突尼斯、阿尔及利亚、摩洛哥）。

从地理区位来看，北非北隔地中海眺望欧洲、南接撒哈拉沙漠、西临大西洋、东有红海。西北部的直布罗陀海峡扼守地中海与大西洋的通道，东北部的苏伊士运河扼守地中海与红海通道，从而在更大的范围上，扼守印度洋与大西洋的战略性通道，北非因此成为陆上交通亚、非、欧三洲的重要中转站，其地理位置具有极其重要的战略意义。该区域有 3 个主要的地理特征：南部是撒哈拉沙漠、西部是阿特拉斯山脉、东部是尼罗河和河口三角洲。阿特拉斯山脉延伸至阿尔及利亚北部、摩洛哥和突尼斯的大部分地区，北非地区最高的山峰就位于摩洛哥中南部的阿特拉斯山脉；其南面是撒哈拉沙漠干燥贫瘠的广阔区域，这是世界上最大的沙漠。撒哈拉沙漠覆盖了阿尔及利亚南部、摩洛哥和突尼斯以及利比亚大部分地区。埃及大部分地区也是沙漠，除了尼罗河和沿岸的灌溉地；尼罗河流域形成了一条肥沃的狭长线，贯穿整个国家。

从社会文化上来看，相比于撒哈拉以南的非洲，北非和中东文化同源，因此通常将这两个地区统称中东北非（Middle East and North Africa，MENA）。中东北非涵盖了一个面积相当广阔的区域，从摩洛哥一直至伊朗，中东北非有时候亦会被视作"大中东地区"的同义词。该区域人口大概有 3.8 亿人。伊斯兰教是这些国家的主要宗教。中东北非区域拥有丰富的石油及天然气储量，截至 2020 年，石油输出国组织 13 个国家中，有 8 个属于 MENA 区域，其中就包括北非地区的阿尔及利亚和利比亚两个国家。

第二节 北非经济发展

北非地区多年来受政治局势动荡、战乱以及经济结构性问题、人口膨胀等因素影响，经济发展相对缓慢。总体上来看，北非地区各国中，埃及 GDP 总量最高，2019 年达到 3 020.52 亿美元，其后依次是阿尔及利亚、摩洛哥、苏丹、利比亚、突尼斯；埃及 GDP 增速最快，2019 年为 3.5%，其次是利比亚和摩洛哥，2019 年为 1.0%，其他国家负增长；利比亚人均 GDP 最高，2019 年达到 8 122.17 美元，其后依次是阿尔及利亚、突尼斯、摩洛哥、埃及、苏丹（表 1-1）。

埃及经济整体呈现增长趋势。2010—2019 年：埃及 GDP 增速在 2011—2013 年呈现负增长（2012 年零增长），2013 年后持续上升（2017 年略有下降）；同时 GDP 总量也稳步上升，在 2019 年突破 3 000 亿美元；人均 GDP 呈现波动上升趋势，并在 2019 年突破 3 000 美元。世界银行《2020 年营商环境报告》显示，埃及在全球 190 个国家和地区中排第 114 名，投资环境持续改善；南非兰德商业银行研究报告显示，2018 年，埃及再次被评为非洲最佳投资目的国。埃及财政状况愈发稳健，各项公共产品价格市场化机制逐步推进；外汇储备较为充裕，埃及镑持续坚挺；标准普尔等国际评级组织纷纷上调埃及主权信用评级，并乐观评价埃及未来经济走势（商务部，2020）。

利比亚经济波动较大，2010—2019 年：利比亚 GDP 增速波动剧烈，2011 年 GDP 相较于 2010 年下降了 62.4%，2012 年 GDP 有所回升，上涨了 121.8%，2013—2016 年又呈现出了负增长，2017—2019 年恢复正增长；GDP 总量在波动中下降，2019 年，利比亚 GDP 总量为 550.48 亿美元；人均 GDP 变化与总量变化呈现出相同的趋势，2019 年，利比亚人均 GDP 为 8 122.17 美元。

突尼斯政府重视工业、农业协调发展，近年来加快实施的私有化和结构性改革成效显著，特别是在工业领域实施的新技术、新工艺发展计划吸引了大量世界级工业巨头企业来突尼斯投资，从而使其汽车配件、航天、电子以及纺织、服装工业得到长足发展，逐渐成为欧洲地中海出口（制造）平台。2017

表1-1 2010—2019年北非六国经济发展状况

国家	指标及单位	2010年	2011年	2012年	2013年	2014年	2015年	2016年	2017年	2018年	2019年
埃及	GDP总量（亿美元）	2 188.88	2 227.51	2 277.1	2 326.86	2 394.71	2 499.41	2 608.05	2 717.1	2 861.49	3 020.52
	GDP增速（%）	3.1	-0.4	0.0	-0.1	0.6	2.1	2.1	2.0	3.2	3.5
	人均GDP（美元）	2 644.82	2 635.19	2 634.85	2 632.06	2 648.29	2 703.74	2 761.39	2 817.32	2 907.32	3 008.84
利比亚	GDP总量（亿美元）	747.73	283.57	632.76	546.70	415.50	378.67	368.09	466.30	536.86	550.48
	GDP增速（%）	3.9	-62.4	121.8	-14.1	-24.5	-9.7	-3.9	25.0	13.4	1.0
	人均GDP（美元）	12 064.78	4 539.00	10 066.58	8 649.90	6 530.86	5 899.90	5 669.73	7 085.81	8 038.58	8 122.17
突尼斯	GDP总量（亿美元）	440.51	432.06	449.34	462.26	475.99	481.68	487.26	496.60	509.84	515.15
	GDP增速（%）	2.4	-2.9	3.0	1.9	1.9	0.1	0.0	0.8	1.5	-0.1
	人均GDP（美元）	4 141.98	4 022.24	4 142.49	4 220.39	4 302.49	4 308.42	4 310.57	4 343.44	4 408.37	4 405.01
摩洛哥	GDP总量（亿美元）	932.17	981.07	1 010.60	1 056.43	1 084.63	1 133.84	1 145.85	1 194.38	1 230.09	1 258.38
	GDP增速（%）	2.5	3.8	1.6	3.1	1.2	3.1	-0.3	2.9	1.7	1.0
	人均GDP（美元）	2 839.93	2 948.85	2 995.45	3 087.12	3 125.08	3 222.05	3 212.82	3 305.42	3 361.22	3 396.06
阿尔及利亚	GDP总量（亿美元）	1 612.08	1 658.83	1 715.23	1 763.25	1 830.26	1 897.98	1 958.71	1 984.18	2 011.95	2 028.05
	GDP增速（%）	1.7	1.0	1.4	0.8	1.7	1.6	1.1	-0.8	-0.6	-1.1
	人均GDP（美元）	4 480.80	4 524.72	4 588.15	4 623.09	4 702.17	4 777.43	4 830.20	4 793.95	4 764.46	4 710.58
苏丹	GDP总量（亿美元）	617.39	640.84	631.62	659.38	677.04	710.26	743.64	775.49	757.49	738.13
	GDP增速（%）	-2.9	13.6	9.6	1.9	0.2	2.4	2.2	1.8	-4.6	-4.9
	人均GDP（美元）	1 401.48	1 591.57	1 745.10	1 778.61	1 782.74	1 825.72	1 866.22	1 900.09	1 812.12	1 724.09

数据来源：世界银行。

年，突尼斯新的《投资法》开始实施，对投资突尼斯的外资企业给予更多优惠和便利，2018年5月，为了完善新《投资法》，突尼斯政府颁布了417号法令，旨在通过简化程序以及减少需要授权经营的负面清单来改善投资营商环境。2018年，突尼斯设立了外商投资管理机构TIA，为外资企业提供一条龙服务。2018年，突尼斯接受外国直接投资28.66亿突尼斯第纳尔，约合8.3亿欧元，同比增长27.5%，其中外国直接投资27.42亿突尼斯第纳尔，投资主要集中在工业、能源、服务业等领域。2010—2019年：突尼斯GDP总量在波动中上升，2019年达到515.15亿美元；GDP增速在波动中放缓，2011年和2019年呈现负增长，其余年份增长率在0～3.0%；人均GDP也在波动中上升，并在2019年达到4 405.01美元。

摩洛哥是经济发展水平较高的非洲国家，目前正在努力向新兴国家的行列迈进，经济持续增长，基础设施建设日益发展和完善，新能源、电力、工业等领域取得突出发展成就，农业现代化水平逐步提高，金融、航空、物流、电信、建筑等产业加快发展。可以说，摩洛哥在非洲的发展中持续领跑，并将有更广阔的发展前景。2010—2019年：摩洛哥GDP总量稳步上升，2019年达到1 258.38亿美元；GDP增速在波动中放缓，大部分年份增速都在3%以下，2016年呈现负增长；人均GDP波动增长，并在2019年达到3 396.06美元。近几年，摩洛哥经济社会发展取得一系列成就：建成了非洲第一条高铁、世界最大的光热电站；成为非洲第二大汽车生产国；航空工业加快发展，成为欧洲和美国重要的航空工业发展伙伴和生产基地；丹吉尔地中海港2017年一跃成为非洲最大的集装箱港。世界银行《2020年全球营商环境报告》显示，摩洛哥营商环境在全球190个经济体中排名第53位，在北非地区居首，在中东北非地区位居阿联酋和巴林之后，排名第三，在非洲排在毛里求斯和卢旺达之后，位列第三。

阿尔及利亚国土面积和人口数量较大，石油、天然气和页岩气资源丰富，市场体量稳居非洲前列。近年来，阿尔及利亚持续实施基础设施五年规划，公路、铁路、通信、电力等领域都得到一定发展，但较规划目标还有一定的距离。此外，阿尔及利亚农业、工业、旅游业等发展程度较低，私人部门发展也相对落后，发展潜力仍很大。2010—2019年：阿尔及利亚GDP总量不断上升，在2019年达到2 028.05亿美元；2010—2016年GDP增速保持在1%左右，2017—2019年GDP呈现负增长；人均GDP在波动中上升，并在2019年达到 4 710.58 美元。

苏丹国土面积广袤，农业、矿产资源丰富，属于尚未大面积开发的处女地，蕴藏巨大发展潜力。2010—2019 年：苏丹 GDP 总量在波动中上升，2019年达到 738.13 亿美元；2010—2011 年，GDP 增速猛增至 13.6%，2011—2019年 GDP 增速不断下降，从 13.6% 下降到 −4.9%；人均 GDP 也在波动中上升，并在 2019 年达到 1 724.09 美元。

根据非洲发展银行（AFDB）发布的《2020 年北非经济展望报告》，由于北非处于全球最为动荡的地区，地缘政治局势紧张、武装冲突升级，改革进程不如预期，主要贸易伙伴经济增长低于预期，油价波动等长期存在的风险以及近期全球贸易紧张局势升级带来的风险都是严重制约中东与北非地区国家经济活动的主要风险。这些风险的持续扩散也可能阻碍生产率的长期发展。

第二章 CHAPTER 2
埃及农业 ▶▶▶

第一节　农业资源条件

一、土地资源

埃及土地面积 99.55 万千米^2，其中，农业用地面积 3.73 万千米^2，农业用地面积占土地面积的比例比较低，仅为 3.75%，农业用地均为耕地。埃及的灌溉农业较为普及，全部耕地中，配备灌溉的土地面积 3.71 万千米^2，占耕地面积的比例高达 99.47%。有机农业区域面积 0.11 万千米^2，为农业用地面积的 2.95%（表 2-1）。

表 2-1　2018 年埃及土地利用情况

单位：万千米^2

土地利用类型	面积
总国土	99.55
农业用地	3.73
耕地	3.73
林地	0.07
配备灌溉的土地	3.71
有机农业区域	0.11

数据来源：联合国粮食及农业组织数据库。

二、水资源

埃及 97% 的水源来自尼罗河。埃及与苏丹分别于 1929 年、1959 年签订尼

6

罗河水资源分配协议，规定尼罗河每年大约 840 亿米³ 的水量中，埃及使用 555 亿米³，苏丹使用 185 亿米³，剩下 100 亿米³ 计作蒸发流失。埃及年用水需求为 800 亿米³，其中 555 亿米³ 来自尼罗河，其余来自深层地下水、淡化海水和少量降雨等。

2013—2017 年，埃及淡水资源用水量为 644 亿米³/年，可再生水资源总量为 575 亿米³/年，农业用水量为 613.5 亿米³/年，超过了可再生水资源总量（表 2-2）。埃及人均可再生水资源总量为 589.4 米³/年，低于联合国确定的人均用水标准（1 000 米³/年），属于"缺水国家"。为弥补供水不足，埃及加大对农业用水的再利用力度，并加大对尼罗河谷地及三角洲地区地下水的利用力度。

表 2-2 埃及 2013—2017 年水资源利用情况

单位：亿米³/年

项目	数值
淡水资源用水量	644
可再生地表水总量	560
可再生地下水总量	15
可再生水资源总量	575
农业用水量	613.5

数据来源：联合国粮食及农业组织水文数据库。

三、气候条件

埃及地处地中海腹地，终年高温少雨，尼罗河三角洲和北部沿海地区属亚热带地中海气候，其余大部分地区属热带沙漠气候。降水方面，1901—2016 年，埃及平均年降水量 33.27 毫米，平均每月降水量仅为 2.77 毫米，远低于世界平均水平。从月份分布上看，埃及冬季降水量相对较大，12 月与次年 1 月均降水量超过 4 毫米，而 6—10 月降水较少，月均降水量低于 3 毫米（图 2-1）。从地理分布上看，埃及的降水从北至南减少，南北差异较大。北部临地中海地区降水多集中在冬季，年平均降水量达到 50～200 毫米，亚历山大港年平均降水量可达 190 毫米。开罗年平均降水量则仅为 33 毫米，地面蒸发量却高达 1 020 毫米。开罗以南的地区甚至会出现全年无雨的情况。

气温方面，从月份分布上看，埃及最低月平均气温出现在 1 月，为

13.21℃，最高月平均气温出现在 8 月，为 29.6℃（图 2 - 1）。从地理分布上看，埃及南部夏季气温偏高，南方地区夏季最高气温平均为 42℃，最低气温平均为 20.8℃，冬季最高气温平均为 25.8℃，最低气温平均为 9.6℃，昼夜温差大，有时温差甚至达到 40℃以上。北部气温与南部相比较为温和，温差相对较小。开罗地区夏季最高气温平均为 34.2℃，最低气温平均为 20.8℃，冬季最高气温平均为 19.9℃，最低气温平均为 9.7℃。

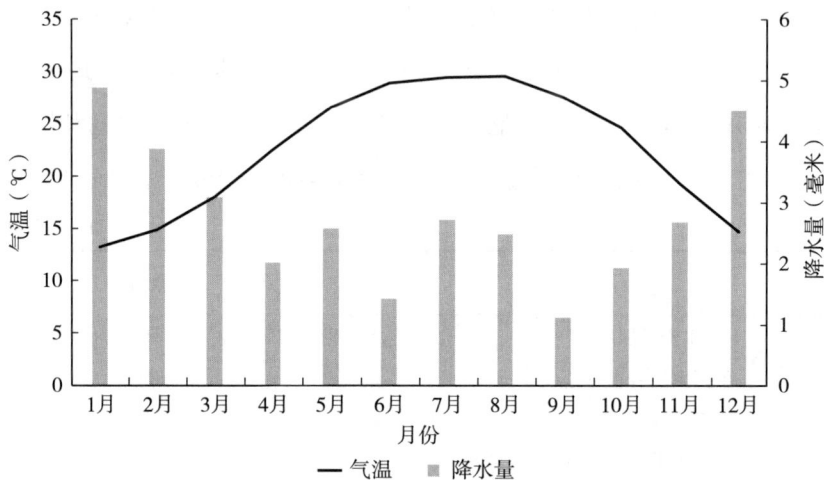

图 2 - 1　1901—2016 年埃及月平均降水量和气温情况

数据来源：世界银行气候变化知识门户。

在埃及的气候条件下，农田可以实现一年两收，但是由于灌溉水源不足及地力不足（化学肥料少），主要施行二年三收制，并采用轮种方式。一般的情形为前一年的 11 月至当年 5 月为干季，种植耐旱的小麦、大麦、埃及品种苜蓿、豆类或洋葱，6—7 月休耕，7—11 月种植玉米，12 月至第二年 3 月使农田休耕或种苜蓿，第二年 4—10 月以种植棉花为主，上埃及区种甘蔗，三角洲区种稻米。在两年中，农田仅休耕 4～6 个月。除此之外，埃及还存在另一种轮种方式：首年 4—10 月种棉花，11 月到第二年 4 月种小麦，5—11 月种玉米，11 月到第三年的 3 月种苜蓿，在这种情况下，必需施用大量的化学肥料，才能维持高产量。

四、劳动力资源

埃及是北非地区人口最多的国家。根据世界银行数据（表 2 - 3），2019 年，埃及总人口超过了 1 亿，是世界上第 14 个人口破亿的国家。从人口年龄分布上看，15～64 岁人口占总人口比例达到 60.89％，适龄劳动力比例高。从人口城乡结构上看，农村人口 5 749.22 万，占总人口的 57.27％。农业从业人口占总从业人口比例为 20.62％；女性农业从业人口占女性总从业人口的 21.21％；男性农业从业人口占男性总从业人口的 20.46％；25 岁以上的人口中，49.4％的人受过基本初等教育。

表 2-3　2019 年埃及劳动力资源状况

项目	数量
总人口	10 038.81 万人
农村人口	5 749.22 万人
15～64 岁人口占总人口比例	60.89％
农村人口占总人口比例	57.27％
农业从业人口占总从业人口比例	20.62％
女性农业从业人口占女性总从业人口比例	21.21％
男性农业从业人口占男性总从业人口比例	20.46％
25 岁以上受过基本初等教育人口比重	49.4％

数据来源：世界银行。

从人口素质来看，根据《2019 年人类发展报告》，埃及 2018 年的人类发展指数（HDI）为 0.7，在 189 个国家和地区中排名第 116 位；其中，女性人类发展指数为 0.643，男性为 0.732，性别发展指数为 0.878。1990—2018 年：埃及的人类发展指数从 0.546 增至 0.7，增长了 28.2％；埃及人的出生时预期寿命增长了 7.3 岁，平均受教育年限增长了 3.8 年，预期受教育年限增长了 3.3 年；国民总收入增长了约 86.8％。2018 年埃及全球创新指数为 0.450，在 162 个国家中排名第 102 位。在埃及，妇女拥有 14.9％的议会席位；成年女性中至少 59.2％达到了中等教育水平，而男性为 71.2％。

第二节　农业生产

一、农业产值规模及构成

近年来，埃及农业产值呈现出一定波动。如表 2-4 所示，2010—2017 年，农业总产值整体上逐渐上升，2017 年达到 305.22 亿美元，2018 年有所回落，为 288.07 亿美元。农业产值中，种植业产值在波动中上升，由 2010 年的

149.77 亿美元增长至 2018 年的 170.90 亿美元。种植业对农业总产值的贡献不断上升，由 2010 年的 54.5％上升到 2018 年的 59.3％。畜牧业产值在波动中略有下降，2010—2017 年由 121.50 亿美元增长至 128.15 亿美元，2018 年下降至 114.35 亿美元。畜牧业产值占农业总产值的比例呈下降趋势，由 2010 年的 44.2％下降至 2018 年的 39.7％。

表 2-4　2010—2018 年埃及农业产值情况

年份	2010	2011	2012	2013	2014	2015	2016	2017	2018
农业总产值（亿美元）	274.69	286.96	299.72	299.63	304.50	304.93	298.06	305.22	288.07
种植业产值（亿美元）	149.77	158.44	168.61	167.11	171.09	175.63	172.26	174.35	170.90
畜牧业产值（亿美元）	121.50	122.78	127.38	128.58	128.66	126.40	124.26	128.15	114.35
种植业产值占农业总产值的比例（％）	54.5	55.2	56.3	55.8	56.2	57.6	57.8	57.1	59.3
畜牧业产值占农业总产值的比例（％）	44.2	42.8	42.5	42.9	42.3	41.5	41.7	42.0	39.7

数据来源：联合国粮食及农业组织数据库。

注：表中产值为 2014—2016 年不变价美元价格。

2010—2018 年，埃及农业产值占 GDP 的比例呈下降趋势，由 2010 年的 13.3％下降至 2018 年的 11.2％（表 2-5）。

表 2-5　2010—2018 年埃及农业产值占 GDP 的比例

年份	2010	2011	2012	2013	2014	2015	2016	2017	2018
农业产值占 GDP 的比例（％）	13.3	13.9	11.3	11.3	11.3	11.4	11.8	11.5	11.2

数据来源：世界银行。

二、种植业

埃及是传统农业国，种植业是农业生产中最重要的部分。由于气候、土壤、水源等一系列农业生产要素原因，埃及的农业生产主要布局在尼罗河沿岸和三角洲地区。如表 2-6 所示，2018 年，埃及糖料作物产量最高，为 2 646.54 万吨，其后依次是谷物 2 205.15 万吨、主要蔬菜 1 557.28 万吨、初级水果 1 515.33 万吨、薯类作物 540.46 万吨、柑橘类水果 467.57 万吨，豆类作物、纤维作物和坚果产量较低。2018 年，埃及谷物收获面积最大，为 308.48 万公顷，其后依次是初级水果 67.36 万公顷、坚果 35.60 万公顷、油料作物 33.88

万公顷、豆类作物 26.50 万公顷、柑橘类水果 19.37 万公顷、糖料作物 19.26 万公顷，其余作物收获面积较小。

表 2-6　2018 年埃及种植业生产情况

主要农产品种类	收获面积（万公顷）	产量（万吨）
谷物	308.48	2 205.15
柑橘类水果	19.37	467.57
纤维作物	15.03	9.01
初级水果	67.36	1 515.33
油料作物	33.88	143.33
豆类作物	26.50	27.91
薯类作物	9.40	540.46
糖料作物	19.26	2 646.54
坚果	35.60	3.39
主要蔬菜	0.59	1 557.28

数据来源：联合国粮食及农业组织数据库。

埃及主要粮食作物为小麦、玉米、水稻和马铃薯。

小麦是埃及最重要的粮食作物。根据联合国粮食及农业组织《埃及小麦生产回顾报告》，埃及小麦种植范围很广，几乎涵盖整个尼罗河沿岸和尼罗河三角洲地区以及新开垦的地区。如表 2-7 所示，2010 年，小麦产量为 717.74 万吨，2011—2016 年总体呈增长趋势，2016 年达 934.25 万吨，2017 年和 2018 年有所下降，2018 年产量为 880.00 万吨，虽然高于 2010 年，但较 2016 年有较大的回落。

表 2-7　2010—2018 年埃及主要农作物产量情况

单位：万吨

农作物	2010 年	2011 年	2012 年	2013 年	2014 年	2015 年	2016 年	2017 年	2018 年
小麦	717.74	840.71	879.55	946.02	880.00	960.77	934.25	842.11	880.00
玉米	704.11	687.65	809.36	795.66	805.99	780.32	781.76	854.26	730.00
水稻	432.95	567.50	591.11	572.41	546.74	481.80	530.89	496.07	490.00
马铃薯	364.32	433.84	475.80	426.52	461.11	495.54	411.34	484.10	489.65
甘蔗	1 570.89	1 576.52	1 555.00	1 578.00	1 605.50	1 590.33	1 555.75	1 538.22	1 524.27
甜菜	784.03	748.61	912.61	1 004.43	1 104.56	1 198.29	1 120.92	1 086.09	1 122.27
柑橘	352.29	373.09	398.34	410.22	440.44	469.71	431.67	456.02	451.60
番茄	854.50	810.53	862.52	829.06	828.80	773.78	732.07	672.90	662.47
棉花	37.75	63.47	41.20	43.50	52.50	32.00	17.00	30.00	31.10

数据来源：联合国粮食及农业组织数据库。

玉米也是埃及重要的粮食作物。2010年，埃及玉米产量为704.11万吨，2011年有所下降，2012—2017年玉米产量在波动中上升，2017年达到854.26万吨，为近十年最高值，2018年有所下降，为730.00万吨。

水稻和马铃薯也是埃及主要的粮食作物。这两类粮食作物产量也呈现出波动趋势：水稻产量在2010—2012年增长迅速，2013—2018年波动下降，2018年为490.00万吨；马铃薯产量在2015年达到峰值，为495.54万吨，之后几年有所回落，2018年产量为489.65万吨。

埃及糖料作物主要为甘蔗和甜菜，2010—2018年，糖料作物产量总体稳步增加。甘蔗产量基本稳定在1 500万～1 600万吨，2018年产量为1 524.27万吨。甜菜产量不断上升，2010年产量为784.03万吨，2013年突破1 000万吨，到2018年，产量达到1 122.27万吨。

埃及主要经济作物为柑橘、蔬菜和棉花。其中，柑橘是埃及近年来最重要的经济作物，种植区域主要集中在沿尼罗河流域的盖卢比尤省、布海拉省、东部省、苏伊士省和米努夫省。2010—2018年，埃及柑橘产量呈上升趋势，2018年达到451.60万吨。甜橙是埃及的重要经济作物，占柑橘类水果种植面积的80%。2020/2021年度美国海外农业服务局驻埃及办事中心预测，埃及甜橙种植面积为16.8万公顷，与其2019/2020年度的种植面积大致相同，尼罗河三角洲甜橙种植面积占埃及全部甜橙种植面积的40%。2020/2021年度甜橙采收面积为14.5万公顷，比上年增长3.5%，该增长是由于甜橙种植面积增加了7%，且甜橙花期时天气适宜，有利于提高产量。埃及种植的甜橙品种主要有华盛顿脐橙、晚脐橙、卡拉卡拉脐橙、纽荷尔脐橙以及伏令夏橙等。华盛顿脐橙从每年9月开始显色，11月至次年3月成熟。伏令夏橙是埃及种植面积第二大的甜橙品种，成熟期很长，果肉多汁。

埃及蔬菜中以番茄产量居高，2012年为862.52万吨，之后在波动中不断下降，到2018年，产量下降至662.47万吨，低于2010年水平。

埃及棉花有着悠久的发展历史，主要棉花品种为中长绒棉和超长绒棉，因其绒长、光洁、韧性好，被埃及人称为"国宝"。棉田主要集中在尼罗河河谷地带及三角洲地区，其中开罗附近三角洲地区棉田面积最大。2010—2018年，埃及棉花产量波动明显：2011年，棉花产量达到63.47万吨，之后产量在波动中下降，2016年仅为17.00万吨，后又有所回升，在2018年达到31.10万吨。

三、畜牧业

埃及没有单独的自然牧场，畜牧业生产主要依靠私营牧场，特别是小型农业生产者，这些人员是埃及动物资源生产的主要力量（杜炜，2016）。如表2-8所示，2010—2018年，埃及肉类总产量在波动中上升。2010年，肉类产量194.50万吨，2011—2015年逐年上升，2015年达到224.64万吨，2016—2018年有所回落，2018年产量为215.24万吨。

表2-8　2010—2018年埃及畜牧产品产量情况

单位：万吨

畜牧产品	2010年	2011年	2012年	2013年	2014年	2015年	2016年	2017年	2018年
肉类（总）	194.50	198.30	201.75	213.96	221.26	224.64	220.88	214.91	215.24
-牛肉	85.57	85.03	84.95	82.45	80.10	83.74	82.66	75.82	72.12
-羊肉	12.81	12.66	12.85	12.79	12.80	12.52	12.85	9.36	11.75
-禽类肉	85.11	90.08	93.67	107.42	116.49	116.65	113.82	118.12	119.98
禽蛋	29.12	30.55	47.24	47.09	48.13	45.94	42.52	43.58	45.43
奶类	576.28	578.93	583.57	554.76	558.91	523.19	507.43	542.34	447.13

数据来源：联合国粮食及农业组织数据库。

埃及的肉类主要为禽类肉、牛肉和羊肉。2010—2018年，禽类肉产品产量不断上升，从2010年的85.11万吨上升到2018年的119.98万吨。埃及牛肉产量在波动中下降，由2010年的85.57万吨下降到2018年的72.12万吨。羊肉也是埃及主要的肉类产品，2010—2018年，埃及羊肉产量总体稳定在12万吨左右，2017年出现了明显下降，为9.36万吨，2018年有所回升，为11.75万吨。

埃及蛋奶业也较为发达。2010—2018年：埃及禽蛋产量在波动中上升，由2010年的29.12万吨上升到2018年的45.43万吨，上升了56%；奶类产量在波动中有所下降，2010年奶类产量为576.28万吨，2011—2012年有所上升，之后开始波动下降，到2018年，仅为447.13万吨。

四、林业

2010—2019年，埃及林业稳步发展。十年间，圆木产量稳中有升，由

2010 年的 1 777.94 万米³ 上升到 2019 年的 1 812.94 万米³；工业圆木产量稳定在 26.80 万米³，木材燃料产量从 2010 年的 1 751.14 万米³ 上升到 2019 年的 1 786.14 万米³（表 2 - 9）。

表 2 - 9　2010—2019 年埃及林业产品产量

单位：万米³

林业产品	2010 年	2011 年	2012 年	2013 年	2014 年	2015 年	2016 年	2017 年	2018 年	2019 年
圆木	1 777.94	1 782.36	1 786.86	1 791.43	1 796.09	1 800.83	1 803.76	1 806.76	1 809.82	1 812.94
工业圆木	26.80	26.80	26.80	26.80	26.80	26.80	26.80	26.80	26.80	26.80
木材燃料	1 751.14	1 755.56	1 760.06	1 764.63	1 769.29	1 774.03	1 776.96	1 779.96	1 783.02	1 786.14

数据来源：联合国粮食及农业组织数据库。

五、渔业

埃及盛产鱼类，鱼类是埃及人重要的食物。红海、地中海、尼罗河等都是天然的鱼类生产源。此外，埃及加大力度发展多项鱼类养殖工程，建立了许多养鱼塘，总面积达到 67.75 万公顷。水产养殖业是埃及最大的单一鱼类供应来源，被政府视为可满足日益增长的鱼品需求的唯一渔业产业，其鱼类产量几乎占该国鱼类总产量的 65%，其中 99% 以上产自私营养殖场。罗非鱼是埃及养殖最多的鱼类，埃及生产的大部分鱼类都在本国消费。埃及现代水产养殖业的发展和扩展始于 30 年前，此后该产业在过去几年中取得了重大和迅速的发展，产量急剧增加。埃及水产养殖业正在从传统的家庭式经营向现代化产业迅速发展。因此，传统的家庭式养殖场数量正在减少并被鱼类半精养和精养系统所替代。如表 2 - 10 所示，2010—2018 年，埃及水产养殖业产量从 91.96 万吨增长到 156.15 万吨，增长率达到 50% 以上。

表 2 - 10　2010—2018 年埃及水产养殖业发展状况

单位：万吨

年份	2010	2011	2012	2013	2014	2015	2016	2017	2018
水产养殖业产量	91.96	98.68	101.77	109.75	113.71	117.48	137.07	145.18	156.15

数据来源：联合国粮食及农业组织水文数据库。

埃及大多数水产养殖活动集中在北部尼罗河三角洲地区，养鱼场一般分布在三角洲湖周围。埃及的大多数养鱼场可以归类为半密集型半咸水养鱼场，20世纪90年代早期，由于填海农业活动的扩大而引起土地和水资源的竞争，导致这种类型的农场数量急剧减少，土池和水箱中的集约化水产养殖迅速发展起来，以应对水产养殖活动可用总面积的减少。目前水产养殖的发展依靠现代技术的应用，其高投资回报率吸引了大量中小投资者，他们往往比传统农民有更佳的技术背景。埃及水产养殖业正变得更加复杂和多样化，这与当地饲料厂和孵化场等相关产业链环节迅速发展有关。鱼类孵化场的数量也在迅速增加，除了政府所有的5个大型孵化场分散在埃及南部尼罗河沿岸地区以外，其余鱼类孵化场通常位于养鱼场附近。

第三节 农业贸易

一、农产品进出口贸易总体情况

埃及农产品贸易额近年来逐步增长（表2-11），由2010年的150.90亿美元增长至2019年的218.21亿美元。埃及农产品进口额远超出口额，存在较大贸易逆差。2019年埃及农产品出口额为53.16亿美元，进口额为165.05亿美元，贸易逆差为111.89亿美元。2010—2019年，埃及农产品出口额稳定在50亿美元左右，而农产品进口额在波动中有所增长，由2010年的102.64亿美元增长至2019年的165.05亿美元。

表2-11 2010—2019年埃及农产品贸易额

单位：亿美元

年份	出口额	进口额	贸易总额	贸易差额
2010	48.26	102.64	150.90	−54.38
2011	49.66	149.26	198.92	−99.60
2012	44.50	158.14	202.64	−113.64
2013	49.35	144.65	194.01	−95.30
2014	50.35	153.09	203.43	−102.74
2015	48.75	145.59	194.34	−96.83
2016	49.85	145.61	195.46	−95.77

（续）

年份	出口额	进口额	贸易总额	贸易差额
2017	49.26	137.11	186.37	−87.85
2018	49.10	153.00	202.10	−103.90
2019	53.16	165.05	218.21	−111.89

数据来源：https：//comtrade. un. org/data①。

注：每年埃及农产品进口额、出口额和贸易总额，由海关编码即 HS01～HS24 章农产品的对应数值加总计算而得。

二、出口的重点农产品

埃及农作物目前仍以国内消费为主，由于地处亚、非、欧三地交汇处，国际贸易的区位优势十分明显，因此农产品出口具有相对优势。俄罗斯受困于漫长冬季，蔬菜供给一直存在问题，亦因此成了埃及最大的农产品出口对象国。地中海沿岸的欧洲各国、海湾国家由于文化、距离上的接近，也是埃及主要的贸易合作伙伴，埃及与欧盟、中东、阿拉伯国家及土耳其签署了多边及双边自由贸易协定（FTA），可以零关税出口调味料、生鲜水果、乳制品等。埃及加工食品出口主要面向沙特阿拉伯、利比亚、约旦、也门等邻近的中东及北非国家，由于缺乏现代化的食品加工产业，出口产品大多数为冷冻、干燥等低层次加工商品（齐冠钧，2020）。

2019 年埃及出口农产品中最重要的有两类：食用水果及坚果，柑橘属水果或甜瓜的果皮（HS08）以及食用蔬菜、根及块茎（HS07）（表 2-12）。

食用水果及坚果，柑橘属水果或甜瓜的果皮（HS08）类农产品的出口额最高。2010—2019 年十年间该类农产品出口额整体呈上涨趋势，2012—2018 年增长幅度相对较大，2019 年出口额约为 14.17 亿美元。在出口的贸易伙伴国方面，如图 2-2 所示，2019 年，该类农产品主要出口目的地为俄罗斯、沙特阿拉伯和荷兰，出口额分别约为 1.81 亿美元、1.64 亿美元和 1.18 亿美元。2010—2019 年，沙特阿拉伯为埃及该类农产品最大的出口目的地，十年间埃及对沙特阿拉伯的年平均出口额约为 1.65 亿美元，对俄罗斯的年平均出口额约为 1.52 亿美元，对荷兰的年平均出口额约为 0.91 亿美元。

---

① 本书中农产品贸易数据来自联合国贸易数据库，24 章的商品名称见表 2-12。

表 2 - 12　2019 年埃及各类农产品出口额

单位：亿美元

商品分类编码	商品名称	出口额
HS01	活动物	0.27
HS02	肉及食用杂碎	0.04
HS03	鱼、甲壳动物、软体动物及其他水生无脊椎动物	0.53
HS04	乳品，蛋品，天然蜂蜜，其他食用动物产品	3.11
HS05	其他动物产品	0.19
HS06	活树及其他活植物，鳞茎、根及类似品，插花及装饰用簇叶	0.53
HS07	食用蔬菜、根及块茎	11.05
HS08	食用水果及坚果，柑橘属水果或甜瓜的果皮	14.17
HS09	咖啡、茶、马黛茶及调味香料	0.43
HS10	谷物	0.05
HS11	制粉工业产品，麦芽，淀粉，菊粉，面筋	2.62
HS12	含油子仁及果实，杂项子仁及果实，工业用或药用植物，稻草、秸秆及饲料	3.10
HS13	虫胶、树胶、树脂及其他植物液、汁	0.01
HS14	编结用植物材料，其他植物产品	0.03
HS15	动、植物油、脂及其分解产品，精制的食用油脂，动、植物蜡	2.00
HS16	肉、鱼、甲壳动物、软体动物及其他水生无脊椎动物的制品	0.07
HS17	糖及糖食	2.54
HS18	可可及可可制品	1.75
HS19	谷物、粮食粉、淀粉或乳的制品，糕饼点心	1.84
HS20	蔬菜、水果、坚果或植物其他部分的制品	4.09
HS21	杂项食品	2.11
HS22	饮料、酒及醋	0.33
HS23	食品工业的残渣及废料，配制的动物饲料	1.34
HS24	烟草、烟草及烟草代用品的制品	0.97

数据来源：https：//comtrade.un.org/data。

埃及 HS08 章农产品以甜橙为主。根据联合国数据，2019 年埃及甜橙出口额为 6.62 亿美元，占全球甜橙出口总额的 38%，2015—2019 年保持年均 10% 的稳定增长率。据美国海外农业服务局（FAS）发布的消息，2019/2020 年度销售季因疫情关系埃及甜橙出口量仅 137 万吨，预计 2020/2021 年度销售

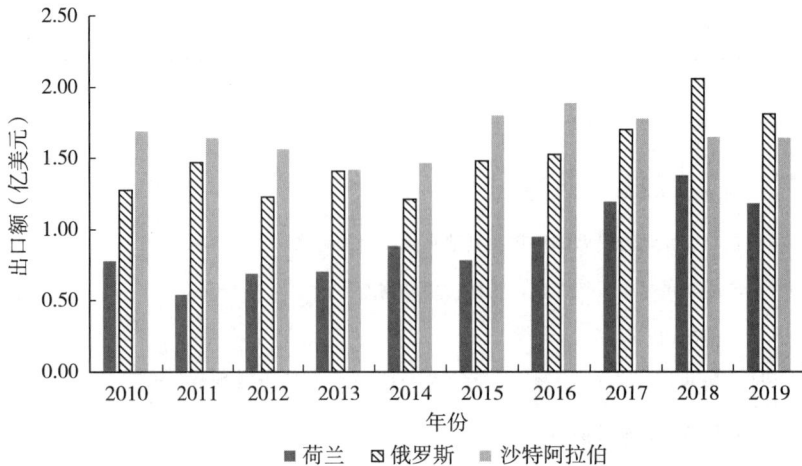

图 2-2　2010—2019 年 HS08 章农产品的主要出口贸易国和出口额

数据来源：https://comtrade.un.org/data。

季埃及甜橙出口量将增至 150 万吨。埃及甜橙主要出口至沙特阿拉伯、俄罗斯、荷兰、中国和阿联酋，最近新增的出口市场有新西兰、日本和巴西。2016—2017 年，埃及橙对中国的出口量还很少，但从 2018 年开始，其增长相当迅速。2019 年前十个月，埃及对华的鲜橙出口量为 19.1 万吨，同比增长超过 107％，是对华鲜橙出口量最大的供应国。主要原因是埃及橙上市时间为 3—6 月，而大多数国家在这段时间内没有橙子上市；西班牙橙子也可在此期间上市，但是价格较高，相比之下，埃及橙明显具有竞争优势。

食用蔬菜、根及块茎（HS07）类农产品出口额为埃及第二高。2010—2019 年的十年间这类农产品的出口额波动较大，其中 2014 年为十年间该类农产品出口额最高的年份，2012 年为该类农产品十年间出口额最低的年份，2019 年出口额约为 11.05 亿美元。虽然蔬菜类农产品出口贸易额波动较大，但其仍是埃及主要出口的农产品大类，对埃及农业经济、国内宏观经济有较大影响。在出口的贸易伙伴国方面，如图 2-3 所示，2019 年，该类农产品主要出口目的地为俄罗斯、沙特阿拉伯和英国。其中，2019 年出口俄罗斯的总额约为 1.04 亿美元，出口沙特阿拉伯的总额约为 0.96 亿美元，出口英国的总额约为 0.7 亿美元。2010—2019 年，沙特阿拉伯为埃及该类农产品最大的出口目的地，十年间年平均出口额约为 1.5 亿美元，埃及对俄罗斯年平均出口额为 1.14 亿美元，对英国年平均出口额为 0.47 亿美元。

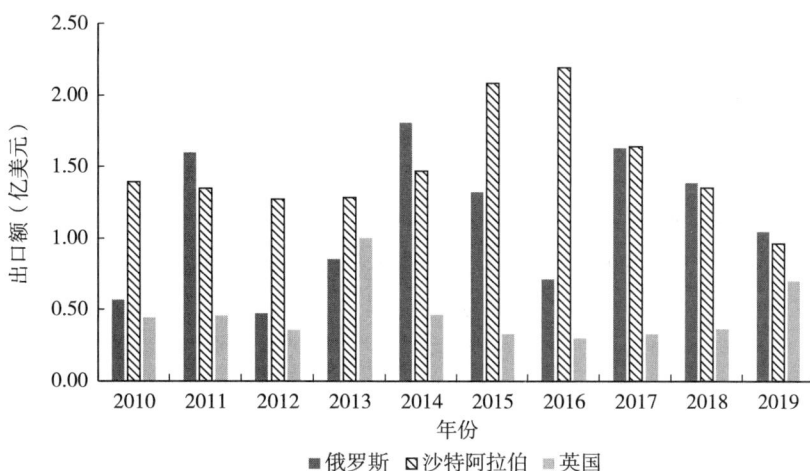

图 2 - 3　2010—2019 年埃及 HS07 章农产品的主要出口贸易国和出口额

数据来源：https://comtrade.un.org/data。

三、进口的重点农产品

埃及是农产品的净进口国，2019 年埃及进口的最重要的农产品为谷物（HS10）。肉及食用杂碎（HS02），含油子仁及果实，杂项子仁及果实，工业用或药用植物，稻草、秸秆及饲料（HS12），动、植物油、脂及其分解产品，精制的食用油脂，动、植物蜡（HS15）等农产品也在进口中占有较大比例（表 2 - 13）。

表 2 - 13　2019 年埃及各类农产品进口额

单位：亿美元

商品分类编码	商品名称	进口额
HS01	活动物	1.80
HS02	肉及食用杂碎	21.12
HS03	鱼、甲壳动物、软体动物及其他水生无脊椎动物	8.49
HS04	乳品，蛋品，天然蜂蜜，其他食用动物产品	6.43
HS05	其他动物产品	0.50
HS06	活树及其他活植物，鳞茎、根及类似品，插花及装饰用簇叶	0.18
HS07	食用蔬菜、根及块茎	5.48
HS08	食用水果及坚果，柑橘属水果或甜瓜的果皮	6.51

（续）

商品分类编码	商品名称	进口额
HS09	咖啡、茶、马黛茶及调味香料	5.39
HS10	谷物	52.57
HS11	制粉工业产品，麦芽，淀粉，菊粉，面筋	0.36
HS12	含油子仁及果实，杂项子仁及果实，工业用或药用植物，稻草、秸秆及饲料	20.75
HS13	虫胶，树胶，树脂及其他植物液、汁	0.21
HS14	编结用植物材料，其他植物产品	0.04
HS15	动、植物油、脂及其分解产品，精制的食用油脂，动、植物蜡	12.24
HS16	肉、鱼、甲壳动物、软体动物及其他水生无脊椎动物的制品	1.81
HS17	糖及糖食	4.03
HS18	可可及可可制品	1.60
HS19	谷物、粮食粉、淀粉或乳的制品，糕饼点心	1.28
HS20	蔬菜、水果、坚果或植物其他部分的制品	0.85
HS21	杂项食品	2.89
HS22	饮料、酒及醋	0.84
HS23	食品工业的残渣及废料，配制的动物饲料	3.64
HS24	烟草、烟草及烟草代用品的制品	6.06

数据来源：https：//comtrade.un.org/data。

尽管一些农作物的产量有所增加，但埃及仍然是粮食的主要进口国。埃及需要扩大粮食进口满足人口快速增长产生的粮食需求，这同时在一定程度上造成农产品贸易逆差不断扩大。总体而言，埃及有相当大一部分粮食消费依赖进口，而且容易受到国际粮食价格和供应变化的影响。埃及谷物进口波动明显，2010—2011 年谷物进口增幅较大；2013 年谷物进口量下滑；2014 年有小幅回调；2015—2016 年谷物进口量下降；2017—2019 年谷物进口量持续增加。在进口的贸易伙伴国方面，如图 2-4 所示，2019 年，该类农产品主要从俄罗斯、乌克兰和阿根廷进口，进口额分别约为 14.48 亿美元、14.17 亿美元和 5.32 亿美元。2010—2019 年，俄罗斯是埃及谷物类农产品的最主要进口国，十年间的年平均进口额为 12.75 亿美元，埃及从乌克兰进口的年平均进口额为 10.69 亿美元，从阿根廷进口的年平均进口额为 4.88 亿美元。

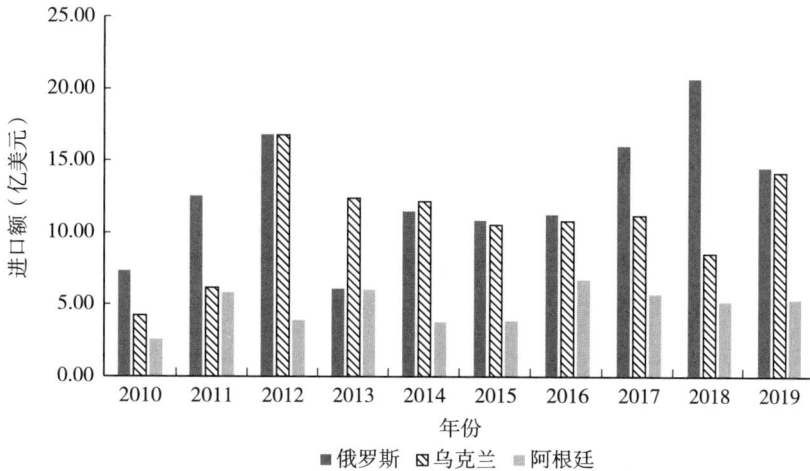

图 2 - 4 2010—2019 年埃及 HS10 章农产品的主要进口贸易国和进口额

数据来源：https：//comtrade. un. org/data。

第四节 粮食安全与营养

一、粮食安全与营养总体情况

（一）粮食不安全流行率

从粮食不安全流行率上看（表 2 - 14），埃及总人口中严重粮食不安全的流行率处于波动状态，2014—2016 年 3 年平均为 8.4％，2015—2017 年为9％，2016—2018 年为 8.9％，2017—2019 年为 7.8％。同时，总人口中中度或严重粮食不安全的流行率在波动中上升，从 2014—2016 年 3 年平均的27.8％上升到 2017—2019 年的 34.2％。从绝对值上看，严重粮食不安全的人数从 2014—2016 年 3 年平均的 780 万人在波动中下降到 2017—2019 年的 760万人；中度或严重粮食不安全的人数从 2014—2016 年 3 年平均的 2 570 万人在波动中不断上升到 2017—2019 年的 3 360 万人。

（二）饥饿状况

根据全球饥饿指数排名，2020 年埃及饥饿指数为 11.9，全球排名第 54位，从指数分级来看，埃及属于中度饥饿级别。从历史数据中可以看出，埃及

饥饿指数在波动中有所下降，与 2000 年相比，2020 年饥饿指数绝对值下降了
4.5，与世界平均饥饿水平 18.2 和西亚北非平均饥饿水平 12.0 相比，埃及饥
饿指数低于这两个值。

表 2 - 14   2014—2019 年埃及粮食安全情况

年份	总人口中严重粮食不安全的流行率（%）	严重粮食不安全的人数（万人）	总人口中中度或严重粮食不安全的流行率（%）	中度或严重粮食不安全的人数（万人）
2014—2016	8.4	780	27.8	2 570
2015—2017	9.0	850	33.0	3 110
2016—2018	8.9	860	36.0	3 480
2017—2019	7.8	760	34.2	3 360

数据来源：联合国粮食及农业组织数据库。

（三）营养状况

2000—2002 年，埃及营养不良患病率为 5.3%，之后上升至 6.5%，2006
年后持续下降，近几年保持在 4.7% 的水平（图 2 - 5）。从绝对值上看，埃及
营养不良的人数在波动中有所上升，从 2000—2002 年 3 年平均的 370 万人上
升到 2017—2019 年 3 年平均的 460 万人（图 2 - 6）。

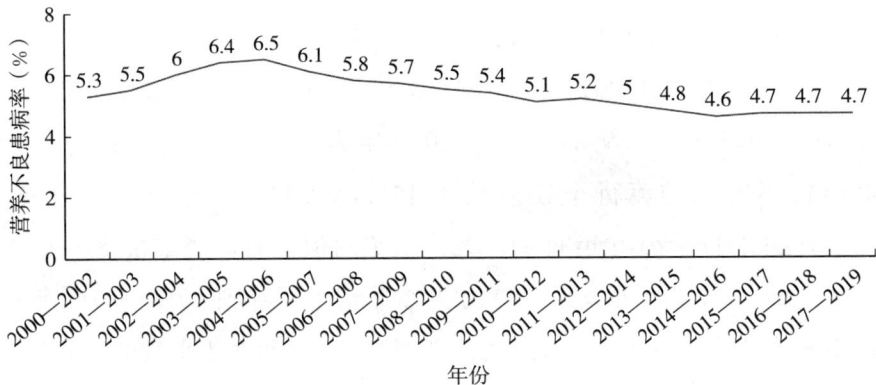

图 2 - 5   2000—2019 年埃及营养不良患病率变化趋势

数据来源：联合国粮食及农业组织数据库。

从热量摄取情况上看，2000—2019 年埃及平均饮食热量摄取充足率波动
剧烈。2000—2006 年不断下降，此后波动上升，到 2017—2019 年 3 年平均为

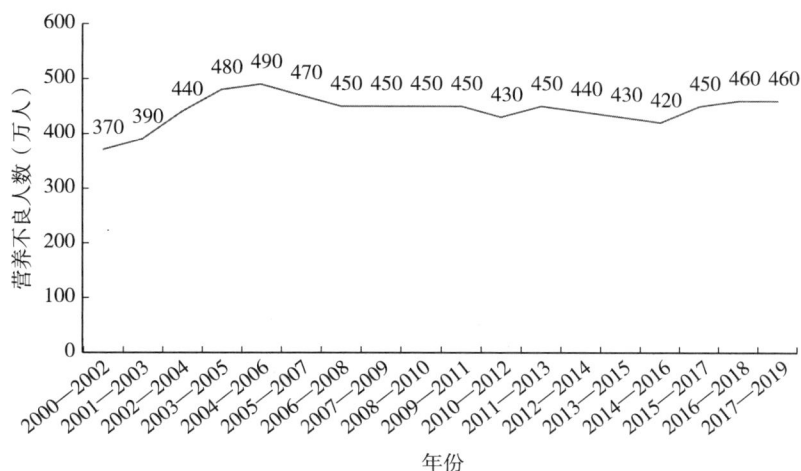

图 2-6 2000—2019 年埃及营养不良人数变化趋势

数据来源：联合国粮食及农业组织数据库。

143%。2000—2017 年埃及从谷物、根茎和块茎中提取的饮食热量摄取所占份额变化不大，保持在 65%～66% 的水平。从蛋白质摄入情况上看，2000—2017 年埃及平均蛋白质供应量呈现出先增后减的趋势，整体保持在 95～105 克/(人·天) 的水平。2015—2017 年 3 年平均蛋白质供应量为 96.7 克/(人·天)。动物蛋白的平均供应量在波动中上升，2015—2017 年 3 年平均动物源性蛋白质供应量为 23.7 克/(人·天)。

儿童营养方面，如表 2-15 所示，2003—2014 年：埃及 5 岁以下儿童受消瘦影响的百分比不断上升，从 5.2% 上升至 9.5%；5 岁以下发育不良儿童的百分比在波动中上升，从 20.2% 上升至 22.3%；5 岁以下超重儿童的百分比不断上升，从 9.2% 上升到 15.7%。

表 2-15 部分年份埃及儿童营养状况指标

年份	5 岁以下儿童受消瘦影响的百分比（%）	5 岁以下发育不良儿童的百分比（%）	5 岁以下超重儿童的百分比（%）
2003	5.2	20.2	9.2
2005	5.3	23.9	14.1
2008	7.9	30.7	20.4
2014	9.5	22.3	15.7

数据来源：联合国粮食及农业组织数据库。

二、食物供给状况

（一）食物产量增长情况

1961—2019 年，埃及食物产量整体呈现增长趋势，尤其是在 20 世纪 90 年代初出现了大幅增长。近年来，除 2018 年出现了大幅下跌以外，大部分年份增长率为正，年产量均保持在 2 400 万吨左右的水平（图 2-7）。

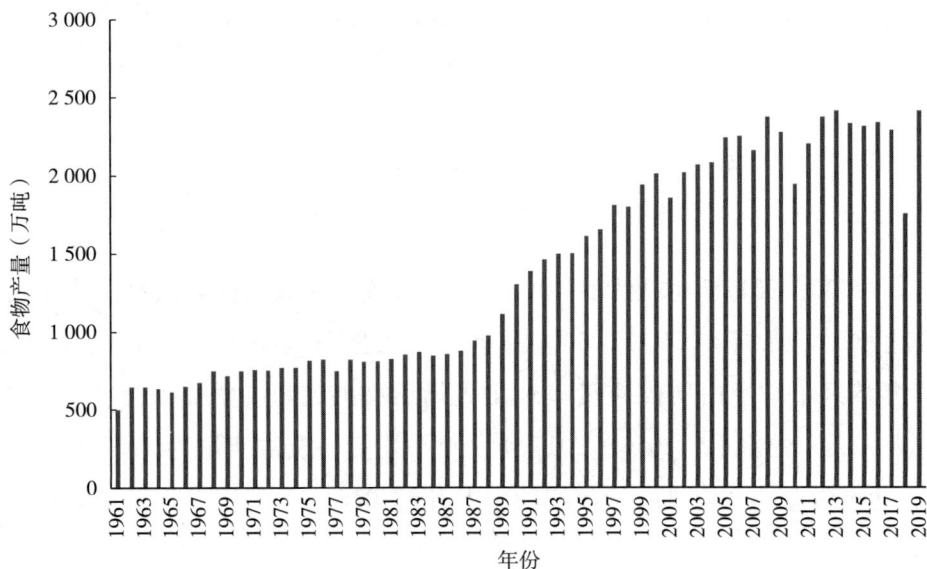

图 2-7 1961—2019 年埃及食物产量

数据来源：联合国粮食及农业组织数据库。

（二）谷物依赖进口

埃及谷物依赖进口，口粮自给能力差。1961—2019 年，埃及谷物进口额大于出口额，谷物贸易呈现贸易逆差。尤其是 2003 年以后，埃及谷物进口额快速增长，贸易逆差呈现出不断扩大的趋势（图 2-8）。

2000—2017 年埃及谷物依赖率在波动中有上升的趋势（图 2-9）。2000—2002 年 3 年平均谷物进口依赖率约为 34.8%，2000—2005 年有下降的趋势，2003—2005 年谷物进口依赖率达到近年来最低值，为 27.8%，2008—2010 年谷物进口依赖率突破 40%，此后该值一直在 40% 以上。2015—2017 年谷物进口依赖率为 44.6%，相比 2000—2002 年上升了近 9.8 个百分点。

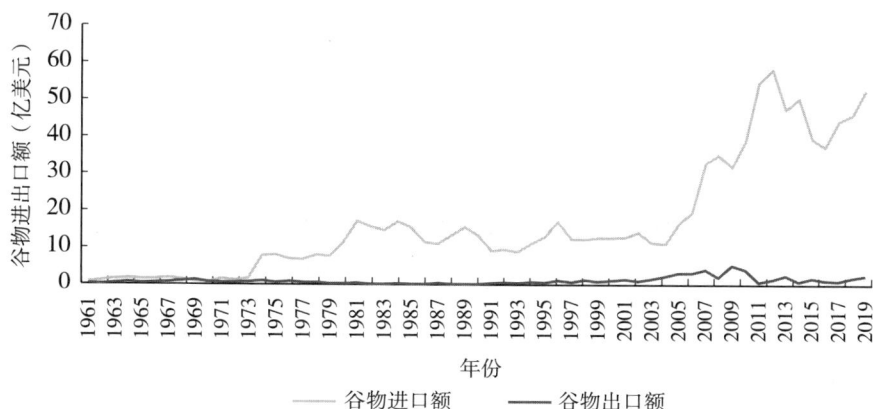

图 2 - 8　1961—2019 年埃及谷物进出口额变化趋势

数据来源：联合国粮食及农业组织数据库。

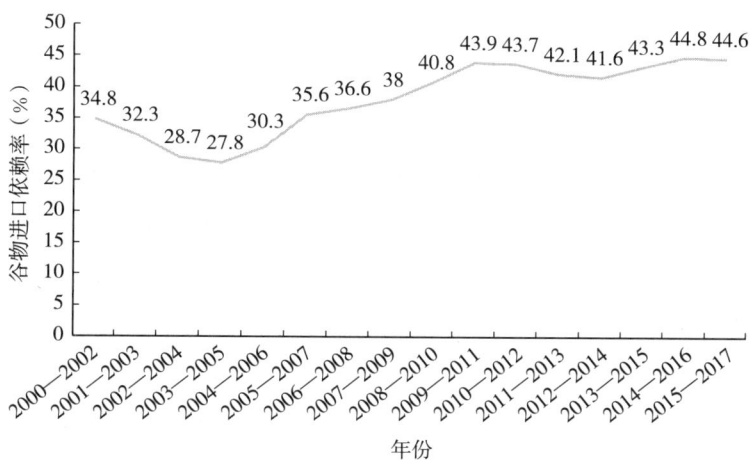

图 2 - 9　2000—2017 年埃及谷物进口依赖率变化趋势

数据来源：联合国粮食及农业组织数据库。

第五节　农业政策

　　农业是保障埃及粮食安全的基础产业，一直以来都是埃及的支柱产业之一。埃及历届政府都在为完善农业发展战略和政策体系而不懈努力。埃及制定了《2030 愿景》，确定了国家未来经济发展的方向。其中，农业部门发展规划目标是通过提高灌溉质量来增加单位土地产量，增加新开垦土地面积，通过采用现代化的仓储设备减少粮食浪费，在农业区发展食品加工业，重组农业信贷银行。

一、支持开垦荒地

埃及的荒漠面积占国土面积的96%，随着耕地的日益稀缺，埃及政府开始采取一系列措施开垦荒漠，扩大耕地面积。受水源供给距离以及投入的技术和资金的限制，埃及所开垦的土地主要集中在尼罗河谷地和三角洲地区。

在扩大耕地面积的同时，为了有效地保护现有耕地，埃及还实施了新城镇项目，通过在沙漠上建造新城镇和新定居点解决城市化所带来的农业用地减少等问题。荒漠开垦计划和新城镇项目都充分利用了埃及大面积的荒漠土地，在保护现有耕地的基础上扩大了耕地面积，减缓了城市化对农业用地的侵蚀，推动了农业生产，在一定程度上提高了粮食产量。

二、发展农业科技

埃及政府一贯重视农业科研和农技推广，埃及的农业科研机构和科技推广机构很多，为农业领域的科技发展提供了良好的氛围。埃及的农业科研是直接与农业生产挂钩的，科研直接为农业生产服务，科研成果能及时地运用到农业生产中，提高农业产量，增加农民经济收入。埃及在第一个科研五年计划期间培育改良了农业新品种，提高了水稻、小麦、棉花的产量，通过新技术开发，大大改善了水利灌溉设施状况；在第二个科研五年计划期间，重点解决了农村发展、灌溉和排水问题，并将农业作为五大重点发展领域之一。近年来，一方面，埃及政府积极发展农业科学技术，包括水利技术、良种繁育技术、植物保护及畜禽疫病防治技术、农业机械技术、旱作及耐旱品种研究及遥感技术等，不断推进农业发展；另一方面，政府也出台了相关的农业政策，积极鼓励私人企业采用先进农业科学技术开发利用有限的农业资源，使埃及农业焕发出勃勃生机（畅雄勃，2010）。

三、农业生产支持政策

埃及政府通过长期低息贷款鼓励农民购买农业机械，对种子、化肥、农药等均有相应的投入补贴，以促进农业技术应用（聂凤英等，2018）。

农民试种良种时，国家给予种子、化肥、农药等补贴，并提供种植技术指导，对农业灌溉用水予以免费。为了鼓励开垦荒地，扩大耕地面积，政府对购买机械的垦荒者实行长期低息贷款，为他们的土地提供水资源，鼓励农民多开垦荒地，并根据投入的金额优先分给土地，特别规定了新开垦的土地在10年内免缴土地税。埃及还建立了农产品价格平衡基金会，总统规定基金会的资金来源，使基金会保持2.5亿埃及镑的活动资金。该基金会的作用是平衡农产品价格，避免农产品价格暴涨、暴跌，维护农产品的合理价格，生产者可选择加入这一基金会。基金会的建立，进一步活跃了农村的农业合作制度，更好地满足了农业生产需求。埃及还非常重视农业教育，每年农业院校毕业的近3万名学生可以优先得到国家新开垦的土地，以使其充分利用所学的知识，并起到试验示范作用。在《2030愿景》之下，政府制定了一系列农业发展规划，包括：增加农作物种植面积、支持农业现代化、为战略性农作物建设分装和仓储设施、发展水产养殖业、建立农业现代化中心、开发国家级家禽养殖项目等。

四、农村劳动力就业支持政策

城乡不均衡发展使得大量农民涌向城市，这不仅影响了农业的发展，同时也加重了城市负担。埃及政府看到了城市快速发展对农村和农民所带来的影响，并且逐渐意识到只有城乡统筹发展，埃及的城市化才能平稳推进，粮食安全才能得到根本保障。1994年，埃及实施了城乡一体化国家开发计划，总投资达2 670亿埃及镑，旨在改变农村的落后面貌，通过就地创造就业机会和提高农村生活水平，减少农村人口向城市流动。此外，埃及实施的新河谷运河计划、西南发展项目和西奈半岛开发项目，在开垦荒漠的同时，为大量无业农民创造了更多的就业机会。

五、消费者粮食补贴政策

粮食补贴是埃及自20世纪60年代初期就开始实施的一项社会福利政策，以向城市居民提供低价的食品补贴来减缓粮价上涨给居民造成的压力。埃及政府会给城市中的所有居民分发补给卡，每位持卡者都可以购买一定量的大米、食用油、茶叶和白糖。粮价上涨，政府的补贴金额也随之加大。补贴对于埃及的城市居民而言，是一项最大的福利；对于埃及政府而言，它是确保社会稳定的镇静剂。但对于埃及这样经济并不发达的国家而言，高额的补贴金额给国家财政造成了巨大的负担，仅 2014 年埃及食品补贴支出就高达 43.1 亿美元。

六、支持节水技术

20 世纪 90 年代中期，埃及政府决定减少水稻种植面积，改种其他耗水少的作物，并对传统作物小麦采取了生产和进口并举的措施，通过大量进口节约水资源，同时推广节水灌溉。与常规灌溉相比，节水灌溉可节水 30% 左右。近年来，埃及大力发展低压喷灌，耗水量比普通漫灌减少 60%，比普通的高压喷灌减少 30%。为了鼓励农户节水、推广节水技术，政府还出台了一系列优惠政策，如农户购买滴灌、喷灌等节水设备，用水免费。同时，埃及政府还积极发展旱作农业、推广耐旱品种等，设立了许多农业科研机构，这些机构在抗旱良种的培育和筛选、节水机械的研究与应用等方面，取得了很大的成就。埃及发展旱作农业主要通过 3 个途径：一是加强抗旱良种的应用推广，二是推广节水机械和技术，三是从法律层面保障水资源节约使用（畅雄勃，2010）。

埃及政府采取了一系列政策支持农户采用节水技术。由于传统灌溉经营规模小，发展节水灌溉大大增加了农民成本，因而政策并不强迫农民应用新技术，而在新垦区，政府鼓励农户积极投资，促进沙漠开发转变为耕地。对于采用节水灌溉新技术的农户，政府负责修建配套的水利工程等基础设施，农场主只需要根据自己种植的作物和技术要求选购自己需要的节水灌溉设备（聂凤英等，2018）。

七、农作物保险

埃及为维护农民利益实行了农作物保险制度。从 20 世纪 90 年代开始，随着埃及农业经济政策的改革，政府取消了对农业生产的直接补贴，农业投入成本随之有所加大。为保障农民的利益，埃及农业和土地改良部与农业价格协调基金合作，鼓励农民在自愿的基础上加入农业保险体制，推广棉花、水果等农作物保险，在农作物遭受自然灾害后由保险公司支付赔偿金，通过这种途径，稳定农产品价格，增加农民收入。

第六节 农业科技

在科研技术方面，由于19世纪以前灌溉技术落后，埃及每年利用尼罗河泛滥所提供的水源补给对秋冬农作物进行灌溉。埃及政府为了促进农业发展，对化肥和许多项农业投入实行补贴，对农业灌溉用水则实行免费制度。以埃及农业工程研究中心为代表的科研机构，在节水机械方面做出了突出贡献，研究开发和引进了国外的各种节水设备，包括滴灌、喷灌和可移动式管道输水等设备。同时，埃及也在积极推广现代农场，其中旋转喷灌装置采用电脑控制，通过传感器采集土地的湿度和温度信息，便可使喷灌装置自动调节喷水量和喷水时间，这样既减少了水源的浪费，又提高了粮食产量。尽管埃及已经拥有了世界上较发达的灌溉系统，并且灌溉农业对粮食产量的提高起到了积极的作用，但由于埃及的供水来源主要是尼罗河，且城市用水量日益增大，所以埃及农业的长远发展依旧受到水资源的制约。

一、农业科研与推广机构

埃及农业科技的发展与推广依托于各大科研机构，已形成了较为完善的"研发-推广-生产"三位一体的农业科技体系。其中，"科研"与"推广"工作的合二为一，在埃及各类研究机构的人员配置上有所体现，75%的科研人员和25%的推广人员的搭配方式，更有效地促进了新技术、新方法应用于农业生产之中，最终转化为更具商业价值和环境友好的农业产品。

首先，涉农科研机构和院校较多，为农业科技发展和推广提供了人才储备。从农业研究角度来看，农业研究所是埃及规模最大的农业科研机构，包括16个专业学院，从事农业、生物学、遗传工程、生物技术、食品工业等方面的研究。该研究所拥有10个中心试验室、19个试验站、23个试验局，遍布埃及各省。除此之外，埃及农业研究中心是农业和土地改良部的一个重要部门，主要负责农业科技研究和推广工作，包括沙漠研究中心、农业工程研究所、园艺研究所、作物栽培研究所等16个国家级农业科学研究所和48个地方性试验站。从农业推广角度来看，埃及农技推广机构主要承担了研发和应用间的桥梁作用。当前，约有 200 个推广中心遍布埃及全国，诸多地方级农技推广中心主要承担了各类农业推广工作，并有相关人员专职负责农技推广。其主要是根据 3 年科学技术试验示范结果来确定推广的内容与范围，技术效果理想的才可以进行全面推广。具体进行推广工作的大部分是"科研助手"，通常为有一定文化的当地农民，通过这些农民应用新技术实现效果示范，带动周边农民接受和应用新技术、新方法。

其次，层级明确和职能分离的体系构建，让农业科技发展和推广更为高效。当前，埃及政府建立了一套相对完善的农业科研和推广体系。埃及的农业科研机构包括中央一级的国家农业研究中心和国家农业发展中心、地方一级的农业研究机构和基地以及大学农业学院。国家农业研究中心归农业和土地改良部直接领导。国家农业发展中心在农业和土地改良部与联合国开发署的支持下成立，下设 16 个研究所及遍及全国的研究站，主要负责对复垦或即将复垦土地进行总体规划、进行水资源的合理利用规划、开展农业应用技术研究等。各研究所均有科研与推广两项职能，主攻的技术内容和负责的区域各不相同。推广人员同时兼任层级较低的研究人员，保证了农业科技水平推广中信息的可靠性。48 个地方试验研究站负责协助国家研究所进行课题研究，部分推广人员也要参与到研究课题中。科研成果必须经过农业和土地改良部及其下属委员会的评审和批准，方可推广，通过评审的成果将获得物质奖励和荣誉证书。科研成果推广工作由农业和土地改良部及其下属各级机构负责，首先在农业和土地改良部的推广农田、各地研究站的试验田及国有农场推广，严格遵守推广制度和法令，最终的研究成果由农业和土地改良部下属的农技推广中心负责推广，在一定程度上避免了工作中的"职能交叉"，便于提高农业科技从研发、推广到应用环节的传递效率。

最后，多元、稳定的科研资助来源，为农业科技发展和推广奠定了坚实的基础。相关资料显示，埃及科研和推广经费的来源主要是国家拨款，也有一些是国外或国际组织投资和一些大公司资助等。在农业技术科研方面，国家拨款占全部科研推广经费的 50% 以上，这部分经费主要用于公益性和基础性的研究工作以及实用技术研究；国际投资和公司资助约占 40%，其中公司资助费用主要用于良种、肥料等具有良好市场前景的科研项目。埃及的农技推广工作不仅仅是对种植业或农业生产技术的推广，其目的是提高农民收入水平和改善农民生活环境，凡是涉及农民生活的一切活动都可以纳入农技推广的范畴。埃及农业技术推广中心一般包括 4 类人员：一是种植业技术推广人员，二是畜牧养殖业技术推广人员，三是农村经济管理人员，四是农民社区生活工作人员。在埃及，推广各项新技术要首先将研究成果放在农场或农民的田间进行试验、示范，然后通过召集会议、发放资料、放映录像、组织农民田间参观或举办田间培训等方式，将节水的先进技术推荐给农场主和农民。为了鼓励农民采用新技术，一般在新技术推广初期，国家会通过各种方式对其给予一定的补贴。

二、埃及农业科技领域的重要技术

（一）旱作节水农业技术

由于长期存在水资源短缺问题，埃及农业发展受到严重阻碍。因此，埃及政府十分注重对旱作农业的研究，研究内容主要侧重于 3 个方面。

一是抗旱良种的培育和筛选。该研究领域以沙漠研究中心、园艺作物研究所为代表，十分注重抗旱基因的遴选、培育、保存，注重沙区田间生物物种的保护，并将这些优良基因应用到育种和农业生产中。在这些研究机构的共同努力下，埃及成立了国家作物品种基因库，从基因库中优化出了多个抗旱的基因，并进一步通过组织培养等技术手段，培育出多个抗旱经济作物和沙生植物品种。沙漠研究中心还加强了对自然药用植物、牧草等耐盐作物、抗高温作物的研究和应用，促进新技术和本国环境相互适应，加快了埃及治沙战略的进程。

二是节水机械的研究。为了使有限的水资源更好地服务于农业发展，埃及大力推广节水滴灌技术，发展灌溉农业。政府为了在农户当中推广节水技术，还专门制定了一些优惠政策。如农户只要自己购买滴灌等设备，用水时便可不必付费。政府还向农户承诺，只要使用灌溉技术，政府就会把水利工程修到农户的田间地头，并提供水、电等基础设施。

三是节水技术的研究开发。以土壤、水、环境研究中心和沙漠研究中心为代表的科研机构，注重改进地面灌溉方法的研究，如沟灌、作物需水规律、施肥与灌溉相结合的研究等。还研究了农田节水技术，包括农田集雨、秸秆覆盖栽培、免耕、作物间作等技术，并广泛地推广应用，取得了较好的成效。相关资料表明，埃及采用节水灌溉技术与采用常规灌溉技术相比，可节约用水量

30％左右。在加强研究的基础上，土壤、水、环境研究中心和沙漠研究中心分别采用"3S"技术（全球卫星定位系统GPS、遥感系统RS、地理信息系统GIS），对水资源、土壤含水变化等进行实时监测，为水资源合理调配利用、政府宏观调控决策提供了科学依据，为农民灌溉提供了较好的服务。

（二）现代化农业科技和有机农业种植

埃及政府一直努力研发先进农业技术，并积极将新科技应用于实际生产环节中，促进了农业优先领域的发展。例如，利用遥感技术和全球定位系统，通过计算机处理后，绘图显像；利用人造卫星监测尼罗河水位，节约大量灌溉用水；利用原子能辐射防治果蝇；利用带有激光接收仪的拖拉机平整土地；利用沼气解决农村能源问题，并积极推广沼气利用，将其作为未来埃及能源问题的解决方案；发展秸秆氨化，减少对进口饲料的依赖，发展畜牧业；等等。此外，国家通过提高农药价格和推广病虫害综合治理发展有机农业，减少了农药和氮肥的投入，并且获得了较高的产量，提高了埃及农产品在国际市场上的竞争力。发展有机农业亦增加了农民的收入，受到农民的欢迎，而且减轻了对土壤、水资源和消费者健康的不良影响（王磊，2018）。

第三章 CHAPTER 3

利比亚农业 ▶▶▶

第一节　农业资源条件

一、土地资源

利比亚土地面积 175.95 万千米^2，其中，农业用地面积 15.35 万千米^2，农业用地面积占总国土面积的比例比较低，仅为 8.72%。农业用地中，耕地面积为 2.05 万千米^2，占农业用地面积的 13.36%。配备灌溉设施的土地面积为 0.40 万千米^2，仅占耕地面积的 19.51%（表 3-1）。

表 3-1　2018 年利比亚土地利用情况

单位：万千米^2

土地利用类型	面积
总国土	175.95
农业用地	15.35
耕地	2.05
林地	0.22
配备灌溉的土地	0.40

数据来源：联合国粮食及农业组织数据库。

二、水资源

利比亚境内无常年河流，无大湖泊，但地下水资源丰富，井泉分布较广，为主要水源。总体来说，利比亚水资源匮乏，人均可再生水资源量严重不足。

2008—2012 年，利比亚淡水资源用水量仅为 57.6 亿米³/年，可再生水资源总量仅为 7.0 亿米³/年，农业用水量也仅为 48.5 亿米³/年（表 3-2）。人均可再生水资源总量为 109.8 米³/年。

表 3-2　2008—2012 年利比亚水资源利用情况

单位：亿米³/年

项目	数值
淡水资源用水量	57.6
可再生地表水总量	2.0
可再生地下水总量	6.0
可再生水资源总量	7.0
农业用水量	48.5

数据来源：联合国粮食及农业组织水文数据库。

注：可再生地表水总量与可再生地下水总量统计时有重合。

三、气候条件

利比亚地处地中海腹地，终年高温少雨。1901—2000 年，利比亚年平均气温下降了 0.89℃，自 20 世纪 50 年代以来，利比亚年平均降水量减少了 20.92 毫米。降水方面，利比亚年平均降水量 48.99 毫米，远低于世界平均水平，平均每月降水量仅为 3.77 毫米。从月份分布上看，冬季降水量相对较大，1 月和 12 月月均降水量超过 8 毫米，而 5 月至 9 月降水较少，月均降水量低于 2 毫米。气温方面，从月份分布上看，1901—2016 年利比亚最低月平均气温出现在 1 月，为 12.54℃，最高月平均气温出现在 7 月，为 29.54℃（图 3-1）。

利比亚的气温受地形地貌影响，南北差异较大。利比亚北部沿海属亚热带地中海气候，冬暖多雨，夏热干燥；夏季常受来自南部撒哈拉沙漠的干热风的侵害，气温可高达 50℃以上；年平均降水量为 100～600 毫米。纳图萨山和阿赫达尔山高地属于高原气候，降水量大，湿度大，冬季气温低。奈富塞山和杰法拉平原地区以及北部绿山省的年平均降水量最高，超过最低值 250～300 毫米。内陆区属热带沙漠气候，干热少雨；季节温差和昼夜温差均较大，冬季平均气温为 15℃，夏季平均气温为 35℃；年平均降水量 100 毫米以下；中部的塞卜哈是世界上最干燥的地区之一。利比亚境内有 6 个生态区：撒哈拉盐生植物区、地中海干旱林地和草原、地中海林地和森林、北撒哈拉草原和林地、提

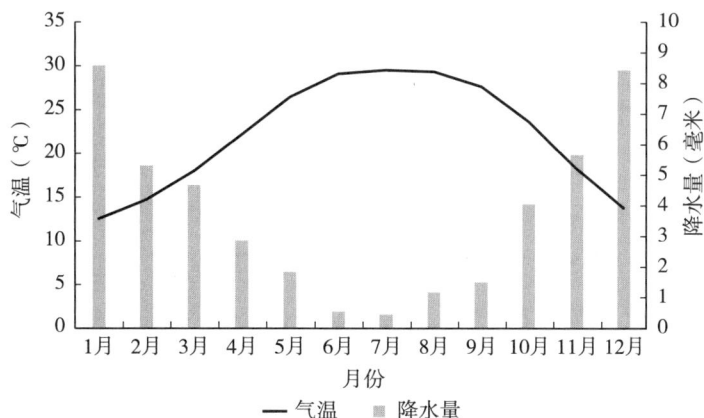

图 3-1　1901—2016 年利比亚月平均降水量和气温情况

数据来源：世界银行气候变化知识门户。

贝斯提-杰贝勒乌韦纳特山地旱地和西撒哈拉山地旱地。绿洲也分布在利比亚各地，其中最重要的是古达米斯绿洲和库夫拉绿洲。利比亚常见的自然灾害是一种炎热、干燥、尘土飞扬的热风（其在利比亚被称为吉布利），这是一种南风，春秋两季会持续 1～4 天。除此以外，利比亚还常见沙尘暴。

四、劳动力资源

2019 年，利比亚总人口约为 677.75 万人。农村人口 132.89 万人，占总人口的 19.61％；农业从业人口占总从业人口的 16.41％；女性农业从业人口占女性总从业人口的 15.89％；男性农业从业人口占男性总从业人口的 16.65％；25 岁以上的人口中，24.9％的人受过基本初等教育（表 3-3）。

表 3-3　2019 年利比亚劳动力资源状况

项目	数量
总人口	677.75 万人
农村人口	132.89 万人
农村人口占总人口比例	19.61％
农业从业人口占总从业人口比例	16.41％
女性农业从业人口占女性总从业人口比例	15.89％
男性农业从业人口占男性总从业人口比例	16.65％
25 岁以上受过基本初等教育人口比重	24.9％

数据来源：世界银行。

从人口素质来看，根据联合国开发计划署《2019 年人类发展报告》，利比亚 2018 年的人类发展指数为 0.708，在 189 个国家和地区中排名第 110 位。1990—2018 年，利比亚的人类发展指数从 0.676 增至 0.708，增长了 4.7%。同一时期，利比亚人的出生时预期寿命增加了 4.2 岁，平均受教育年限增加了 3.8 年，预期受教育年限减少了 1.2 年。2018 年，利比亚女性的人类发展指数为 0.670，男性为 0.720。在利比亚，妇女占据议会席位的比例为 16.0%；成年女性至少达到中等教育水平的比例为 69.4%，而男性为 45.0%。

第二节　农业生产

一、农业产值规模

2002—2008 年，利比亚农业产值占 GDP 的比例不断下降，从 2002 年的 5.2%下降到 2008 年的 1.8%（表 3-4）。

表 3-4　2002—2008 年利比亚农业产值占 GDP 的比例

年份	2002	2003	2004	2005	2006	2007	2008
农业产值占 GDP 的比例（%）	5.2	4.1	3.3	2.5	2.2	2.2	1.8

数据来源：世界银行。
注：世界银行对利比亚农业产值占 GDP 比例的数据仅更新到 2008 年。

二、种植业

尽管利比亚农业生产较为落后，但农业仍是其经济的重要支撑。利比亚主要农作物有小麦、大麦、玉米、花生、柑橘、橄榄、烟草、椰枣、蔬菜、大豆等。大多数可耕地位于班加西附近的绿山地区和的黎波里附近的杰法拉平原。

从收获面积看，谷物是利比亚收获面积最大的作物。2018 年，利比亚谷物收获面积为 36.70 万公顷，油料作物收获面积为 27.65 万公顷，初级水果收获面积为 9.15 万公顷，坚果收获面积为 4.96 万公顷，其后依次是主要蔬菜、薯类作物、柑橘类水果和豆类作物（表 3-5）。从产量看，初级水果和主要蔬菜产量巨大。2018 年，利比亚初级水果产量 69.57 万吨，主要蔬菜产量 68.19 万吨，薯类作物产量 34.84 万吨，谷物产量为 24.22 万吨，油料作物产量

20.22 万吨，柑橘类水果和坚果产量分别为 8.52 万吨和 2.96 万吨（表 3 - 5）。

表 3 - 5　2018 年利比亚种植业生产情况

主要农产品种类	收获面积（万公顷）	产量（万吨）
谷物	36.70	24.22
柑橘类水果	0.84	8.52
初级水果	9.15	69.57
油料作物	27.65	20.22
豆类作物	0.54	0.90
薯类作物	1.79	34.84
坚果	4.96	2.96
主要蔬菜	4.37	68.19

数据来源：联合国粮食及农业组织数据库。

　　利比亚主要的粮食作物为马铃薯、小麦和大麦。2010—2018 年，利比亚粮食作物产量稳中有升。如表 3 - 6 所示，马铃薯是利比亚最重要的粮食作物。2010—2018 年，利比亚马铃薯产量在波动中上升。2010 年，马铃薯产量为29.87 万吨，2011—2012 年不断上升，在 2012 年达到 36.00 万吨，2013—2014 年不断下降，2015—2018 年有所上升，在 2018 年达到 34.84 万吨。小麦产量也呈现波动趋势，2010 年，小麦产量为 13.22 万吨，2010—2014 年呈增长趋势，2014 年达到 20.00 万吨，而后不断下降，2018 年产量虽然高于 2010年，但较 2014 年有了较大的回落，为 13.88 万吨。大麦产量在波动中下降，从 2010 年的 10.20 万吨下降到 2018 年的 9.32 万吨。

表 3 - 6　2010—2018 年利比亚主要农作物产量情况

单位：万吨

农作物	2010 年	2011 年	2012 年	2013 年	2014 年	2015 年	2016 年	2017 年	2018 年
马铃薯	29.87	35.20	36.00	29.50	28.10	33.54	33.63	34.23	34.84
小麦	13.22	16.60	20.00	20.00	20.00	19.85	16.37	14.90	13.88
大麦	10.20	9.81	9.71	9.70	9.50	9.15	9.45	9.37	9.32
西瓜	23.20	22.86	22.40	22.45	22.68	23.45	23.38	23.49	23.60
番茄	21.24	21.20	21.15	21.26	21.37	21.47	21.34	21.45	21.56
橄榄	17.71	18.73	18.50	18.58	18.81	18.88	18.75	18.79	18.83
椰枣	16.65	16.39	16.57	16.75	16.99	17.56	17.35	17.49	17.62
洋葱	5.00	5.25	5.50	5.70	5.89	5.30	5.38	5.43	5.47

数据来源：联合国粮食及农业组织数据库。

　　利比亚主要的经济作物为西瓜、番茄、橄榄、椰枣和洋葱。如表 3 - 6 所示，2010—2018 年，利比亚几大经济作物产量均十分稳定，波动很小。西瓜产量稳定在 22 万～24 万吨，2018 年为 23.60 万吨；番茄产量稳定在 21 万吨左右，2018 年为 21.56 万吨；橄榄产量保持在 18 万吨左右，但略有上升；椰枣产量稳定在 16 万～18 万吨，在 2018 年达到 17.62 万吨；洋葱产量稳定在 5 万～6 万吨，2018 年为 5.47 万吨。

三、畜牧业

2010—2018 年，利比亚肉类总产量缓慢增长，由 2010 年的 18.25 万吨增长至 2018 年的 19.15 万吨（表 3 - 7）。利比亚的肉类主要为禽类肉，其次为羊肉、牛肉。2010—2018 年：利比亚禽类肉产量缓慢增长，从 2010 年的 11.88 万吨上升到 2018 年的 12.88 万吨；羊肉产量较为稳定，稳定在 4 万～5 万吨，2018 年为 4.68 万吨；牛肉产量在波动中下降，由 2010 年的 1.34 万吨下降到 2018 年的 0.98 万吨。

2010—2018 年：利比亚禽蛋产品产量在波动中保持稳定，2010 年产量 7.27 万吨，2012—2015 年，产量跌破 7 万吨，2016 年开始产量回升，2018 年达到 7.27 万吨；奶类产量稳定在 21 万～24 万吨，2018 年产量达到 22.90 万吨。

表 3 - 7　2010—2018 年利比亚畜牧产品产量情况

单位：万吨

畜牧产品	2010 年	2011 年	2012 年	2013 年	2014 年	2015 年	2016 年	2017 年	2018 年
肉类（总）	18.25	18.15	18.34	18.46	18.10	18.03	18.90	18.97	19.15
-禽类肉	11.88	12.24	12.42	12.50	12.12	12.07	12.75	12.76	12.88
-羊肉	4.49	4.50	4.52	4.55	4.53	4.51	4.63	4.65	4.68
-牛肉	1.34	0.90	0.89	0.89	0.90	0.92	0.94	0.97	0.98
禽蛋	7.27	7.27	6.30	6.20	6.00	6.83	7.12	7.29	7.27
奶类	21.86	22.65	23.21	21.95	22.47	22.53	23.01	23.57	22.90

数据来源：联合国粮食及农业组织数据库。

四、林业

2010—2019 年十年间：埃及圆木产量不断增加，从 2010 年的 106.79 万米³ 上升到 2019 年的 116.76 万米³；工业圆木产量稳定在 11.60 万米³；木材燃料产量从 2010 年的 95.19 万米^3 上升到 2019 年的 105.16 万米^3（表 3-8）。

表 3-8 2010—2019 年利比亚林业产品产量

单位：万米^3

林业产品	2010 年	2011 年	2012 年	2013 年	2014 年	2015 年	2016 年	2017 年	2018 年	2019 年
圆木	106.79	107.96	109.14	110.33	111.54	112.77	113.75	114.75	115.75	116.76
工业圆木	11.60	11.60	11.60	11.60	11.60	11.60	11.60	11.60	11.60	11.60
木材燃料	95.19	96.36	97.54	98.73	99.94	101.17	102.15	103.15	104.15	105.16

数据来源：联合国粮食及农业组织数据库。

五、渔业

虽然利比亚拥有长约 2 000 千米的地中海海岸线，并有着古老的人类定居历史，但利比亚社会并没有捕鱼传统，仅沿海有小规模渔业。然而，渔业产量自 20 世纪 70 年代以来一直在增加，政府在港口和岸上基础设施和服务方面进行了大量公共投资。此外，政府还采取措施加强行政、技术和研究机构对渔业部门的支持。

2010—2018 年，利比亚捕捞业产值均来自海洋捕捞业，内陆捕捞业对捕捞业没有贡献。2018 年捕捞业产量 32 266 吨，而水产养殖业产量估计为 10 吨（表 3-9）。2016 年利比亚人均鱼类消费量估计为 17.4 千克。2018 年，鱼类进口估计为 1.73 亿美元，鱼类出口估计为 3 600 万美元。据估计，2018 年利比亚共有 4 534 艘船只，其中大部分长度不足 24 米。

表 3-9 2010—2018 年利比亚捕捞业和水产养殖业产量

单位：吨

年份	捕捞业产量	水产养殖业产量（FAO 估计值）
2010	50 000	110
2011	30 000	10
2012	35 000	10
2013	36 000	10
2014	25 000	10
2015	26 000	10
2016	30 000	10
2017	32 000	10
2018	32 266	10

数据来源：联合国粮食及农业组织水文数据库。

第三节 农业贸易

一、农产品进出口贸易总体情况

2007—2018 年，利比亚农产品贸易总额由 10.92 亿美元增加至 36.01 亿美元，农产品进口额由 10.92 亿美元增加至 35.55 亿美元，农产品出口额由 0.01 亿美元增加至 0.46 亿美元（表 3-10）。利比亚贸易结构呈现出明显的贸易逆差，2018 年贸易差额达到 35.09 亿美元。

表 3-10 2007—2018 年利比亚农产品贸易额

单位：亿美元

年份	出口额	进口额	贸易总额	贸易差额
2007	0.01	10.92	10.92	−10.91
2008	0.01	14.96	14.97	−14.95
2009	0.02	15.23	15.24	−15.21
2010	0.01	21.70	21.71	−21.69
2016	0.49	34.72	35.21	−34.23
2018	0.46	35.55	36.01	−35.09

数据来源：https://comtrade.un.org/data。

注：每年利比亚农产品进口额、出口额和贸易总额，由海关编码即 HS01～HS24 章农产品的对应数值加总计算而得。

二、出口的重点农产品

2018 年，利比亚农产品出口涉及 3 类农产品。其中，鱼、甲壳动物、软体动物及其他水生无脊椎动物（HS03）出口额最大，为 3 743.51 万美元，其次是食用水果及坚果，柑橘属水果或甜瓜的果皮（HS08），出口额为 578.59 万美元，谷物（HS10）出口额为 56.02 万美元（表 3-11）。

表 3-11 2018 年利比亚各类农产品出口额

单位：万美元

商品分类编码	商品名称	出口额
HS03	鱼、甲壳动物、软体动物及其他水生无脊椎动物	3 743.51
HS08	食用水果及坚果，柑橘属水果或甜瓜的果皮	578.59
HS10	谷物	56.02

数据来源：https://comtrade.un.org/data。

三、进口的重点农产品

利比亚进口农产品以谷物（HS10）为主，其进口额显著高于其他类别的进口农产品。此外，乳品，蛋品，天然蜂蜜，其他食用动物产品（HS04），制粉工业产品，麦芽，淀粉，菊粉，面筋（HS11），蔬菜、水果、坚果或植物其他部分的制品（HS20），含油子仁及果实，杂项子仁及果实，工业用或药用植物，稻草、秸秆及饲料（HS12）的商品出口额也相对较高（表3-12）。

表 3-12　2007—2018 年利比亚进口的重点农产品进口额

单位：亿美元

年份	谷物（HS10）	乳品，蛋品，天然蜂蜜，其他食用动物产品（HS04）	制粉工业产品，麦芽，淀粉，菊粉，面筋（HS11）	蔬菜、水果、坚果或植物其他部分的制品（HS20）	含油子仁及果实，杂项子仁及果实，工业用或药用植物，稻草、秸秆及饲料（HS12）
2007	1.80	0.92	2.74	0.83	0.40
2008	3.25	1.41	2.66	1.00	0.85
2009	5.41	1.79	0.80	1.54	0.63
2010	8.99	2.32	0.07	1.67	1.82
2016	6.05	4.04	0.31	4.52	2.24
2018	6.23	3.86	0.45	1.88	2.28

数据来源：https：//comtrade.un.org/data。

利比亚国内谷物自给率较低，对谷物进口的依赖程度逐渐加深，2007—2018 年的数据显示，2007—2010 年利比亚谷物（HS10）进口逐年增加，由 1.80 亿美元增加至 8.99 亿美元，2016 年和 2018 年又下降至 6 亿美元左右。乳品，蛋品，天然蜂蜜，其他食用动物产品（HS04）进口额由 2007 年的 0.92 亿美元增加至 2018 年的 3.86 亿美元。制粉工业产品，麦芽，淀粉，菊粉，面筋（HS11）进口额由 2007 年的 2.74 亿美元下降至 2010 年的 0.07 亿美元，随后在 2018 年小幅回升到 0.45 亿美元。蔬菜、水果、坚果或植物其他部分的制品（HS20）进口额由 2007 年的 0.83 亿美元增加至 2016 年的 4.52 亿美元，又在 2018 年下降至 1.88 亿美元。含油子仁及果实，杂项子仁及果实，工业用或药用植物，稻草、秸秆及饲料（HS12）进口额由 2007 年的 0.40 亿美元增加至 2018 年的 2.28 亿美元。

利比亚主要从乌克兰、俄罗斯、法国和德国进口谷物。如图 3-2 所示，2018 年利比亚从乌克兰进口谷物 24 830 万美元，从俄罗斯进口谷物 9 526 万美元，从法国进口谷物 1 733 万美元，从德国进口谷物 715 万美元。利比亚从乌克兰进口的谷物贸易额逐年增加，到 2018 年乌克兰谷物进口额已占据绝对优势，而从德国、法国进口的谷物自 2010 年之后显著减少。

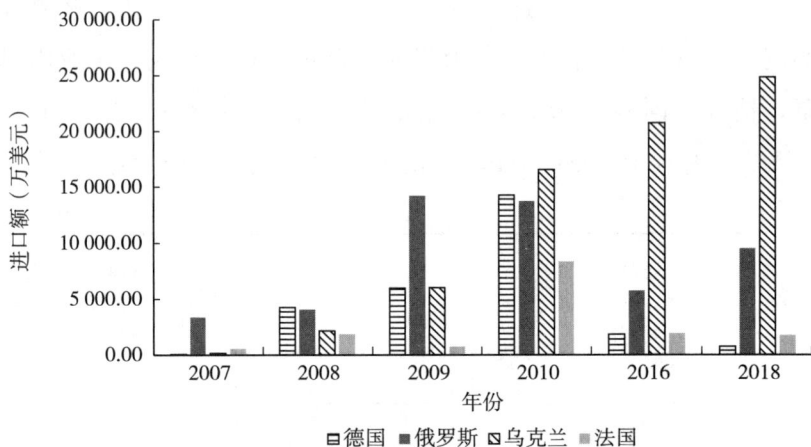

图 3-2　利比亚 HS10 章农产品的主要进口贸易国和进口额

数据来源：https：//comtrade. un. org/data。

第四节　粮食安全与营养

一、粮食安全与营养总体情况

（一）粮食不安全流行率

从粮食不安全流行率上看，利比亚粮食不安全状况不断恶化。利比亚总人口中严重粮食不安全的流行率不断上升，从 2014—2016 年 3 年平均的 11.2％上升到 2017—2019 年 3 年平均的 16.8％；同时，总人口中中度或严重粮食不安全的流行率也在不断上升，从 2014—2016 年 3 年平均的 29.1％上升到 2017—2019 年 3 年平均的 35.9％。从绝对值上看，严重粮食不安全的人数从 2014—2016 年 3 年平均的 70 万人上升到 2017—2019 年 3 年平均的 110 万人；中度或严重粮食不安全的人数从 2014—2016 年 3 年平均的 190 万人上升到 2017—2019 年 3 年平均的 240 万人（表 3-13）。

表 3-13　2014—2019 年利比亚粮食安全情况

年份	总人口中严重粮食不安全的流行率（%）	严重粮食不安全的人数（万人）	总人口中中度或严重粮食不安全的流行率（%）	中度或严重粮食不安全的人数（万人）
2014—2016	11.2	70	29.1	190
2015—2017	12.4	80	30.9	200
2016—2018	14.3	90	33.2	220
2017—2019	16.8	110	35.9	240

　　数据来源：联合国粮食及农业组织数据库。

（二）营养状况

　　近年来，利比亚的儿童消瘦（营养不良）、儿童发育不良和儿童超重问题均没有得到有效的改善，儿童营养问题持续恶化。2007—2014 年：利比亚 5 岁以下儿童受消瘦影响的百分比大幅上升，从 6.5% 上升至 10.2%；5 岁以下发育不良儿童的百分比也大幅上升，从 21.0% 上升至 38.1%；5 岁以下超重儿童的百分比上升，从 22.4% 上升到 29.6%（表 3-14）。

表 3-14　2007 年及 2014 年利比亚儿童营养状况指标

年份	5 岁以下儿童受消瘦影响的百分比（%）	5 岁以下发育不良儿童的百分比（%）	5 岁以下超重儿童的百分比（%）
2007	6.5	21.0	22.4
2014	10.2	38.1	29.6

　　数据来源：联合国粮食及农业组织数据库。

二、食物供给状况

（一）食物产量增长情况

　　1961—1969 年，利比亚食物产量大幅增长，但在 20 世纪 70 年代初迎来了大幅下跌；之后在波动中增长，1983 年迎来了产量峰值，超过了 40 万吨；20 世纪 90 年代至 21 世纪初食物产量稳定在 20 万吨左右的水平；2013—2015 年产量超过 30 万吨；近年来，又出现下跌，保持在略高于 20 万吨的水平（图 3-3）。

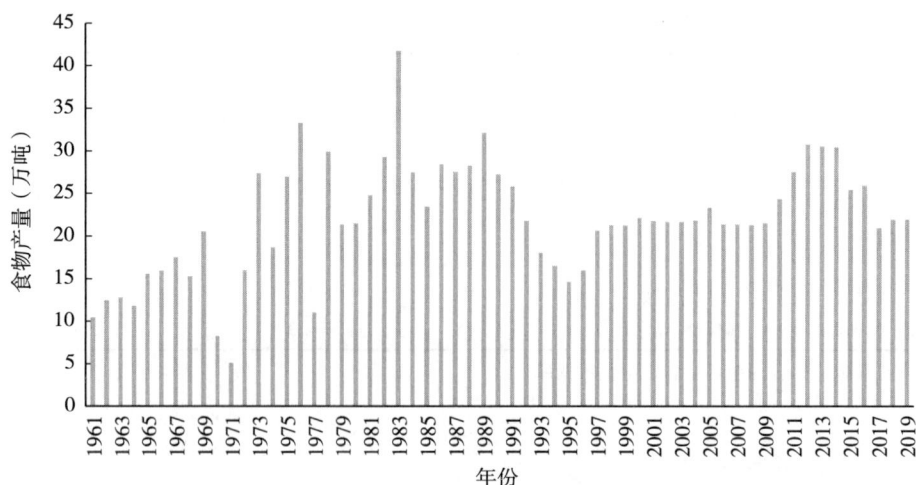

图 3-3　1961—2019 年利比亚食物产量

数据来源：联合国粮食及农业组织数据库。

（二）谷物依赖进口

利比亚为谷物净进口国，1961—2019 年，利比亚谷物进口额在波动中总体不断攀升，出口额极低，谷物贸易逆差不断扩大。1961—1971 年，利比亚进口额和出口额的差值相对稳定。20 世纪 70 年代以后，进口额不断扩大，在 2013 年达到最大值，超过 11 亿美元，近年来进口额有所下跌，2019 年进口额为 4 亿美元左右（图 3-4）。

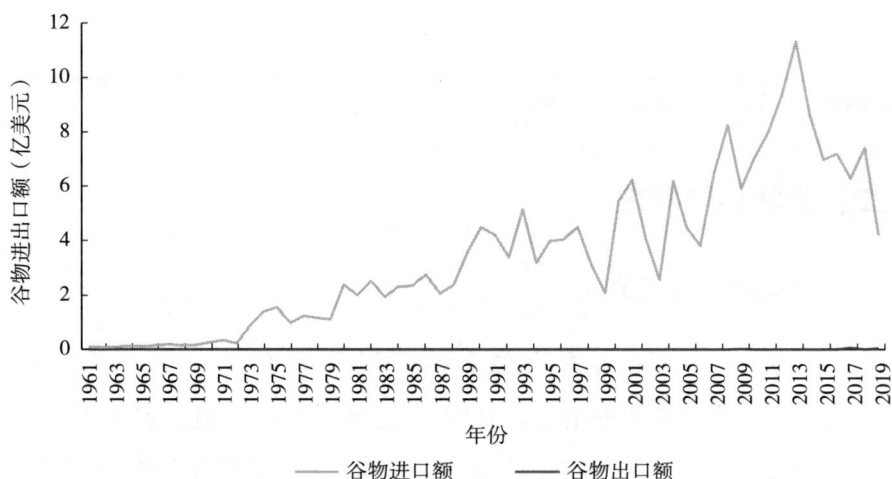

谷物进口额　　　谷物出口额

图 3-4　1961—2019 年利比亚谷物进出口额变化趋势

数据来源：联合国粮食及农业组织数据库。

第五节　农业政策

利比亚在农业领域有一系列的补贴政策。在农产品领域，国家供应公司（NASCO）协调政府对农产品的补贴，最主要的补贴农产品是面粉和大米，同时还包括食用油、糖、红茶、绿茶、玉米粉、面食和浓缩奶等。在农业基础设施领域，补贴燃料、电力和水。在农业生产领域，提供价格支持补贴，例如价格稳定基金。补贴的主要方式有：①通过农业投资银行提供廉价信贷；②对供水进行大量投资；③对各类项目进行补贴，特别是大型奶牛场、灌溉项目等；④对种子、农药、化肥和设备等投入进行补贴。

在利比亚《农业发展三年计划（2010—2012 年）》中，为农户提供资金支持是重要的政策之一。利比亚农业银行成立于 1955 年，是利比亚五大政策性银行之一，主要职能是执行国家农业贷款政策、促进农牧渔业经济与国家战略发展一体化、管理国家农产品进出口和农用机械采购、支持农用土地买卖、支持个人和家庭开办中小型企业并提供相关项目咨询服务等。利比亚农业银行在此三年内促进利比亚农村和偏远落后地区农业社会经济发展。此款项支持农村中的个人和家庭开展以营利为中心的经济活动来为全国经济的可持续发展做贡献，提高农村就业率。

第六节　农业科技

自 1998 年以来，利比亚国家农业研究系统由三套科研机构组成：①农业、动物与海洋财富部下属的农业研究中心（ARC）、动物研究中心（ASRC）、海洋生物研究中心（MBRC）；②教育和科学研究秘书处（SESR）下属的 7 个农业和兽医学院；③其他科研机构处，如利比亚遥感和空间科学中心、经济研究中心等。1999 年，利比亚国家农业研究系统雇佣了 620 名科学家（包括 141 名外国科学家），其中 29% 在农业、动物与海洋财富部下属的研究机构工作，65% 在教育和科学研究秘书处下属的 7 个农业和兽医学院工作，6% 在其他科研机构工作。利比亚农业研究中心（ARC）是近东和北非农业研究所协会（AARINENA）等国际研究网络的一部分，自 1997 年以来，与国际干旱地区农业研究中心以及国际半干旱热带作物研究所进行了特别合作。

第四章 CHAPTER 4
突尼斯农业 ▶▶▶

∷∷∷∷∷∷∷ 第一节 农业资源条件 ∷∷∷∷∷∷∷

一、土地资源

突尼斯土地面积为 15.54 万千米^2（表 4-1）。其中，农业用地面积为 9.74 万千米^2，占比达到 62.68％。农业用地中，耕地面积约为 4.99 万千米^2，占农业用地面积的 51.23％，其中仅 9.62％的耕地配备了灌溉设施。有机农业区域占农业用地面积的 3.18％。

表 4-1　2018 年突尼斯土地利用情况

单位：万千米^2

土地利用类型	面积
总国土	15.54
农业用地	9.74
耕地	4.99
可耕作土地	2.61
林地	1.04
配备灌溉的土地	0.48
有机农业区域	0.31

数据来源：联合国粮食及农业组织数据库。

二、水资源

突尼斯位于非洲北端，沙漠占据了全部国土的 1/5，突尼斯境内水系不发达，最大河流为迈杰尔达河，流域面积约 2.4 万千米²。2013—2017 年突尼斯淡水资源用水量为 47.68 亿米³/年，可再生水资源总量为 46.15 亿米³/年，农业用水量为 37.73 亿米³/年（表 4 - 2）。人均可再生水资源总量为 400.2 米³/年。

表 4 - 2　突尼斯 2013—2017 年平均水资源利用情况

单位：亿米³/年

项目	数值
淡水资源用水量	47.68
可再生地表水总量	34.20
可再生地下水总量	15.95
可再生水资源总量	46.15
农业用水量	37.73

数据来源：联合国粮食及农业组织水文数据库。
注：可再生地表水总量与可再生地下水总量统计时有重合。

面对连年的干旱，突尼斯政府把保护水资源作为重要国策，制定和实施了一系列的相关措施。突尼斯新的《水法》明确指出，水是国家财产，每个国民都必须珍惜。突尼斯大力兴修蓄水设施，不仅特别重视在高原和丘陵地带修建蓄水坝，而且还在城镇郊区修建大型蓄水池，并鼓励农民修建蓄水井。为了减少灌溉用水的流失，突尼斯还大力发展喷灌设备。

三、气候条件

突尼斯北部属亚热带地中海气候，中部属热带草原气候，南部属热带大陆性沙漠气候。降水方面，1901—2016 年突尼斯平均年降水量 263.48 毫米，低于世界平均水平，平均每月降水量为 21.96 毫米，在北非六国中降水相对丰富。从月份分布上看，10 月至次年 1 月降水量相对较大，超过 30 毫米，6—8 月降水量较小，低于 10 毫米（图 4 - 1）。从地理分布上看，突尼斯南北降水量差异大，北部平均年降水量 1 000 毫米，南部平均年降水量 200 毫米。

气温方面，从月份分布上看，1901—2016 年突尼斯最低月平均气温出现在 1 月，为 10.13℃，最高月平均气温出现在 8 月，为 28.86℃，年平均气温为 19.42℃（图 4 - 1）。从地理分布上看：突尼斯北部属亚热带地中海气候，冬季温和多雨，夏季炎热干燥；南部属热带大陆性沙漠气候，常有从撒哈拉沙漠吹来的干热季风，夏季酷热，最高气温超过 50℃。8 月为最热月，日均气温

21～33℃；1月为最冷月，日均气温6～14℃。

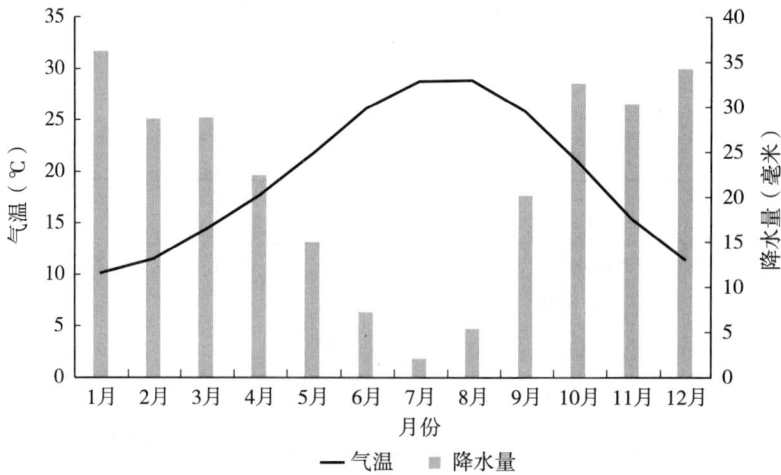

图4-1　1901—2016年突尼斯月平均降水量和气温情况

数据来源：世界银行气候变化知识门户。

突尼斯被认为是地中海地区受气候变化影响最大的国家之一。可能面临的主要风险是气温上升、降水减少、海平面上升以及不断升级的极端天气（洪水和干旱）。这些风险可能造成重大的环境和社会经济问题，特别是会影响水资源、农业、自然和人工生态系统、海岸线和旅游业。

四、劳动力资源

2019年，突尼斯总人口约为1 169.47万人。农村人口359.57万人，占总人口的30.75%；农业从业人口占总从业人口的13.80%；女性农业从业人口占女性总从业人口的8.96%；男性农业从业人口占男性总从业人口的15.32%；25岁以上的人口中，74.2%的人受过基本初等教育，基本初等教育普及程度较高（表4-3）。

表4-3　2019年突尼斯劳动力资源状况

项目	数量
总人口	1 169.47万人
农村人口	359.57万人
农村人口占总人口比例	30.75%

（续）

项目	数量
农业从业人口占总从业人口比例	13.80%
女性农业从业人口占女性总从业人口比例	8.96%
男性农业从业人口占男性总从业人口比例	15.32%
25 岁以上受过基本初等教育人口比重	74.2%

数据来源：世界银行。

从人口素质来看，根据联合国开发计划署《2019 年人类发展报告》，突尼斯 2018 年人类发展指数为 0.739，在 189 个国家和地区中排名第 91 位。1990—2018 年，突尼斯人类发展指数从 0.569 增至 0.739。在 1990—2018 年，突尼斯的人均国民总收入增长了约 95.5%，突尼斯人出生时预期寿命增加了 7.7 岁，平均受教育年限增加了 3.7 年，预期受教育年限增加了 4.6 年。2018 年，突尼斯女性的人类发展指数为 0.689，男性为 0.767，性别发展指数为 0.899。2018 年，突尼斯的全球创新指数为 0.300，在 162 个国家中排名第 63 位。在突尼斯，妇女拥有 31.3% 的议会席位；成年女性中至少有中等教育程度的比例为 42.3%，而男性为 54.6%。

第二节　农业生产

一、农业产值规模及构成

2010—2018 年，突尼斯农业总产值在波动中上升，从 2010 年的 41.19 亿美元上升到 2018 年的 50.87 亿美元，最大值出现在 2015 年，为 53.28 亿美元。农业产值中，种植业贡献最大，种植业产值在波动中上升，由 2010 年的 24.54 亿美元增长至 2018 年的 31.11 亿美元，2018 年种植业产值占农业总产值的 61.16%。畜牧业产值也在波动中上升，由 2010 年的 16.65 亿美元增长至 2018 年的 19.75 亿美元，2018 年畜牧业产值占农业总产值的 38.82%（表 4 - 4）。

2010—2018 年，突尼斯农业产值占 GDP 的比例总体呈上升趋势，由 2010 年的 7.5% 上升至 2018 年的 10.4%（表 4 - 5）。

表4-4　2010—2018年突尼斯农业产值情况

年份	2010	2011	2012	2013	2014	2015	2016	2017	2018
农业总产值（亿美元）	41.19	43.68	47.26	45.60	46.44	53.28	47.82	47.82	50.87
种植业产值（亿美元）	24.54	27.13	29.87	27.69	27.31	33.31	27.81	28.18	31.11
畜牧业产值（亿美元）	16.65	16.54	17.37	17.89	19.12	19.96	20.00	19.63	19.75
种植业产值占农业总产值的比例（%）	59.57	62.10	63.22	60.72	58.81	62.51	58.15	58.92	61.16
畜牧业产值占农业总产值的比例（%）	40.41	37.87	36.76	39.25	41.17	37.47	41.82	41.05	38.82

数据来源：联合国粮食及农业组织数据库。

注：表中产值为2014—2016年不变价美元价格。

表4-5　2010—2018年突尼斯农业产值占GDP的比例

年份	2010	2011	2012	2013	2014	2015	2016	2017	2018
农业产值占GDP的比例（%）	7.5	8.5	9.1	8.9	9.2	10.3	9.4	9.7	10.4

数据来源：世界银行。

二、种植业

种植业是突尼斯农业生产中最重要的部分，对农业产值的贡献巨大。谷物、油料作物、蔬菜、水果是突尼斯的主要农作物。2018年，在收获面积方面，突尼斯油料作物收获面积为154.92万公顷，谷物收获面积为118.32万公顷，初级水果收获面积为23.79万公顷，坚果收获面积为22.44万公顷，其后依次是主要蔬菜、豆类作物和柑橘类水果等；在产量方面，突尼斯主要蔬菜产量295.98万吨，初级水果产量196.83万吨，谷物产量为145.72万吨，油类作物产量84.11万吨，柑橘类水果产量47.57万吨（表4-6）。

表4-6　2018年突尼斯种植业生产情况

主要农产品种类	收获面积（万公顷）	产量（万吨）
谷物	118.32	145.72
柑橘类水果	3.92	47.57
纤维作物	0.13	0.06
初级水果	23.79	196.83
油料作物	154.92	84.11

（续）

主要农产品种类	收获面积（万公顷）	产量（万吨）
豆类作物	11.36	9.94
薯类作物	2.66	42.38
糖料作物	0.12	7.21
坚果	22.44	7.12
主要蔬菜	11.89	295.98

数据来源：联合国粮食及农业组织数据库。

突尼斯主要粮食作物为小麦、大麦和马铃薯，根据美国农业部谷物生产地图，突尼斯的小麦产区集中在北部沿地中海的比塞大省、坚杜巴省，大麦产区集中在西北部的卡夫地区、东北部的纳布勒地区等。小麦是突尼斯最重要的粮食作物，如表4-7所示，2010年，小麦产量为82.20万吨，2011年以后呈现出波动的趋势，产量在2011年达到最大值，为160.55万吨，2018为150.00万吨。大麦产量呈现出剧烈波动的趋势，2010年产量23.69万吨，在2014年达到峰值77.25万吨，之后几年有所回落，2018年产量为70.00万吨。马铃薯产量较为稳定，2010—2018年逐步增长，由2010年的37.00万吨增长至2018年的42.38万吨。

表4-7　2010—2018年突尼斯主要农作物产量情况

单位：万吨

农作物	2010年	2011年	2012年	2013年	2014年	2015年	2016年	2017年	2018年
橄榄	87.30	56.20	96.30	110.00	37.60	170.00	70.00	50.00	82.55
马铃薯	37.00	36.00	35.00	38.50	39.00	40.00	44.00	42.00	42.38
小麦	82.20	160.55	152.33	97.55	151.30	91.26	92.66	110.43	150.00
柑橘	13.67	13.94	14.50	13.00	12.15	14.65	11.17	18.69	9.50
大麦	23.69	68.09	72.36	28.91	77.25	36.43	32.76	47.80	70.00
番茄	129.60	128.40	135.70	101.30	125.00	135.00	133.30	129.80	135.76
辣椒	30.40	26.80	31.50	38.40	38.00	51.10	45.40	42.90	42.65
椰枣	432.95	567.50	591.11	572.41	546.74	481.80	530.89	496.07	490.00
西瓜	35.00	30.50	37.15	49.00	52.00	64.20	54.20	56.00	54.86

数据来源：联合国粮食及农业组织数据库。

突尼斯的经济作物主要有椰枣、番茄、橄榄、西瓜、辣椒和柑橘。如表4-7所示，2010—2018年突尼斯椰枣产量波动剧烈。2010年椰枣产量为432.95万吨，2011—2012年有所上升，在2012年达到最大值，为591.11万吨，之后有所下降，2018年产量为490.00万吨。突尼斯是全球第十大番茄生产国，除了2013年番茄产量有所下降外，其余年份均保持在120万～140万吨，2018年产量135.76万吨。突尼斯是世界第一大橄榄油出口国，橄榄是突尼斯最重要的经济作物，其生产和加工在突尼斯农业中占有举足轻重的地位。突尼斯东北部和东部沿地中海地区是橄榄的主要产区。2019年，突尼斯橄榄种植面积170万公顷，占耕地面积的34%，种植株数达65万株；橄榄种植从业人员26.9万人，占农业人口的57%。2010—2018年，突尼斯橄榄产量波动剧烈，2014年产量最低，为37.60万吨，2015年产量最高，为170.00万吨，2018年产量为82.55万吨。西瓜也是突尼斯重要的水果产品和经济作物，2010—2018年西瓜产量在波动中上升，2015年达到最大值，为64.20万吨，到2018年有所回落，为54.86万吨。辣椒产量在2010—2018年也呈现出增长的趋势，自2010年的30.40万吨增长到2018年的42.65万吨。突尼斯柑橘产量在2010—2018年不断波动，2010年为13.67万吨，2011—2016年，柑橘产量在11万吨与15万吨之间波动，2017年上升至18.69万吨，2018年又突然下降至9.50万吨。突尼斯东北部的卡本地区是该国最大的柑橘产区，其柑橘产量约占全国柑橘总产量的75%。

三、畜牧业

近年来突尼斯肉类总产量不断上升，如表4-8所示，2010年肉类总产量28.58万吨，之后总体上升，2014—2018年突尼斯肉类总产量稳定在35万吨左右。突尼斯肉类主要为禽类肉、牛肉和羊肉。2010—2018年，禽类肉始终为突尼斯产量第一大肉类，且产量不断上升，从2010年的16.07万吨上升到2014年的21.54万吨，并在此后数年保持22万吨左右的水平，2018年为21.67万吨。牛肉产量基本稳定在5万～6万吨，2018年为6.03万吨。羊肉产量稳定在6万吨左右，2018年为5.86万吨。2010—2018年，突尼斯禽蛋和奶类产量在波动中上升，禽蛋产量自2010年的9.20万吨上升到2018年的11.13万吨，奶类产量自2010年的106.71万吨上升至2018年的139.39万吨。

表 4-8 2010—2018 年突尼斯畜牧产品产量情况

单位：万吨

畜牧产品	2010 年	2011 年	2012 年	2013 年	2014 年	2015 年	2016 年	2017 年	2018 年
肉类（总）	28.58	27.44	30.93	32.66	34.28	34.72	34.15	34.56	34.55
-禽类肉	16.07	15.00	18.81	20.26	21.54	21.96	21.33	21.64	21.67
-牛肉	5.58	5.43	5.46	5.60	5.80	5.83	5.93	5.98	6.03
-羊肉	5.94	6.03	5.67	5.79	5.90	5.94	5.90	5.95	5.86
禽蛋	9.20	9.26	9.77	9.85	10.83	12.48	11.03	10.71	11.13
奶类	106.71	110.28	113.93	119.14	128.98	141.33	146.49	135.06	139.39

数据来源：联合国粮食及农业组织数据库。

四、林业

突尼斯圆木生产整体上稳中有进，产量从 2010 年的 240.26 万米^3 上升到 2019 年的 391.40 万米^3；工业圆木产量 2010—2011 年稳定在 21.80 万米^3，2012 年为 21.40 万米^3，2013—2019 年则稳定在 30.40 万米^3；木材燃料产量从 2010 年的 218.46 万米^3 上升到 2019 年的 361.00 万米^3（表 4-9）。

表 4-9 2010—2019 年突尼斯林业产品产量

单位：万米^3

林业产品	2010 年	2011 年	2012 年	2013 年	2014 年	2015 年	2016 年	2017 年	2018 年	2019 年
圆木	240.26	240.58	378.30	391.40	391.40	391.40	391.40	391.40	391.40	391.40
工业圆木	21.80	21.80	21.40	30.40	30.40	30.40	30.40	30.40	30.40	30.40
木材燃料	218.46	218.78	356.90	361.00	361.00	361.00	361.00	361.00	361.00	361.00

数据来源：联合国粮食及农业组织数据库。

五、渔业

突尼斯沿地中海的海岸线长约 1 300 千米，该国大部分人口居住在沿海地区。许多沿海社区有悠久的捕鱼传统。该国大陆架面积 80 000 千米^2，包括一些岛屿。南部的加贝斯湾是一个渔业资源特别丰富的地区，有 10 个渔港可以停靠工业船只，另有 23 个沿海港口和 8 个个体渔船登陆区。2016 年突尼斯人均鱼类消费量为 13.2 千克。

近年来，突尼斯捕捞业产量持续增长，从2010年的9.32万吨上升到2018年的10.60万吨（表4-10）。欧洲沙丁鱼和其他小型海洋生物占突尼斯捕捞业总捕获量的25%，捕获到最有价值的物种是章鱼、乌贼、金枪鱼和虾。2016年，共有13 144艘船只从事捕鱼活动，其中一半以上没有机动化。据报道，突尼斯2017年捕鱼业就业人数为46 218人。

近年来，突尼斯水产养殖业产量稳步增长，从2010年的0.54万吨增至2018年的2.18万吨（表4-10）。其中，水产养殖业总产量的增加是由海水养殖业推动的，特别是欧洲鲈养殖业。淡水养殖鱼类主要是鲤鱼、梭子鱼和平头鲻鱼。突尼斯人工养殖的海洋物种（包括养肥的野生金枪鱼）主要在国际市场上出售，淡水物种主要内销。主要的海水养殖生产区位于该国东部的苏塞省，软体动物如地中海贻贝主要在突尼斯北部养殖。

表4-10　2010—2018年突尼斯捕捞业和水产养殖业产量

单位：万吨

年份	捕捞业产量	水产养殖业产量
2010	9.32	0.54
2011	10.30	0.81
2012	10.85	0.86
2013	11.09	1.22
2014	11.23	1.13
2015	11.72	1.44
2016	11.21	1.61
2017	10.88	2.19
2018	10.60	2.18

数据来源：联合国粮食及农业组织水文数据库。

第三节　农业贸易

一、农产品进出口贸易总体情况

突尼斯农产品贸易总额处于波动状态，2010—2019年贸易额在30亿美元至50亿美元间波动，2019年农产品贸易总额为38.99亿美元，其中，农产品进口额为23.01亿美元，农产品出口额为15.98亿美元，贸易逆差7.03亿美元（表 4 - 11）。

表 4 - 11 2010—2019 年突尼斯农产品贸易额

单位：亿美元

年份	出口额	进口额	贸易总额	贸易差额
2010	13.12	21.28	34.40	−8.16
2011	18.43	27.49	45.91	−9.06
2012	16.49	26.71	43.20	−10.23
2013	16.85	26.28	43.13	−9.43
2014	13.51	24.50	38.01	−10.99
2015	20.39	23.00	43.39	−2.61
2016	14.32	22.16	36.48	−7.84
2017	15.31	23.27	38.58	−7.97
2018	20.40	24.14	44.54	−3.74
2019	15.98	23.01	38.99	−7.03

数据来源：https：//comtrade.un.org/data。

注：每年突尼斯农产品进口额、出口额和贸易总额，由海关编码即 HS01～HS24 章农产品的对应数值加总计算而得。

二、出口的重点农产品

2019 年，突尼斯出口额较多的农产品分别为：动、植物油、脂及其分解产品，精制的食用油脂，动、植物蜡（HS15），出口额约为 5.58 亿美元；食用水果及坚果，柑橘属水果或甜瓜的果皮（HS08）出口额约为 3.18 亿美元（表 4 - 12）。

表 4 - 12 2019 年突尼斯各类农产品出口额

单位：亿美元

商品分类编码	商品名称	出口额
HS01	活动物	0.01
HS02	肉及食用杂碎	0.03
HS03	鱼、甲壳动物、软体动物及其他水生无脊椎动物	1.60
HS04	乳品，蛋品，天然蜂蜜，其他食用动物产品	0.29
HS05	其他动物产品	0.02
HS06	活树及其他活植物，鳞茎、根及类似品，插花及装饰用簇叶	0.03
HS07	食用蔬菜、根及块茎	0.74
HS08	食用水果及坚果，柑橘属水果或甜瓜的果皮	3.18

（续）

商品分类编码	商品名称	出口额
HS09	咖啡、茶、马黛茶及调味香料	0.26
HS10	谷物	0.00
HS11	制粉工业产品，麦芽，淀粉，菊粉，面筋	0.12
HS12	含油子仁及果实，杂项子仁及果实，工业用或药用植物，稻草、秸秆及饲料	0.06
HS13	虫胶，树胶、树脂及其他植物液、汁	0.02
HS14	编结用植物材料，其他植物产品	0.00
HS15	动、植物油、脂及其分解产品，精制的食用油脂，动、植物蜡	5.58
HS16	肉、鱼、甲壳动物、软体动物及其他水生无脊椎动物的制品	0.32
HS17	糖及糖食	0.65
HS18	可可及可可制品	0.28
HS19	谷物、粮食粉、淀粉或乳的制品，糕饼点心	0.95
HS20	蔬菜、水果、坚果或植物其他部分的制品	0.15
HS21	杂项食品	0.42
HS22	饮料、酒及醋	0.37
HS23	食品工业的残渣及废料，配制的动物饲料	0.34
HS24	烟草、烟草及烟草代用品的制品	0.57

数据来源：https：//comtrade.un.org/data。

2019 年，动、植物油、脂及其分解产品，精制的食用油脂，动、植物蜡（HS15）类农产品的出口额最高。2010—2019 年十年间该类农产品的出口额波动较大：2014 年突尼斯出口该类农产品最少，出口额仅为 3.95 亿美元；2015 年出口额最大，为 10.68 亿美元；2015 年后出口额骤降，到 2018 年该类农产品出口额才显著增加达到 9.09 亿美元。在出口的贸易伙伴国方面，该类农产品主要出口的 4 个国家为：西班牙、意大利、美国和利比亚。如图 4-2 所示，2019 年，突尼斯与这 4 个国家在该类农产品上的出口额分别达到 1.26 亿美元、1.12 亿美元、0.88 亿美元和 0.32 亿美元。2010—2019 年意大利为突尼斯该类农产品最大的出口目的地，十年间突尼斯对意大利在该类农产品上的年平均出口额约为 1.66 亿美元，对西班牙年平均出口额约为 1.17 亿美元，对美国出口额约为 0.97 亿美元，对利比亚年平均出口额约为 0.79 亿美元。

橄榄油是突尼斯此类农产品中最主要的出口农产品。据突尼斯《晨报》报道，突尼斯 2020 年 2 月橄榄油出口额同比上升 28％，创收 3.71 亿突尼斯第纳尔，出口量同比增长 95％，达 6 400 万吨。在 2019/2020 年度橄榄油季，突尼

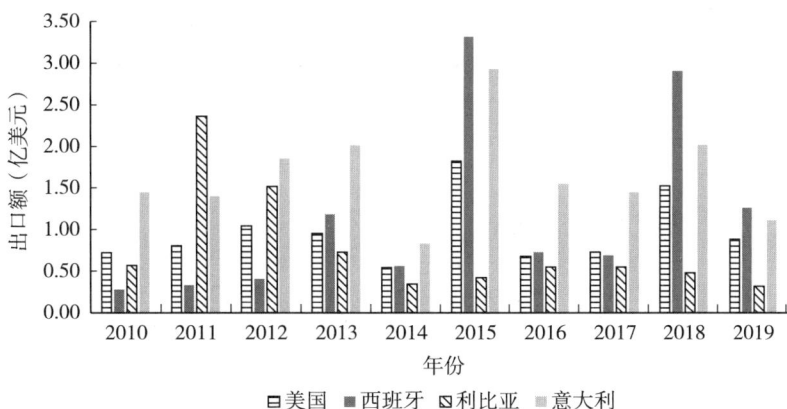

图 4 - 2 2010—2019 年突尼斯 HS15 章农产品的主要出口贸易国和出口额

数据来源：https：//comtrade. un. org/data。

斯橄榄油产量近 3.5 亿吨，创下近年来的产量纪录。欧盟是突尼斯橄榄油的主要市场，该国大部分橄榄油流向意大利和西班牙。

食用水果及坚果，柑橘属水果或甜瓜的果皮（HS08）类农产品出口额为突尼斯第二高。突尼斯的主要出口水果为桃子和西瓜，合计占水果出口总量的约 60％，这两种水果出口量均超过 6 000 吨。2010—2019 年的十年间该类农产品的出口额有小幅波动，其中 2017—2018 年的上涨幅度最大，2018 年存在一个出口的小高峰，出口额达到 3.28 亿美元，2019 年突尼斯出口该类农产品 3.18 亿美元。在出口的贸易伙伴国方面，这类农产品主要出口摩洛哥、法国和德国。如图 4 - 3 所示，2019 年在该类农产品上突尼斯出口上述 3 个国家的总额分别约为 0.65 亿美元、0.31 亿美元、0.26 亿美元。2010—2019 年十年

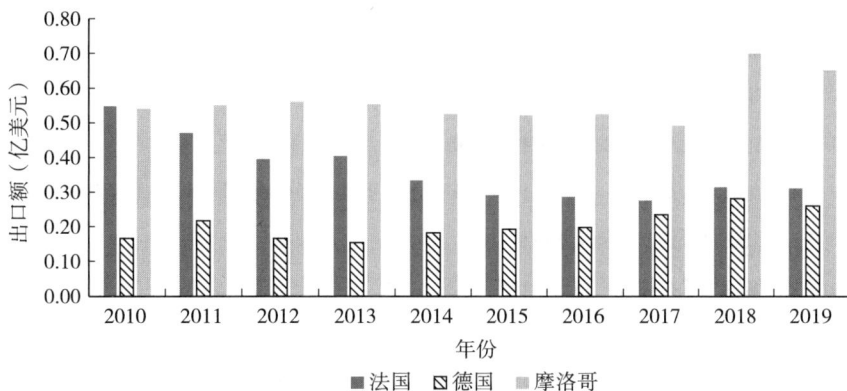

图 4 - 3 2010—2019 年突尼斯 HS08 章农产品的主要出口贸易国和出口额

数据来源：https：//comtrade. un. org/data。

间摩洛哥为突尼斯该类农产品最大的出口贸易伙伴，年平均出口额为 0.56 亿美元，摩洛哥对法国年平均出口额为 0.36 亿美元，摩洛哥对德国年平均出口额为 0.21 亿美元。

三、进口的重点农产品

2019 年，突尼斯进口农产品中最重要的农产品为谷物（HS10），进口额达到 7.94 亿美元（表 4 - 13）。2010—2011 年，突尼斯谷物进口额变化较小；2013 年为近年中谷物进口额最高的年份，达到 9.93 亿美元；2017 年为近年中谷物进口额最低的年份，为 7.34 亿美元；其余年份变化不大。突尼斯主要进口谷物为小麦。

表 4 - 13 2019 年突尼斯各类农产品进口额

单位：亿美元

商品分类编码	商品名称	进口额
HS01	活动物	0.26
HS02	肉及食用杂碎	0.25
HS03	鱼、甲壳动物、软体动物及其他水生无脊椎动物	1.09
HS04	乳品，蛋品，天然蜂蜜，其他食用动物产品	0.65
HS05	其他动物产品	0.03
HS06	活树及其他活植物，鳞茎、根及类似品，插花及装饰用簇叶	0.03
HS07	食用蔬菜、根及块茎	0.36
HS08	食用水果及坚果，柑橘属水果或甜瓜的果皮	0.49
HS09	咖啡、茶、马黛茶及调味香料	0.78
HS10	谷物	7.94
HS11	制粉工业产品，麦芽，淀粉，菊粉，面筋	0.17
HS12	含油子仁及果实，杂项子仁及果实，工业用或药用植物，稻草、秸秆及饲料	3.12
HS13	虫胶，树胶，树脂及其他植物液、汁	0.07
HS14	编结用植物材料，其他植物产品	0.01
HS15	动、植物油、脂及其分解产品，精制的食用油脂，动、植物蜡	1.96
HS16	肉、鱼、甲壳动物、软体动物及其他水生无脊椎动物的制品	0.05
HS17	糖及糖食	1.76
HS18	可可及可可制品	0.38

（续）

商品分类编码	商品名称	进口额
HS19	谷物、粮食粉、淀粉或乳的制品，糕饼点心	0.25
HS20	蔬菜、水果、坚果或植物其他部分的制品	0.20
HS21	杂项食品	0.61
HS22	饮料、酒及醋	0.22
HS23	食品工业的残渣及废料，配制的动物饲料	0.57
HS24	烟草、烟草及烟草代用品的制品	1.79

数据来源：https：//comtrade.un.org/data。

突尼斯主要从乌克兰、法国和美国进口谷物。2019 年突尼斯对以上三国的进口额分别为 3.44 亿美元、0.85 亿美元和 0.08 亿美元（图 4-4）。2010—2019 年，突尼斯对乌克兰年平均谷物进口额为 25.33 亿美元，对法国年平均进口额为 0.9 亿美元，对美国年平均进口额为 0.35 亿美元。

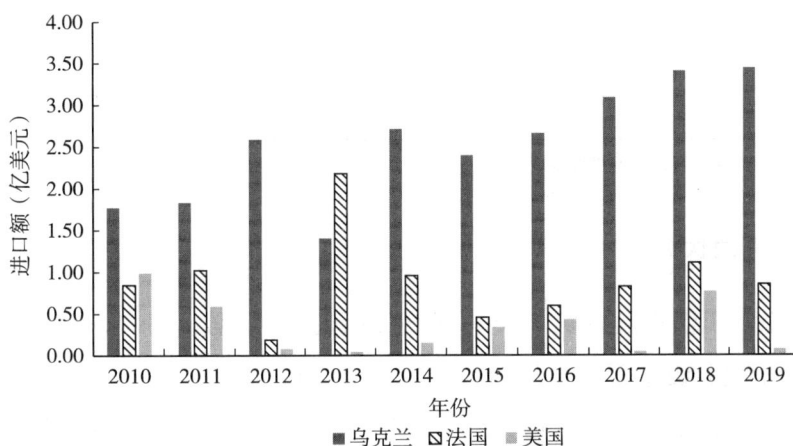

图 4-4　2010—2019 年突尼斯 HS10 章农产品的主要进口贸易国和进口额

数据来源：https：//comtrade.un.org/data。

第四节　粮食安全与营养

一、粮食安全与营养总体情况

（一）粮食不安全流行率

从粮食不安全流行率上看，突尼斯总人口中严重粮食不安全的流行率保持稳定，从 2014—2016 年 3 年平均的 9.1％上升到 2015—2017 年的 9.3％，之后 2017—2019 年又回到 9.1％的水平；同时，总人口中中度或严重粮食不安全的流行率有小幅上升，从 2014—2016 年 3 年平均的 18.2％上升到 2017—2019 年 3 年平均的 20.0％。从绝对值上看，严重粮食不安全的人数从 2014—2016 年 3 年平均的 100 万人在波动中上升到 2017—2019 年 3 年平均的 110 万人；中度或严重粮食不安全的人数从 2014—2016 年 3 年平均的 200 万人在波动中不断上升到 2017—2019 年 3 年平均的 230 万人（表 4 - 14）。

表 4 - 14 2014—2019 年突尼斯粮食安全情况

年份	总人口中严重粮食不安全的流行率（％）	严重粮食不安全的人数（万人）	总人口中中度或严重粮食不安全的流行率（％）	中度或严重粮食不安全的人数（万人）
2014—2016	9.1	100	18.2	200
2015—2017	9.3	110	19.4	220
2016—2018	9.1	100	20.0	230
2017—2019	9.1	110	20.0	230

数据来源：联合国粮食及农业组织数据库。

（二）饥饿状况

根据全球饥饿指数排名，突尼斯 2020 年饥饿指数为 5.7，在全球排名第 23 位，从指数分级来看，突尼斯属于低度饥饿级别。从历史数据中可以看出，突尼斯饥饿指数在 2000 年以来不断下降，与 2000 年相比，2020 年饥饿指数下降了 44.7％（绝对值下降了 4.6）。与世界平均饥饿水平 18.2 和西亚北非平均饥饿水平 12.0 相比，突尼斯饥饿指数低于这两个值。

（三）营养状况

近年来突尼斯营养不良患病率不断下降，整体营养状况较好，并持续改善。2000—2002 年，突尼斯营养不良患病率为 4.4％，经历小幅上升后持续下降，2013—2015 年，突尼斯营养不良患病率为 2.7％（图 4 - 5）。从绝对值上看，突尼斯营养不良的人数呈下降的趋势，从 2000—2002 年 3 年平均的 40 万人下降到 2017—2019 年 3 年平均的 30 万人。

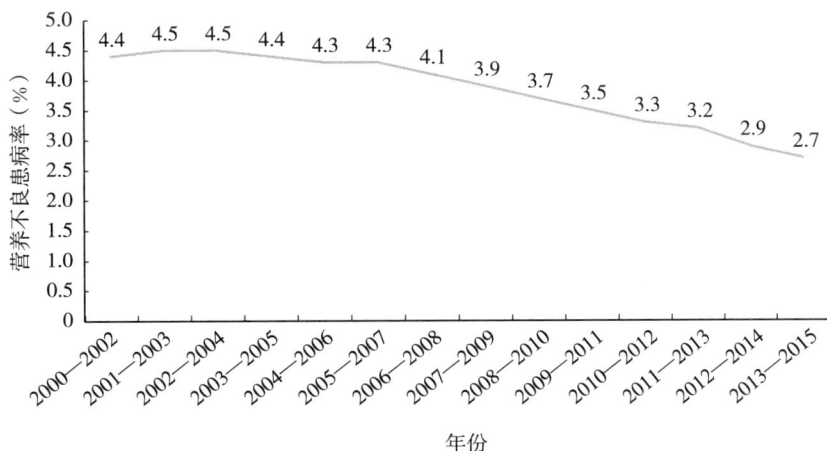

图 4-5　2000—2015 年突尼斯营养不良患病率变化趋势

数据来源：联合国粮食及农业组织数据库。

从热量摄取情况上看，2000—2019 年突尼斯平均饮食热量摄取充足率不断上升，2017—2019 年 3 年平均为 149%。从蛋白质摄入情况上看，2000—2017 年突尼斯平均蛋白质供应量在波动中上升，2015—2017 年 3 年平均蛋白质供应量为 100 克/（人·天）。动物蛋白的平均供应量不断上升，2015—2017 年 3 年平均动物源性蛋白质供应量为 28.7 克/（人·天）。

突尼斯儿童营养状况不断改善。2000—2018 年：突尼斯 5 岁以下儿童受消瘦影响的百分比在波动中有所降低，由 2000 年的 2.9% 下降至 2018 年的 2.1%；5 岁以下发育不良儿童的百分比也大幅降低，从 2000 年的 16.8% 下降至 2018 年的 8.4%（表 4-15）。婴儿低出生体重的百分比也从 2000 年的 8.2% 下降到 2015 年的 7.5%（图 4-6）。

表 4-15　部分年份突尼斯儿童营养状况指标

年份	5 岁以下儿童受消瘦影响的百分比（%）	5 岁以下发育不良儿童的百分比（%）
2000	2.9	16.8
2006	3.4	9.0
2012	2.8	10.1
2018	2.1	8.4

数据来源：联合国粮食及农业组织数据库。

图 4 - 6 2000—2015 年突尼斯婴儿低出生体重的百分比变化趋势

数据来源：联合国粮食及农业组织数据库。

二、食物供给状况

（一）食物产量情况

1961—2019 年，突尼斯食物产量波动剧烈，没有明显的增长或下降趋势。近 60 年间，食物产量最大值出现在 1996 年，接近 300 万吨，最小值出现在 1988 年，低于 50 万吨，2019 年食物产量 242 万吨（图 4 - 7）。

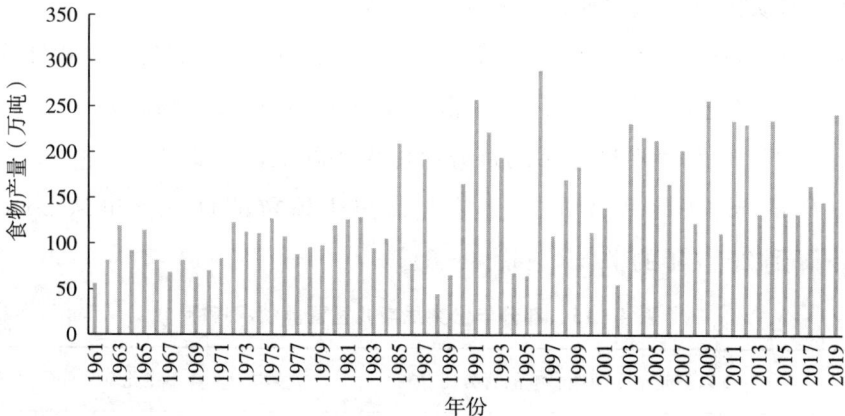

图 4 - 7 1961—2019 年突尼斯食物产量

数据来源：联合国粮食及农业组织数据库。

（二）谷物依赖进口

1. 谷物进出口

突尼斯是粮食净进口国，1961—2019 年，突尼斯谷物贸易呈现出明显的贸易逆差，尤其是 2013 年，突尼斯谷物进口额突破 11 亿美元，谷物进口额上升迅猛，贸易逆差呈现出不断扩大的趋势。近年来，谷物进口额有所下降，贸易逆差有所缩小，2019 年谷物进口额 4.19 亿美元（图 4-8）。

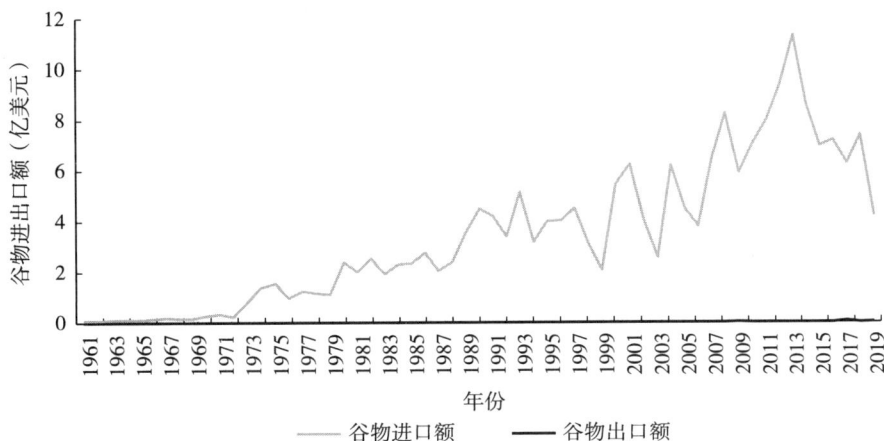

图 4-8 1961—2019 年突尼斯谷物进出口额变化趋势

数据来源：联合国粮食及农业组织数据库。

2. 谷物进口依赖率

突尼斯 2000—2017 年谷物进口依赖率在波动中保持稳定，始终保持较高的依赖率水平（图 4-9）。2000—2002 年 3 年平均谷物进口依赖率约为 70.1%，之后不断在 50% 与 70% 之间波动，2015—2017 年 3 年平均谷物进口依赖率为 71.1%。

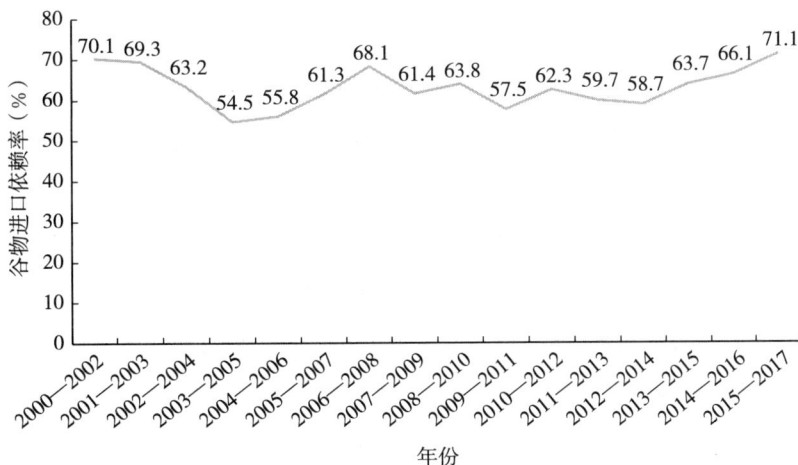

图 4-9 2000—2017 年突尼斯谷物进口依赖率变化趋势

数据来源：联合国粮食及农业组织数据库。

第五节　农业政策

突尼斯农业部门在经济发展战略中发挥了关键作用。回顾突尼斯农业发展进程，政府制定了诸多国家经济和社会发展战略，以解决农业、粮食和营养安全问题。突尼斯《第十一个国家发展计划（2007—2011年）》以"经济增长"和"创造就业"为两大目标，以"加强宏观经济政策改革""推动基础设施现代化发展"和"积累民间人力资本"为三大支柱，强调了农业食品工业分部门的重要性，旨在通过延长农业产业链、增加农产品附加值来提高农业在GDP中的比例。《农业政策第十一个五年计划（2010—2014年）》的内容主要包括4个方面：①将粮食安全作为国家发展的重中之重；②提高农业部门的竞争力；③促进农业出口以带动宏观经济发展；④促进自然资源成为农业可持续发展的基础。《经济和社会发展战略（2012—2016年）》主要包括6个方面：①提升社会治理能力、加强公民责任和参与意愿；②改善公共部门绩效；③融入全球经济；④加强社会及区域包容性；⑤提高公民就业能力，创造更多就业机会以应对经济变化；⑥改善经济融资条件。这一宏观经济发展计划为农业等多部门的发展奠定了良好的基础。

从具体操作内容来看，突尼斯的农业发展政策体系主要包括3个维度。

一、生产支持政策

突尼斯政府不断完善农业生产者支持政策。具体做法包括：促进公共和私人投资，特别是灌溉、排水和废水处理方面的投资；支持食用油出口；积极执行促进谷物生产的战略。

加强水利基础设施建设。突尼斯主要基于通过传输网络连接的补充水文系统（集水区、含水层系统）调动水资源。现已开发了大量的水利基础设施，以满足全国对饮用水和灌溉用水日益增长的需求。储水或转运设施主要位于该国北部，旨在满足区域用水需求。政府与世界银行合作实施了水利部门投资项目（2009—2015年），以调动水资源并建立灌溉区，完善生产系统并提高产量。突尼斯灌溉量约占调动量的83%，但因过度消耗和管理不善对环境造成了破坏性影响，从长远来看，该国的灌溉潜力受到威胁。2013年，突尼斯政府成立了国家水务委员会，以审查当前的政策和战略，并为更新国家水利政策提供指导，此项举措有利于突尼斯农业的可持续发展。

支持食用油出口。突尼斯作为世界上最大的橄榄油生产国和出口国之一，2015 年以来，政府部门对于橄榄油生产领域给予了大力支持：通过实施老化橄榄树更新计划、突尼斯西北部新建种植园计划，增加橄榄油的产量；通过促进瓶装橄榄油出口，增加橄榄油附加值；通过谈判增加橄榄油对欧盟的出口，非税配额从 2015/2016 年度的每年 56 000 吨提高到 2016/2017 年度的每年 91 000吨。除此之外，为进一步促进生产端积极性，突尼斯政府将食用油（和棕榈油）的增值税一直维持在较低的水平，且使其保持不变。

实施谷物生产战略。据联合国粮农组织 2017 年有关报告显示，突尼斯谷物种植覆盖面积为 150 万公顷，占耕地面积的 1/3。其中，58% 种植区域分布在北部和西部地区，以硬粒小麦（约占 54%）、软质小麦（约占 36%）和大麦（约占 10%）为主。自 2008 年以来，政府为提高谷物产量，向生产者提供了推广服务和贷款以满足其需求，并通过最低保护价支持生产者。突尼斯政府为实现粮食安全战略，达到谷类平均年产量 270 万吨（其中 150 万吨是硬粒小麦）的自给自足的目标，采取了以下措施：将灌溉小麦的总面积从 8 万公顷增加到 12 万公顷；将灌溉土地的产量从每公顷 3.5 万吨增加到 5 万吨；将小麦和大麦的农场门站价格维持在较高水平，以鼓励当地生产；通过增加对特定谷物种子品种的价格补贴，使农民使用特定种子种植的概率大大提高；政府对购置农业机械的费用给予 25% 的补贴，对购置灌溉设备的费用给予 40%～50% 的补贴，以促进私人投资粮食生产；政府还为中小型农业生产者提供更多的信贷机会，尤其是针对小农户的小额信贷。

2017 年 4 月 1 日起正式实施的突尼斯新《投资法》规定了农业与渔业领域的补贴：对于大中型企业补贴 15%，对于小型企业（投资最低限额 100 万突尼斯第纳尔）补贴 30%。此外，对于引进新技术、改善生产的设备投入补贴 55%，对于农业、渔业和水产养殖 A 类企业补贴 55%，对于互助型企业补贴 60%。

二、消费支持政策

突尼斯政府通过现金转移、持续粮食补贴和增加就业计划等一系列举措保障和改善粮食供应情况。

现金转移。该方案始于 20 世纪 80 年代末，目标是为最贫穷的家庭（如有老年人、残疾人或学龄儿童，或没有户主的家庭）提供有条件或无条件的经济救济。该方案措施包括：发放免费保健卡或减免部分费用（根据免费医疗援助和享受低价保健方案）；每月发放财政援助；根据入学儿童人数提供有条件的现金援助。截至 2015 年，突尼斯大约 8.3% 的人享受到了该方案的福利政策。

持续粮食补贴。几十年来，突尼斯政府一直维持对基本食品的粮食补贴。其补贴方案主要聚焦于最贫穷人口所消费的主食产品（例如面包、面粉等）。20 世纪 80 年代以来，政府通过一般补偿补贴将补贴价格定为低于生产成本的价格，从而提高了消费者的购买力。但这一补贴政策增加了国家预算负担，2007 年，政府缩减了这一类财政补贴。2014 年，该补贴和转移支付占国内生产总值的 7.2%（2010 年为 3.6%）。

增加就业计划。2012 年 10 月，突尼斯政府制定了新的就业计划，目标人群为失业的突尼斯大学毕业生（28 岁及以上，家庭收入低于最低工资的 3 倍），通过技能培训和职业调整，使求职者提高就业和实操能力，促进其进入劳动力市场并使其具备一定的竞争优势。

三、农产品市场政策

突尼斯政府在农产品贸易方面，试图在保障市场自由化发展的基础上，进一步加深国内经济与全球经济的融合。然而，在农业贸易的实际发展中，相关法律和规章体系的不完善阻碍了私营部门的发展，特别是阻碍了出口竞争力的提升，因此，需要进行经济和金融改革。2015 年 9 月，突尼斯通过了新的《市场开放法》，新的《竞争法》亦获得批准，旨在通过减少进入壁垒和减少自由裁量适用法规来改善商业环境。2015 年 11 月，《公私合营法》获得批准，旨在促进私人特许经营。2016 年，突尼斯政府降低了消费品等部分进口产品的关税；除农产品外，关税下调幅度在 30% 与 20% 之间。此外，农业部门的关税保护水平大幅降低，从 2005 年的近 67% 降至 2016 年的 32%，自 2009 年以来，食品和渔业产品的最高关税税率为 36%，目的在于支持食品农产品企业，以提高农产品在国内和国际市场上的竞争力，进一步推动出口经济发展。

第六节 农业科技

由于突尼斯面临缺水问题，其农业科技的发展与推广主要围绕"灌溉技术"展开。突尼斯在联合国粮农组织和世界银行等国际组织的帮助下，开展了一系列活动。

联合国粮农组织在突尼斯开展太阳能灌溉系统（SPIS）项目，基于突尼斯的发展目标，试图构建长效、综合、可持续发展的农业技术服务体系，从整体上改善自然资源管理，鼓励低排放和气候可调节的农业发展模式；组织相关技术专家对当地农民进行系统性培训，增强农户对使用 SPIS 的认知和技能，在提高农业生产力和保障农民生计的基础上，减少温室气体排放，改善突尼斯整体环境水平。世界银行于 2018 年 5 月宣布了一项 1.4 亿美元的项目，支持突尼斯政府将重点放在灌溉农业上（特别是针对欠发达的农村地区），以此作为管理稀缺水资源并创造经济机会的手段。新项目将为灌溉系统的修复提供资金，以使其更高效、更可靠。这是提高农业部门生产力的关键投入，将促进农业部门产生更多的收入，并为包括妇女和年轻人在内的各种人员和企业提供机会。

太阳能灌溉作为农业用水管理中一种可靠、清洁的能源解决方案，越来越受到各国的关注，特别是在太阳辐射强的地区。随着太阳能灌溉系统投资成本的不断降低，SPIS 技术正成为许多农民可行的选择。在农村地区，太阳能灌溉是确保农业获得能源的一种手段，也能为缺乏可靠电力供应或柴油价格昂贵的农村地区用户提供能源。太阳能灌溉作为减少农业温室气体排放的一种方式，在气候适宜性、技术经济可行性、体制安排、规章和政策支持、融资和经济可行性方面存在相对优势。突尼斯引进这一技术不只是简单地引进一种环境友好和价格低廉的灌溉技术，而是从战略上思考如何利用这一技术来规范地下水的使用，为农村地区提供能源，并促进投资模式和组织结构创新。具体而言，可持续性太阳能灌溉系统的相关技术较为简单，可操作性较强，利于地方政府推广。这些技术的应用目的是在阿拉伯国家，用太阳能代替地下水抽水和灌溉中的化石能源，以实现环境保护的目标。

这一灌溉系统除了减少水分流失（最多可节省 40％的水）以外，能更稳定地输送灌溉水，更加安全的水源将提高农民的信心，使他们扩大种植面积，并投资更高价值的农作物。此外，该项目还将为增加作物单产，以及将农民与市场联系起来提供有力帮助。

在积极完善节能减排的农业灌溉系统、降低农业生产者的生产成本的同时，突尼斯还进行特色农产品的作物推广以及有机农产品种植技术推广，如推广橄榄、无核食用葡萄和早熟桃品种的有机种植，这些产业具有十分高的产品品质和经济效益。此外，政府还鼓励农产品品牌建设，并与欧美等发达国家学习有机农产品溯源标签技术，以及现代化的农产品包装技术、加工技术，以延长农产品价值链，提高农产品附加值，最终增加农民收入，促进本国农业可持续发展。

第五章 CHAPTER 5

摩洛哥农业 ▶▶▶

::::::::: 第一节 农业资源条件 :::::::::

一、土地资源

摩洛哥土地面积为 44.63 万千米^2，其中，农业用地面积为 30.39 万千米^2，占比达到 68.08%。农业用地中，耕地面积为 9.39 万千米^2，占农业用地面积的 30.90%，有机农业区域占比为 0.03%。耕地中，16.29% 配备了灌溉设施（表 5-1）。

表 5-1 2018 年摩洛哥土地利用情况

单位：万千米^2

土地利用类型	面积
总国土	44.63
农业用地	30.39
耕地	9.39
林地	5.63
配备灌溉的土地	1.53
有机农业区域	0.009 2

数据来源：联合国粮食及农业组织数据库。

二、水资源

总体来说，摩洛哥水资源在北非六国中相对较为丰富。2008—2012 年摩洛哥淡水资源用水量为 103.50 亿米^3/年，可再生水资源总量为 290.00 亿米^3/

年，农业用水量为91.56亿米³/年（表5-2）。人均可再生水资源总量为811.4
米³/年。

表5-2　2008—2012年摩洛哥水资源利用情况

单位：亿米³/年

项目	数值
淡水资源用水量	103.50
可再生地表水总量	220.00
可再生地下水总量	100.00
可再生水资源总量	290.00
农业用水量	91.56

数据来源：联合国粮食及农业组织水文数据库。
注：可再生地表水总量与可再生地下水总量统计时有重合。

三、气候条件

摩洛哥境内主要为地中海气候，夏季炎热干燥，冬季温和湿润。沿海平原
常年气候宜人，花木繁茂，风景如画，享有"北非花园"和"烈日下的清凉国
土"的美誉。内陆山区气候差异明显，夏季炎热干燥，冬季寒冷多有降雪。撒
哈拉沙漠边缘呈现干燥的沙漠气候。

降水方面，摩洛哥西接大西洋，受洋流影响年平均降水量相对充沛，为
319.71毫米，多年平均每月降水量为26.64毫米。从月份分布上看，11月至
次年2月降水量相对较大，在40毫米左右，而6—8月降水量较小，低于10
毫米（图5-1）。从地理分布上看，摩洛哥降水量总体变化趋势为由北向南、
由沿海向内陆逐渐减少。由北向南主要城市年平均降水量如下：丹吉尔810毫
米、拉巴特570毫米、达尔贝达450毫米、马拉喀什253毫米、阿加迪尔289
毫米。气温方面，从月份分布上看，1901—2016年摩洛哥最低月平均气温出
现在1月，为9.47℃，最高月平均气温出现在8月，为26.61℃（图5-1）。

四、劳动力资源

2019年，摩洛哥总人口约为3 647.18万人。从人口城乡结构上看，农村
人口1 349.67万人，占总人口的37.01%；农业从业人口占总从业人口的

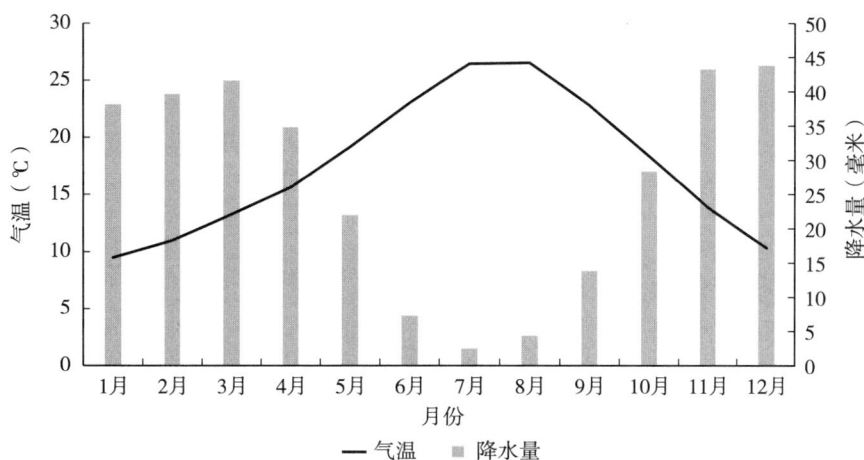

图 5 - 1　1901—2016 年摩洛哥月平均降水量和气温情况

数据来源：世界银行气候变化知识门户。

33.25%；女性农业从业人口占女性总从业人口的 52.12%；男性农业从业人口占男性总从业人口的 27.36%；25 岁以上的人口中，仅 5.6% 的人受过基本初等教育，基本初等教育普及程度很低（表 5 - 3）。

表 5 - 3　2019 年摩洛哥劳动力资源状况

项目	数量
总人口	3 647.18 万人
农村人口	1 349.67 万人
农村人口占总人口比例	37.01%
农业从业人口占总从业人口比例	33.25%
女性农业从业人口占女性总从业人口比例	52.12%
男性农业从业人口占男性总从业人口比例	27.36%
25 岁以上受过基本初等教育人口比重	5.6%

数据来源：世界银行。

从人口素质来看，根据联合国开发计划署《2019 年人类发展报告》，摩洛哥 2018 年的人类发展指数为 0.676，在 189 个国家和地区中排名第 121 位。从 1990 年到 2018 年，摩洛哥的人类发展指数从 0.458 增至 0.676。1990—2018 年，摩洛哥人均国民总收入增长了约 96.3%，摩洛哥人出生时预期寿命增加了 11.7 岁，平均受教育年限增加了 3.3 年，预期受教育年限增加了 6.6 年。2018 年，摩洛哥女性的人类发展指数为 0.603，男性为 0.724，性别发展指数为 0.833。2018 年，摩洛哥的全球创新指数值为 0.492，在 162 个国家中排名第 118 位。在摩洛哥，妇女占有议会席位的 18.4%；成年女性中至少有中等教育程度的比例为 29.0%，而男性为 35.6%。

第二节　农业生产

一、农业产值规模及构成

2010—2018 年，摩洛哥农业总产值在波动中上升，2010 年农业总产值为 1 116.48 亿美元，2018 年，农业总产值达到这期间的最大值，为 1 381.91 亿美元。农业产值中，种植业产值在波动中上升，2010 年产值为 715.24 亿美元，2016 年迎来大幅下降，2017 年后又重新呈现出上升趋势，到 2018 年，种植业总产值达到 871.02 亿美元。种植业对农业总产值的贡献大致保持稳定，仅 2016 年低于 60%，其余年份均大于 60%，2018 年种植业产值占农业总产值的比例为 63.03%。畜牧业产值也保持上升的趋势，并在 2018 年达到 510.87 亿美元，占农业总产值的 36.97%（表 5-4）。

表 5-4　2010—2018 年摩洛哥农业产值情况

年份	2010	2011	2012	2013	2014	2015	2016	2017	2018
农业总产值（亿美元）	1 116.48	1 180.56	1 103.80	1 223.84	1 203.65	1 346.24	1 071.87	1 325.73	1 381.91
种植业产值（亿美元）	715.24	759.46	662.23	779.58	747.51	858.63	590.34	819.15	871.02
畜牧业产值（亿美元）	401.22	421.08	441.56	444.24	456.12	487.59	481.52	506.56	510.87
种植业产值占农业总产值的比例（%）	64.06	64.33	60.00	63.70	62.10	63.78	55.08	61.79	63.03
畜牧业产值占农业总产值的比例（%）	35.94	35.67	40.00	36.30	37.90	36.22	44.92	38.21	36.97

数据来源：联合国粮食及农业组织数据库。

2010—2018 年，摩洛哥农业产值占 GDP 的比例波动不大，保持在 12% 左右（表 5-5）。

表 5-5　2010—2018 年摩洛哥农业产值占 GDP 的比例

年份	2010	2011	2012	2013	2014	2015	2016	2017	2018
农业产值占 GDP 的比例（%）	12.9	13.1	12.3	13.4	11.7	12.6	12.0	12.4	12.3

数据来源：世界银行。

二、种植业

摩洛哥农业在国民经济中占有重要地位，根据 2018 年数据，谷物、初级水果、主要蔬菜和糖料作物在摩洛哥种植业中占据主导地位。从收获面积看，谷物是第一大作物。2018 年，摩洛哥谷物收获面积为 458.95 万公顷，油料作物收获面积为 108.38 万公顷，初级水果收获面积为 46.04 万公顷，豆类作物收获面积 41.86 万公顷，其后依次是坚果、主要蔬菜、柑橘类水果等。从产量看，2018 年，摩洛哥谷物产量为 1 038.87 万吨，初级水果产量 608.93 万吨，主要蔬菜产量 441.44 万吨，糖料作物产量 432.66 万吨，其后依次为柑橘类水果、薯类作物、油料作物、豆类作物等（表 5 - 6）。

表 5 - 6　2018 年摩洛哥种植业生产情况

主要农产品种类	收获面积（万公顷）	产量（万吨）
谷物	458.95	1 038.87
柑橘类水果	12.73	228.74
纤维作物	0.50	0.17
初级水果	46.04	608.93
油料作物	108.38	163.57
豆类作物	41.86	34.94
薯类作物	6.29	188.74
糖料作物	6.27	432.66
坚果	19.40	13.03
主要蔬菜	15.00	441.44

数据来源：联合国粮食及农业组织数据库。

自 2008 年政府实施绿色摩洛哥计划以来，摩洛哥农业领域已吸引了大量来自私营领域的投资，粮食自给率不断提高。小麦是摩洛哥最重要的粮食作物。2010 年，小麦产量为 487.61 万吨，2011 年以后呈现出波动的趋势，产量在 2015 年达到最大值，为 807.47 万吨，2018 年有所回落，为 732.06 万吨。大麦和马铃薯也是摩洛哥重要的粮食作物。2010 年，马铃薯产量为 160.46 万吨，2010—2018 年产量保持波动增长趋势，在 2018 年达到 186.91 万吨。大麦产量则呈现出剧烈波动的趋势。大麦产量在 2016 年达到峰值，为 619.90 万吨，之后几年有所回落，2018 年，大麦产量仅为 285.10 万吨（表 5 - 7）。根据美国农业部谷物生产地图，摩洛哥大麦产区集中在西部沿海的杰迪代省、萨菲省、塞塔特省和斯拉格奈堡省，以及北部的纳组尔省；玉米产区集中在杰迪代省、萨菲省；燕麦的主产区是西北大区；小麦主产区也集中在地中海沿岸，主要产区为杰迪代省、塞塔特省、盖尼特拉省等。

摩洛哥主要的经济作物为柑橘、橄榄、番茄和甜菜。柑橘是摩洛哥重要的水果产品和经济作物。2010—2018 年，柑橘产量在波动中不断上升，由 2010 年的 47.28 万吨增长至 2017 年的 127.83 万吨，2018 年有所回落，为 120.88 万吨。2010—2018 年，摩洛哥橄榄产量在 100 万吨与 160 万吨之间波动，2018 年达到 156.15 万吨。近十年间甜菜产量大幅上升，由 2010 年的 243.59 万吨上升到 2016 年的 421.89 万吨，之后有所下降，在 2018 年达到 371.05 万吨。同期，摩洛哥番茄产量保持稳定，始终维持在 120 万～145 万吨的水平，2018 年为 140.94 万吨（表 5-7）。

表 5-7　2010—2018 年摩洛哥主要农作物产量情况

单位：万吨

农作物	2010 年	2011 年	2012 年	2013 年	2014 年	2015 年	2016 年	2017 年	2018 年
橄榄	150.65	141.59	131.58	118.17	157.32	114.42	141.61	103.91	156.15
马铃薯	160.46	172.14	165.69	192.86	195.10	192.44	174.36	192.49	186.91
小麦	487.61	601.78	387.80	693.40	511.59	807.47	273.11	709.08	732.06
柑橘	47.28	75.30	87.71	66.41	118.54	99.32	107.76	127.83	120.88
大麦	256.65	231.76	120.14	272.26	163.81	339.70	619.90	246.65	285.10
番茄	143.39	121.79	121.91	129.33	123.10	141.24	123.12	129.38	140.94
甜菜	243.59	303.51	162.67	214.22	320.86	387.56	421.89	374.14	371.05

数据来源：联合国粮食及农业组织数据库。

三、畜牧业

2010—2018 年，摩洛哥肉类总产量不断上升，由 2010 年的 103.28 万吨上升到 2018 年的 134.57 万吨（表 5-8）。摩洛哥的肉类主要为禽类肉、牛肉和羊肉。2010—2018 年：摩洛哥禽类肉始终为产量第一大肉类，且产量呈上升趋势，从 2010 年的 61.25 万吨上升到 2018 年的 77.50 万吨；牛肉产量在波动中略有上升，自 2010 年的 19.20 万吨上升到 2018 年的 28.30 万吨；羊肉产量总体上也呈现出波动上升的趋势，从 2010 年的 16.20 万吨上升至 2018 年的

21.09 万吨。

2010—2018 年：摩洛哥禽蛋产量在波动中上升，自 2010 年的 24.40 万吨上升到 2018 年的 39.60 万吨；奶类产量则在波动中有所下降，2010 年奶类产量为 198.42 万吨，2011—2017 年在波动中上升，在 2012 年达到近十年间的最大值，为 260.85 万吨，到 2018 年下降为 178.62 万吨。

表 5-8　2010—2018 年摩洛哥畜牧产品产量情况

单位：万吨

畜牧产品	2010 年	2011 年	2012 年	2013 年	2014 年	2015 年	2016 年	2017 年	2018 年
肉类（总）	103.28	107.94	109.01	108.41	111.74	122.04	118.76	127.19	134.57
-禽类肉	61.25	64.50	64.32	61.50	63.90	71.50	66.50	74.50	77.50
-牛肉	19.20	19.87	20.44	25.40	25.91	24.55	25.78	26.07	28.30
-羊肉	16.20	16.70	17.19	14.40	14.69	18.54	19.08	19.09	21.09
禽蛋	24.40	26.50	27.20	27.00	31.90	32.45	26.95	39.06	39.60
奶类	198.42	230.49	260.85	239.36	248.82	253.80	258.64	253.45	178.62

数据来源：联合国粮食及农业组织数据库。

四、林业

2010—2019 年，摩洛哥林业产品产量有所下降。圆木产量整体上保持稳定，从 2010 年的 715.78 万米^3 减少到 2019 年的 690.08 万米^3；工业圆木产量先增后减，但仍保持在 30 万米^3 以上；木材燃料产量也有小幅下降，从 2010 年的 678.57 万米^3 下降到 2019 年的 659.58 万米^3（表 5-9）。

表 5-9　2010—2019 年摩洛哥林业产品产量

单位：万米^3

林业产品	2010 年	2011 年	2012 年	2013 年	2014 年	2015 年	2016 年	2017 年	2018 年	2019 年
圆木	715.78	713.39	710.20	713.93	711.87	715.62	710.72	694.23	692.16	690.08
工业圆木	37.21	37.21	36.10	41.90	41.90	47.70	44.90	30.50	30.50	30.50
木材燃料	678.57	676.18	674.10	672.03	669.97	667.92	665.82	663.73	661.66	659.58

数据来源：联合国粮食及农业组织数据库。

五、渔业

摩洛哥拥有 3 500 千米的海岸线（地中海沿岸 500 千米，大西洋沿岸

3 000 千米），拥有发展海洋渔业的传统。渔业部门是摩洛哥最重要的经济部门之一。根据联合国粮食及农业组织水文数据库数据，2018 年摩洛哥捕捞业产量约为 137.17 万吨，其中大部分产自大西洋一侧；水产养殖业产量相当有限，2018 年达到 1 136.91 吨（表 5 - 10）。2018 年，鱼类和渔业产品的出口值为 22 亿美元，而进口值为 1.747 亿美元。2018 年，渔业部门为 111 464 人提供了直接就业机会，大部分人从事海洋沿海捕捞工作。2016 年，摩洛哥船队共有 19 532 艘船只，其中 90% 的船只长度小于 12 米。2016 年，摩洛哥每名居民的鱼类消费量约为 20.3 千克。

表 5 - 10　2010—2018 年摩洛哥捕捞业和水产养殖业产量

年份	捕捞业产量（万吨）	水产养殖业产量（吨）
2010	113.62	742.12
2011	95.89	617.00
2012	116.18	692.50
2013	125.36	988.00
2014	136.53	1 189.00
2015	136.49	1 050.00
2016	144.70	1 142.00
2017	137.75	1 197.70
2018	137.17	1 136.91

数据来源：联合国粮食及农业组织水文数据库。

第三节　农业贸易

一、农产品进出口贸易总体情况

2010—2019 年，摩洛哥农产品贸易总额显著增长，由 2010 年的 77.13 亿美元增长至 2019 年的 122.71 亿美元，同时由贸易逆差逐渐转向贸易顺差（表 5 - 11）。摩洛哥农产品进口额在 40 亿美元至 60 亿美元之间波动；农产品出口额稳步增长至 2019 年的 63.96 亿美元。

表 5－11　2010—2019 年摩洛哥农产品贸易额

单位：亿美元

年份	出口额	进口额	贸易总额	贸易差额
2010	34.98	42.15	77.13	−7.18
2011	38.74	57.84	96.59	−19.10
2012	38.24	57.88	96.12	−19.64
2013	42.82	50.86	93.68	−8.05
2014	46.42	58.68	105.10	−12.26
2015	47.00	43.97	90.97	3.03
2016	49.49	53.59	103.09	−4.10
2017	55.87	53.35	109.22	2.52
2018	62.27	58.65	120.91	3.62
2019	63.96	58.75	122.71	5.22

数据来源：https：//comtrade. un. org/data。

注：每年摩洛哥农产品进口额、出口额和贸易总额，由海关编码即 HS01～HS24 章农产品的对应数值加总计算而得。

二、出口的重点农产品

从 2019 年数据来看（表 5－12），摩洛哥出口农产品中最重要的农产品有 3 类：食用蔬菜、根及块茎（HS07），食用水果及坚果，柑橘属水果或甜瓜的果皮（HS08），鱼、甲壳动物、软体动物及其他水生无脊椎动物（HS03）。

表 5－12　2019 年摩洛哥各类农产品出口额

单位：亿美元

商品分类编码	商品名称	出口额
HS01	活动物	0.12
HS02	肉及食用杂碎	0.01
HS03	鱼、甲壳动物、软体动物及其他水生无脊椎动物	12.15
HS04	乳品，蛋品，天然蜂蜜，其他食用动物产品	0.67
HS05	其他动物产品	0.87
HS06	活树及其他活植物，鳞茎、根及类似品，插花及装饰用簇叶	0.31
HS07	食用蔬菜、根及块茎	13.51
HS08	食用水果及坚果，柑橘属水果或甜瓜的果皮	13.43
HS09	咖啡、茶、马黛茶及调味香料	0.62

（续）

商品分类编码	商品名称	出口额
HS10	谷物	0.00
HS11	制粉工业产品，麦芽，淀粉，菊粉，面筋	0.06
HS12	含油子仁及果实，杂项子仁及果实，工业用或药用植物，稻草、秸秆及饲料	1.78
HS13	虫胶，树胶、树脂及其他植物液、汁	0.60
HS14	编结用植物材料，其他植物产品	0.01
HS15	动、植物油、脂及其分解产品，精制的食用油脂，动、植物蜡	2.28
HS16	肉、鱼、甲壳动物、软体动物及其他水生无脊椎动物的制品	8.18
HS17	糖及糖食	2.32
HS18	可可及可可制品	0.04
HS19	谷物、粮食粉、淀粉或乳的制品，糕饼点心	0.57
HS20	蔬菜、水果、坚果或植物其他部分的制品	2.28
HS21	杂项食品	1.26
HS22	饮料、酒及醋	0.33
HS23	食品工业的残渣及废料，配制的动物饲料	1.76
HS24	烟草、烟草及烟草代用品的制品	0.81

数据来源：https://comtrade.un.org/data。

食用蔬菜、根及块茎（HS07）类农产品 2010—2019 年出口额整体呈现上涨趋势，且 2016 年后上涨幅度显著提高，2019 年出口额为 13.51 亿美元。如图 5-2 所示，2019 年该类农产品主要出口到法国、西班牙和荷兰，出口额分别为 5.75 亿美元、3.51 亿美元和 1.16 亿美元。2010—2019 年，法国为摩洛哥该类农产品最大的出口贸易伙伴，年平均出口额为 4.75 亿美元，摩洛哥对西班牙年平均出口额为 1.94 亿美元，对荷兰年平均出口额为 0.65 亿美元。

食用水果及坚果，柑橘属水果或甜瓜的果皮（HS08）类农产品出口贸易额整体呈现上涨趋势。该类农产品主要出口到西班牙、法国、荷兰和俄罗斯。如图 5-3 所示，2019 年该类农产品主要出口到西班牙，出口额为 4.21 亿美元，出口法国贸易额为 2.17 亿美元，出口荷兰贸易额为 2.07 亿美元，出口俄罗斯贸易额为 1.61 亿美元。2010—2019 年，西班牙为摩洛哥该类农产品最大的出口贸易伙伴，年平均出口额为 1.73 亿美元，且呈逐年上涨的趋势，摩洛哥对法国年均出口额为 1.7 亿美元，对俄罗斯为 1.42 亿美元，对荷兰为 1.31 亿美元。

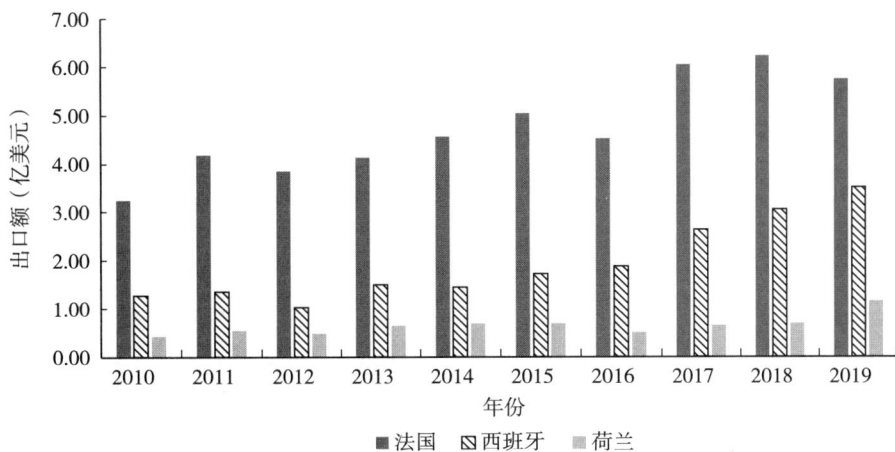

图 5-2　2010—2019 年摩洛哥 HS07 章农产品的主要出口贸易国和出口额

数据来源：https://comtrade.un.org/data。

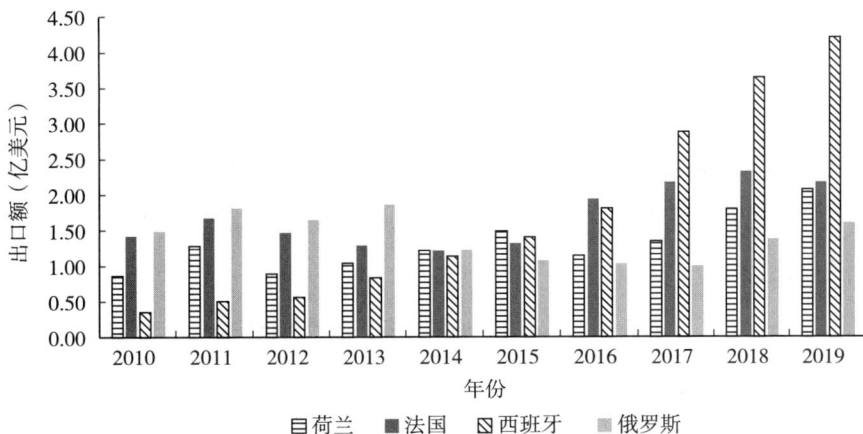

图 5-3　2010—2019 年摩洛哥 HS08 章农产品的主要出口贸易国和出口额

数据来源：https://comtrade.un.org/data。

此外，鱼、甲壳动物、软体动物及其他水生无脊椎动物（HS03）类也是摩洛哥的特色出口农产品之一。2010—2018 年，该类农产品出口额呈持续上升趋势，2018 年出口额达到 13.62 亿美元，2019 年小幅下降至 12.15 亿美元。该类农产品主要出口至西班牙、意大利和日本，西班牙为摩洛哥该类农产品最大的出口贸易伙伴。如图 5-4 所示，2019 年摩洛哥出口该类农产品到西班牙的贸易额为 6.2 亿美元，出口意大利 1.85 亿美元，出口日本 1.12 亿美元。

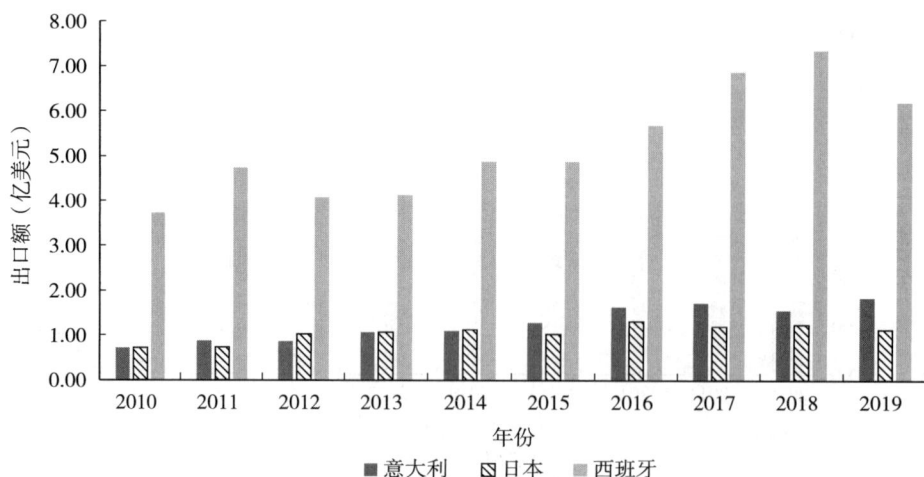

图 5-4 2010—2019 年摩洛哥 HS03 章农产品的主要出口贸易国和出口额

数据来源：https：//comtrade. un. org/data。

三、进口的重点农产品

从 2019 年数据来看（表 5-13），摩洛哥 24 类农产品的进口情况与其他北非国家相似，谷物（HS10）为摩洛哥进口最多的农产品，2019 年进口额达到 16.09 亿美元。

表 5-13 **2019 年摩洛哥各类农产品进口额**

单位：亿美元

商品分类编码	商品名称	进口额
HS01	活动物	0.97
HS02	肉及食用杂碎	0.44
HS03	鱼、甲壳动物、软体动物及其他水生无脊椎动物	2.16
HS04	乳品，蛋品，天然蜂蜜，其他食用动物产品	2.53
HS05	其他动物产品	0.76
HS06	活树及其他活植物，鳞茎、根及类似品，插花及装饰用簇叶	0.89
HS07	食用蔬菜、根及块茎	1.03
HS08	食用水果及坚果，柑橘属水果或甜瓜的果皮	3.36
HS09	咖啡、茶、马黛茶及调味香料	4.07
HS10	谷物	16.09
HS11	制粉工业产品，麦芽，淀粉，菊粉，面筋	0.19
HS12	含油子仁及果实，杂项子仁及果实，工业用或药用植物，稻草、秸秆及饲料	1.55

（续）

商品分类编码	商品名称	进口额
HS13	虫胶，树胶、树脂及其他植物液、汁	0.34
HS14	编结用植物材料，其他植物产品	0.01
HS15	动、植物油、脂及其分解产品，精制的食用油脂，动、植物蜡	5.56
HS16	肉、鱼、甲壳动物、软体动物及其他水生无脊椎动物的制品	0.37
HS17	糖及糖食	4.41
HS18	可可及可可制品	0.80
HS19	谷物、粮食粉、淀粉或乳的制品，糕饼点心	1.56
HS20	蔬菜、水果、坚果或植物其他部分的制品	0.89
HS21	杂项食品	1.46
HS22	饮料、酒及醋	1.10
HS23	食品工业的残渣及废料，配制的动物饲料	6.21
HS24	烟草、烟草及烟草代用品的制品	1.98

数据来源：https：//comtrade. un. org/data。

　　摩洛哥主要从法国、阿根廷、加拿大和巴西进口谷物。如图 5 - 5 所示，2019 年摩洛哥从法国进口谷物 4.61 亿美元，从阿根廷进口谷物 3.64 亿美元，从加拿大进口谷物 2.43 亿美元，从巴西进口谷物 2.1 亿美元。2010—2019 年，摩洛哥从法国进口的谷物最多，年平均进口额为 4.82 亿美元，从阿根廷进口的总额为 2.8 亿美元，加拿大为 2.41 亿美元，巴西为 1.79 亿美元。

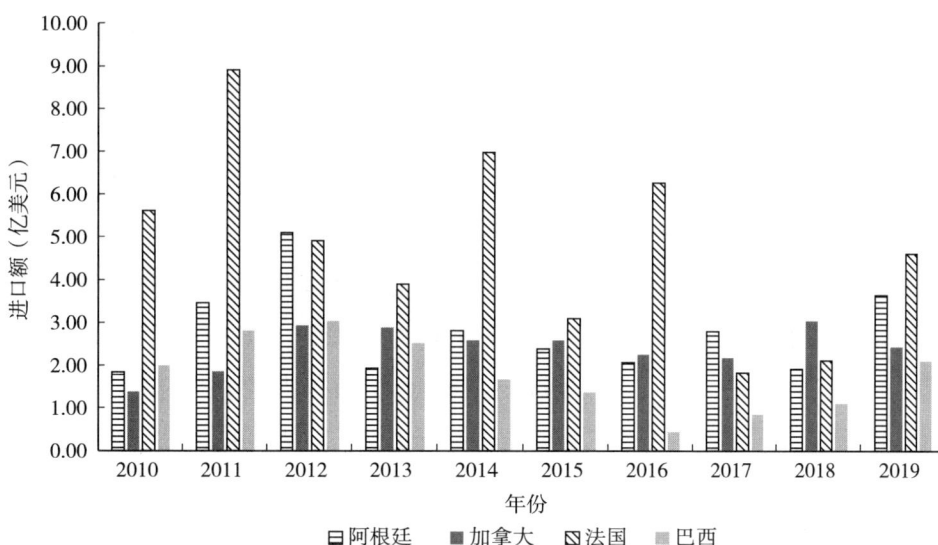

图 5 - 5　2010—2019 年摩洛哥 HS10 章农产品的主要进口贸易国和进口额

数据来源：https：//comtrade. un. org/data。

第四节 粮食安全与营养

一、粮食安全与营养总体情况

（一）粮食不安全流行率

摩洛哥粮食安全状况不容乐观。从粮食不安全流行率上看，摩洛哥2017—2019年3年平均总人口中中度或严重粮食不安全的流行率为25.9%。从绝对值上看，摩洛哥2017—2019年3年平均中度或严重粮食不安全人数为930万人。

（二）饥饿状况

根据全球饥饿指数排名，摩洛哥2020年饥饿指数为8.9，在全球排名第44位，从指数分级来看，摩洛哥属于低度饥饿级别。从历史数据中可以看出，摩洛哥饥饿指数在波动中有所下降，与2000年相比，2020年饥饿指数绝对值下降了6.6。与世界平均的饥饿水平18.2和西亚北非平均饥饿水平12.0相比，摩洛哥饥饿指数低于这两个值。

（三）营养状况

从整体的营养状况来看，2000—2002年，摩洛哥营养不良患病率为6.4%，随后不断下降，并在2006—2012年保持在5.5%左右的水平，2012年以后营养不良患病率再度下降，2017—2019年为4.3%（图5-6）。从绝对值上看，摩洛哥营养不良的人数从2000—2002年3年平均的190万人，下降到2017—2019年3年平均的160万人（图5-7）。

从热量摄取情况上看，2000—2019年摩洛哥平均饮食热量摄取充足率保持稳定，稳中有升。2000—2002年3年平均为133%，2017—2019年3年平均上升至141%。2000—2017年摩洛哥从谷物、根茎和块茎中提取的饮食热量摄取所占份额变化不大，保持在60%～64%的水平。从蛋白质摄入情况上看，2000—2017年摩洛哥平均蛋白质供应量不断上升，从2000—2002年3年平均的84克/（人·天）上升到2015—2017年3年平均的98.3克/（人·天）。其中，动物源性蛋白质平均供应量不断上升，从2000—2002年3年平均的16克/（人·天）上升到2015—2017年3年平均的27克/（人·天）。

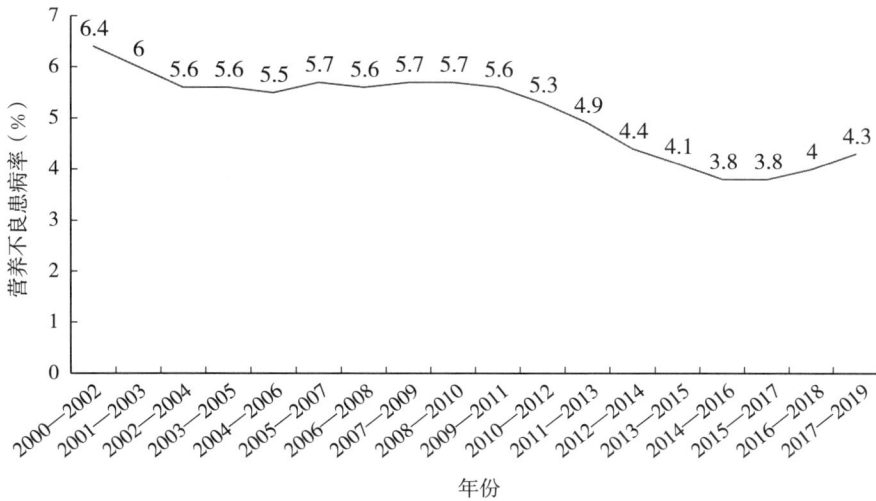

图 5-6　2000—2019 年摩洛哥营养不良患病率变化趋势

数据来源：联合国粮食及农业组织数据库。

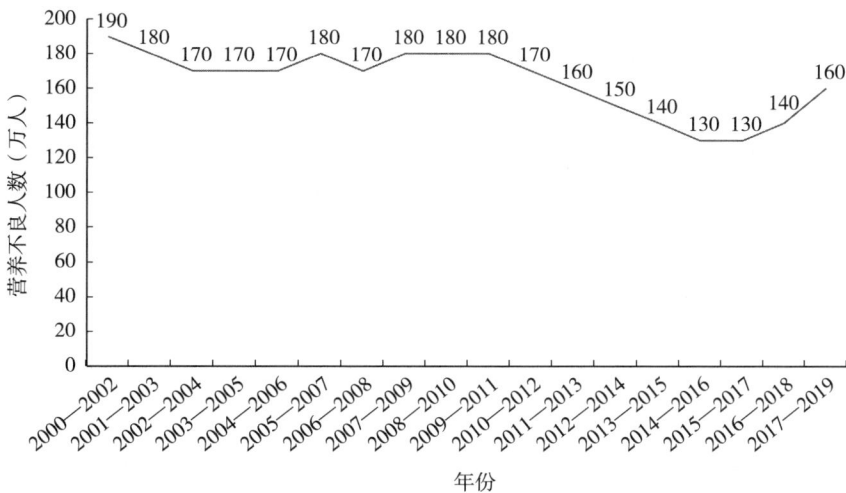

图 5-7　2000—2019 年摩洛哥营养不良人数变化趋势

数据来源：联合国粮食及农业组织数据库。

　　摩洛哥在儿童营养问题上得到了较大的改善（表 5-14）。儿童消瘦（营养不良）问题得到了有效的改善，儿童发育不良和婴儿低出生体重均得到了一定程度的改善。2003—2017 年：摩洛哥 5 岁以下儿童受消瘦影响的百分比大幅降低，从 2003 年的 10.8％下降至 2017 年的 2.6％；5 岁以下发育不良儿童的百分比也大幅降低，从 2003 年的 23.1％下降至 2017 年的 15.1％。婴儿低出生体重的百分比也从 2000 年的 18.8％ 下降到 2015 年的 17.3％（图 5 - 8）。

表 5 - 14　部分年份摩洛哥儿童营养状况指标

年份	5 岁以下儿童受消瘦影响的百分比（％）	5 岁以下发育不良儿童的百分比（％）
2003	10.8	23.1
2011	2.3	14.9
2017	2.6	15.1

数据来源：联合国粮食及农业组织数据库。

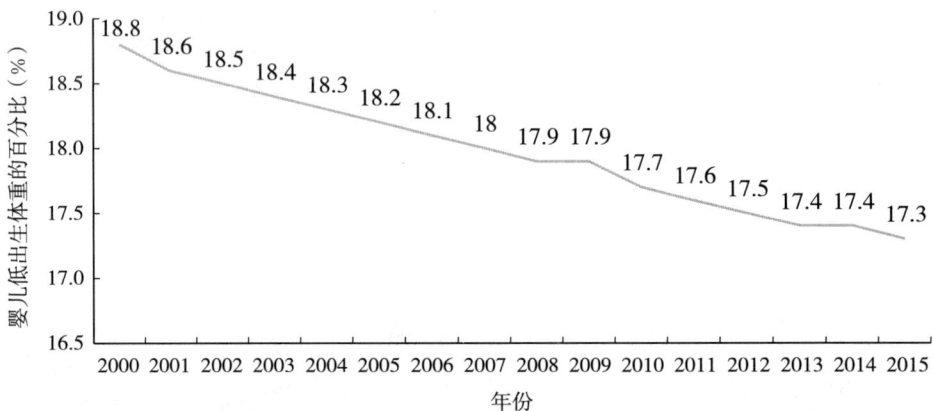

图 5 - 8　2000—2015 年摩洛哥婴儿低出生体重的百分比变化趋势

数据来源：联合国粮食及农业组织数据库。

二、食物供给状况

（一）食物产量增长情况

1961—2019 年，摩洛哥食物产量波动剧烈，但整体上呈现出增长的趋势（图 5 - 9）。近年来，摩洛哥食物产量最大值出现在 2015 年，为 1 168.79 万吨，但 2016 年出现明显下跌，产量为 356.03 万吨，2017 年和 2018 年产量恢复至 1 000 万吨左右，2019 年再次出现下滑，降至 531.30 万吨。

（二）谷物依赖进口

摩洛哥谷物十分依赖进口。1961—2019 年，摩洛哥谷物进口额整体大于出口额，谷物贸易呈现出明显逆差。尤其是在 2007 年以后，摩洛哥谷物进口额上升迅猛，多次突破 20 亿美元，贸易逆差呈现出不断扩大的趋势（图 5 - 10）。

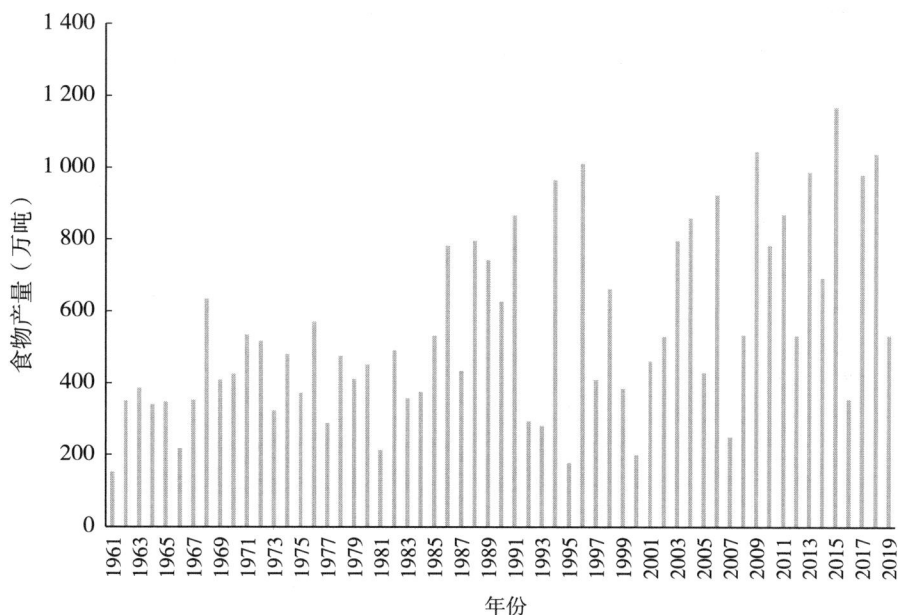

图 5 - 9　1961—2019 年摩洛哥食物产量

数据来源：联合国粮食及农业组织数据库。

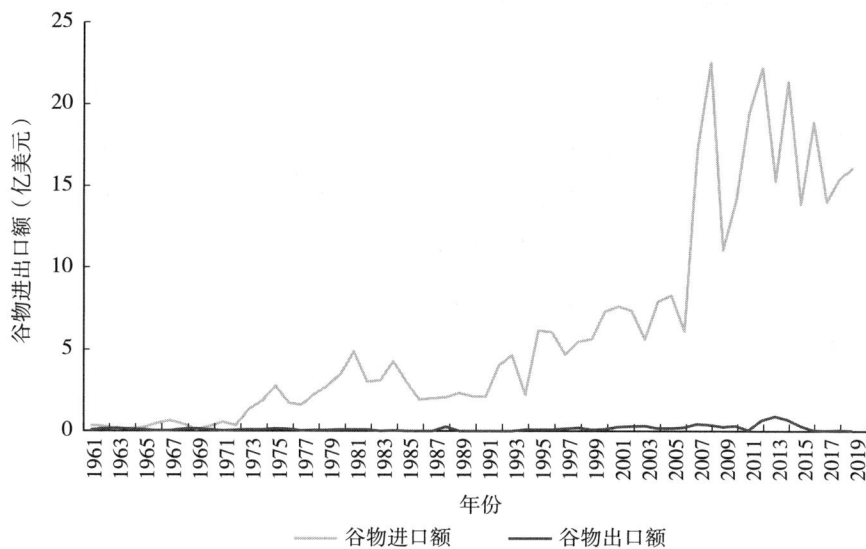

图 5 - 10　1961—2019 年摩洛哥谷物进出口额变化趋势

数据来源：联合国粮食及农业组织数据库。

2000—2017 年摩洛哥谷物进口依赖率在波动中保持稳定，始终保持在38%～60%的水平。2000—2002 年 3 年平均谷物进口依赖率约为 52.1%，随后有所下降，2003—2005 年达到近年来最低值，为 39％，此后一直不断波动。2015—2017 年谷物进口依赖率为 54.2％，相比 2000—2002 年上升了 2.1 个百分点（图 5-11）。

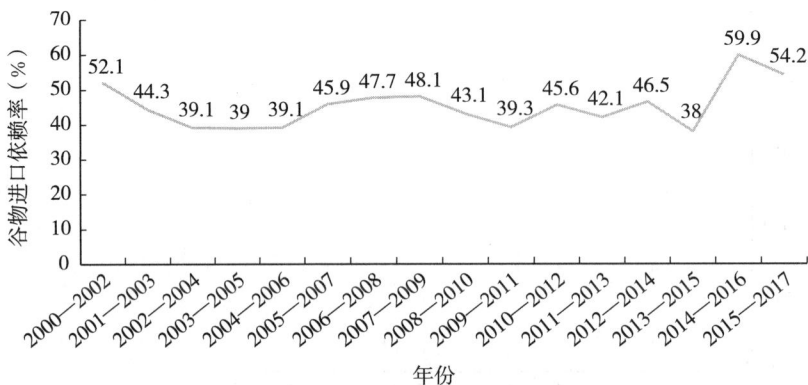

图 5-11　2000—2017 年摩洛哥谷物进口依赖率变化趋势

数据来源：联合国粮食及农业组织数据库。

第五节　农业政策

近 20 多年来，摩洛哥农业发展迅速，得益于良好的农业政策、有效的农业投资和引进先进的农业技术、国际市场洗礼，主要做法和经验如下：①兴修大中型水利设施，提高灌溉用地比率；②摩洛哥农业灌溉地占可耕地面积的近 15％，创造了 45％ 的农业增加值、生产了 75％ 的出口农产品，柑橘、番茄、橄榄、无花果、葡萄等经济作物实现灌溉栽培；③实施农机补贴制度，提高农业机械化水平；④1982 年对进口农机免税且提供购机补贴，2010 年共有拖拉机 78 255 台，平均每 111 公顷土地 1 台拖拉机，70％ 的耕地实现机械化；⑤适时启动绿色摩洛哥计划，指导摩洛哥农业长远发展；⑥通过启动绿色摩洛哥计划，对今后摩洛哥优势农业发展提出发展思路，加强政策支持、资金扶助；⑦通过国际合作，引进先进的干旱地区节水栽培技术与优良苗木；⑧引进以色列干旱地区节水栽培技术措施，使得摩洛哥南部阿加迪尔大区成为摩洛哥最重要的柑橘、番茄、甜瓜等果蔬生产基地，通过西班牙商人引进豆类新品种及相应栽培技术，使得豆类出口成为摩洛哥又一个重要的农业创汇项目；⑨加强摩洛哥优势农产品质量体系建设，支撑农产品出口；⑩政府鼓励农场主和企业主开展柑橘、阿甘油等出口农产品原产地地理标志认证工作，申请出口农产品所在国的质量认证如农业绿色认证、欧盟良好农业操作规范等；⑪巧用海外摩洛哥人脉资源，招商引资引智促进农业发展，摩洛哥政府利用侨居海外的300万摩洛哥侨民（约占摩洛哥人口的1/10，其中200万人侨居欧洲，100万人侨居法国），积极引导侨汇（侨汇收入约占摩洛哥GDP的8％）投入摩洛哥农业，引进欧洲先进农业管理理念和农业机械、种苗，推进摩洛哥农业发展（农业部，2012）。

2008—2018年，摩洛哥实行绿色摩洛哥计划，旨在发展现代集约型农业，使小规模农业现代化并提高农民收入。为保障该计划顺利实施，摩洛哥建立农业发展署，每年投资10亿美元，一方面实施可为农业产品提高附加值的上千个新项目，来促进农业现代化，另一方面通过落实困难乡村地区的545个小农场项目来支持小农农业。

绿色摩洛哥计划的实施取得了显著成就。2018年，摩洛哥农业GDP达1 250亿迪拉姆，与计划刚推出的2008年相比上升了60％，年均增长率为5.25％。十年间，农业领域累计投资总额为1 040亿迪拉姆，其中60％来自私营部门。

在农业灌溉方面，摩洛哥取得了长足进步。灌溉技术推广面积占可耕种土地面积的18％和已耕种土地面积的21％。灌溉相关举措已覆盖75万公顷土地，让22万农业经营者受益，其中90％是耕种面积少于10公顷的小微农业经营者。摩洛哥农业发展基金投入123亿迪拉姆，为56万公顷的土地安装了灌溉系统。得益于灌溉新技术的普及，摩洛哥农业可以在使用一半水资源的情况下让产量增长3倍，同时滴灌技术让摩洛哥每年节省了16亿米^{3}的水资源。目前灌溉农业提供了摩洛哥农村地区50％的就业岗位，对农业GDP的贡献率为45％，在2016年这样干旱的年份甚至达到75％。

在农业机械化方面，大额资金的投入让摩洛哥每公顷机械拥有量由5台拖拉机上升为9台。自从绿色摩洛哥计划施行以来，农业和加工业生产每单位产能提升了44％。农产品加工业在绿色摩洛哥计划中一直处于弱势地位，但在计划的大力推广下，自2018年2月开始，农业发展基金已收到了约90个项目材料，投资总额达20亿迪拉姆。计划的施行还让摩洛哥粮食的进出口平衡得到显著改善，这主要得益于出口粮食产值提升了117％。同时，粮食自给率由2008年的50％上升到2018年的约67％。绿色摩洛哥计划还致力于改善偏远地区交通条件。该计划共花费 30 亿迪拉姆为 415 个市镇修建了公路和车站。在改善居民生活方面，自 2012 年至 2017 年，领取国家社保津贴的农业从业者从 16.5 万余人上升到 25 万余人，获得医保的人数从 23 万人上升到 36 万余人。尽管如此，农业仍是收入最低的行业之一，大量的从业者处于贫困状态。

食品加工方面，摩洛哥 2017—2021 年食品工业发展计划于 2018 年 2 月开始实施，旨在发展包装、冷链和运输一条龙的食品加工业，重点支持蔬菜、水果、橄榄油、牛奶和肉类发展。该计划总投资 200 亿迪拉姆，其中 120 亿迪拉姆由国家财政拨款，80 亿迪拉姆由私营部门出资。

林业方面，摩洛哥实施 2020—2030 年摩洛哥国家森林发展战略，旨在充分保护和开发森林资源。该战略主要包括四大方面：一是发展新的民众参与合作模式；二是鼓励私人投资，参与森林的管理和发展，发展生态旅游业；三是与私营部门合作，促进林业专业化和现代化，推广使用数字化及其他新技术；四是进行机构改革，组建水和森林管理局。

第六节　农业科技

一、农业研究体系

摩洛哥农业研究所（INRA）[①]，主要从事农业发展研究，是一家公共机构，其历史可以追溯到 1914 年。INRA 通过遍布全国的 10 个地区农业研究中心和 23 个试验场开展工作，覆盖该国各农业系统。摩洛哥农业研究所下设 13 个研究部门（表 5 - 15）。

表 5 - 15　摩洛哥农业研究所的 13 个研究部门

序号	部门	工作
1	养蜂业部门	优化生产高品质有机蜂蜜的养蜂场的综合管理，研究食物的不同类型、量和喂食频率对蜜蜂种群动态的影响，测试不同的蜂巢体积对养蜂场的早期发展和生产力的影响，等等
2	红肉部门	研究摩洛哥西部干旱和半干旱地区的牧场饲料的多样化和改进，开发替代方案并整合牲畜饲料，等等

① www.inra.org.ma。

（续）

序号	部门	工作
3	芳香和药用植物部门	了解北部地区驯化的芳香植物的理化和生物学特性，进行芳香植物和药用植物的鉴定，在特定地区加强芳香植物和药用植物的种植并使其多样化，促进当地特色产业的发展，等等
4	有机农业部门	开发有机蔬菜作物综合生产技术，优化有机园艺残留物和污水处理厂污泥堆肥技术，进行堆肥过程中植物病原菌抑制研究，等等
5	市场园艺和小的红色水果部门	研究温室番茄生产的优化，建立温室番茄综合生产的新模式，等等
6	仙人掌部门	改善仙人掌品质，研究地理环境对农艺性状的影响，保护遗传资源，等等
7	坚果部门	主要进行坚果树的多样性和遗传改良分析，制定坚果农业技术驱动发展路线，等等
8	水果和葡萄树树木栽培部门	主要进行蔷薇科作物农业技术研究，无花果、核桃、葡萄等树木栽培技术研究，等等
9	柑橘部门	研究柑橘的品种培育、筛选、栽培等
10	椰枣部门	鉴定和保存新的高效枣椰子基因型，研究枣椰主要品种的基因组序列，鉴定椰枣的品种，等等
11	橄榄部门	主要进行橄榄树的遗传改良和遗传资源保护，编制国家橄榄注册簿，等等
12	油料部门	主要研究一年生油料作物的遗传改良，进行油菜产量测试，进行新油菜品种的种植试验，等等
13	小麦和大豆部门	主要进行大麦品种生产性能研究和数据库开发，进行大麦产量损失预测模型开发，进行遗传改良、产量测试、品种开发，等等

摩洛哥农业研究所综合性研究领域包括：①农村经济与社会学；②检测荒漠化与改善牧场管理；③水和灌溉系统的管理；④作物施肥和土壤肥力；⑤生物技术、植物遗传资源的保护；等等。

二、农业技术推广体系

摩洛哥大型农业技术推广应用由摩洛哥国家推广研究中心（隶属农业与渔业部）负责，日常性农业技术推广组织工作由各级农业行政推广部门承担，即农业与渔业部的 16 个大区农业开发署、41 个省级农业局和 122 个基层工作中心。企业也积极承担农作物新品种（种畜）、新农药、新机具的引进、推广和示范工作，国家没有具体对口机构和经费，试验、示范与推广工作完全依靠企业进行。摩洛哥对种子管理比较严格，国家食品安全管理办公室（ONSSA，隶属农业与渔业部）承担种子进出口跨境检疫任务，各大区设立分支机构，由直属大区农业开发署领导，基层设有专职的种子管理员。种子进入摩洛哥需要"三证"，即种子检疫证、非转基因证明、种子生产标签（注明种子生产单位、产地等）（农业部，2012）。

第六章 CHAPTER 6
阿尔及利亚农业 ▶▶▶

一、土地资源

阿尔及利亚土地面积为 238.17 万千米^2，其中，农业用地面积为 41.34 万千米^2，占比达到 17.35%；农业用地中，耕地面积为 8.48 万千米^2，占农业用地面积的 20.52%；耕地中，16.03% 配备了灌溉设施（表 6-1）。

表 6-1 2018 年阿尔及利亚土地利用情况

单位：万千米^2

土地利用类型	面积
总国土	238.17
农业用地	41.34
耕地	8.48
永久作物土地	4.56
林地	1.96
配备灌溉的土地	1.36
有机农业区域	0.000 8

数据来源：联合国粮食及农业组织数据库。

二、水资源

阿尔及利亚水资源短缺，2013—2017 年阿尔及利亚淡水资源用水量为 98.02 亿米^3/年，可再生水资源总量为 116.7 亿米^3，农业用水量为 66.7 亿米³/年（表6-2）。人均可再生水资源总量为282.4米³/年。

表6-2　阿尔及利亚2013—2017年平均水资源利用情况

单位：亿米³/年

项目	数值
淡水资源用水量	98.02
可再生地表水总量	101.5
可再生地下水总量	15.2
可再生水资源总量	116.7
农业用水量	66.7

数据来源：联合国粮食及农业组织水文数据库。

三、气候条件

阿尔及利亚平均年降水量83.29毫米，远低于世界平均水平；平均每月降水量为6.94毫米。从月份分布上看，每年11月至次年3月为雨季，6—9月为旱季（图6-1）。从地理分布上看，沿海地区年降水量为400~1 000毫米，内陆地区降水量小。

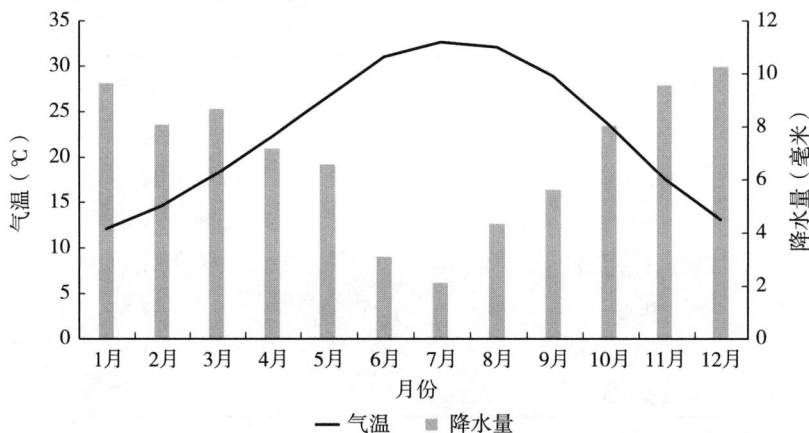

图6-1　1901—2016年阿尔及利亚月平均降水量和气温情况

数据来源：世界银行气候变化知识门户。

气温方面，从月份分布上看，1901—2016年阿尔及利亚最低月平均气温出现在1月，为12.06℃，最高月平均气温出现在7月，为32.63℃（图6-1）。从地理分布上看：阿尔及利亚北部沿海地区属地中海气候，年平均气温约为

17℃，1 月最低气温约 5℃，8 月最高气温约 38℃；阿尔及利亚高原地区属大陆性气候，干燥少雨，冬冷夏热，1 月最低气温在 0℃ 以下，山区降雪；撒哈拉地区为热带沙漠气候，5—9 月最高气温可达 55℃，昼夜温差大；沙漠绿洲、高原和沙漠中的盐湖地带自成小气候。

四、劳动力资源

2019 年，阿尔及利亚总人口约为 4 305.31 万人。从人口城乡结构上看，农村人口 1 154.29 万人，占总人口的 26.81%；农业从业人口占总从业人口的 9.6%；女性农业从业人口占女性总从业人口的 3.4%；男性农业从业人口占男性总从业人口的 10.8%；25 岁以上的人口中，64.4% 的人受过基本初等教育，基本初等教育普及程度较高（表 6-3）。

表 6-3　2019 年阿尔及利亚劳动力资源状况

项目	数量
总人口	4 305.31 万人
农村人口	1 154.29 万人
农村人口占总人口比例	26.8%
农业从业人口占总从业人口比例	9.6%
女性农业从业人口占女性总从业人口比例	3.4%
男性农业从业人口占男性总从业人口比例	10.8%
25 岁以上受过基本初等教育人口比重	64.4%

数据来源：世界银行。

从人口素质来看，根据联合国开发计划署《2019 年人类发展报告》，阿尔及利亚 2018 年的人类发展指数为 0.759，在 189 个国家和地区中排名第 82 位。1990—2018 年，阿尔及利亚的人类发展指数从 0.578 增至 0.759，阿尔及利亚人的出生时预期寿命增加了 9.8 岁，平均受教育年限增加了 4.4 年，预期受教育年限增加了 5.1 年。2018 年，阿尔及利亚女性的人类发展指数为 0.685，男性为 0.792，性别发展指数为 0.865。同年，阿尔及利亚的全球创新指数为 0.443，在 162 个国家中排名第 100 位。在阿尔及利亚，女性拥有 21.3% 的议会席位；成年女性中至少有中等教育程度的比例为 39.1%，男性为 38.9%。

第二节 农业生产

一、农业产值规模及构成

阿尔及利亚农业总产值在 2010—2018 年呈现出不断上升的趋势,从 2010 年的 170.93 亿美元上升到 2018 年的 243.72 亿美元。农业产值中,种植业产值不断上升,从 2010 年的 113.23 亿美元上升到 2018 年的 169.12 亿美元,种植业对农业总产值的贡献也在波动中呈现出上升的趋势,2018 年,种植业对农业贡献率达到 69.39%。畜牧业产值也在波动中上升,2010—2017 年畜牧业产值年年增长,2018 年有所下降,达到 74.59 亿美元。畜牧业对农业的贡献率在 2010—2018 年有所下跌,2018 年达到 30.61%(表 6-4)。

表 6-4 2010—2018 年阿尔及利亚农业产值情况

年份	2010	2011	2012	2013	2014	2015	2016	2017	2018
农业总产值(亿美元)	170.93	188.17	202.64	218.84	221.04	227.70	228.65	232.19	243.72
种植业产值(亿美元)	113.23	124.27	134.72	147.26	144.57	150.99	149.37	152.62	169.12
畜牧业产值(亿美元)	57.71	63.89	67.92	71.58	76.46	76.71	79.28	79.57	74.59
种植业产值占农业总产值的比例	66.24	66.05	66.48	67.29	65.41	66.31	65.33	65.73	69.39
畜牧业产值占农业总产值的比例	33.76	33.95	33.52	32.71	34.59	33.69	34.67	34.27	30.61

数据来源:联合国粮食及农业组织数据库。

2010—2019 年,阿尔及利亚农业产值占 GDP 的比例不断上升,从 2010 年的 8.5% 上升到 2019 年的 12.0%(表 6-5)。

表 6-5 2010—2019 年阿尔及利亚农业产值占 GDP 的比例

年份	2010	2011	2012	2013	2014	2015	2016	2017	2018	2019
农业产值占 GDP 的比例(%)	8.5	8.1	8.8	9.9	10.3	11.6	12.2	11.9	12.0	12.0

数据来源:世界银行。

阿尔及利亚主要农产品有谷物(小麦、大麦和燕麦)、豆类、蔬菜和水果(柑橘、葡萄、椰枣)等。阿尔及利亚每年生产的粮食仅能够满足国内需求的 30%,奶及制品和豆类生产分别能满足国内需求的 42% 和 30%,肉类、马铃薯、番茄、水果和其他蔬菜可 100％满足国内的需求。

二、种植业

初级水果、谷物和主要蔬菜在阿尔及利亚种植业中占据主导地位。从收获面积上看，谷物是阿尔及利亚收获面积最大的作物，2018 年，阿尔及利亚谷物收获面积为 344.84 万公顷，初级水果收获面积为 56.92 万公顷，油料作物收获面积为 44.76 万公顷，主要蔬菜收获面积为 29.93 万公顷，其后依次是薯类作物、豆类作物等。从产量上看，主要蔬菜是产量最高的作物，2018 年，阿尔及利亚主要蔬菜产量 691.02 万吨，初级水果产量为 670.39 万吨，谷物产量 606.49 万吨，薯类作物产量 465.33 万吨，其后依次是柑橘类水果、油料作物等（表 6-6）。

表 6-6　2018 年阿尔及利亚种植业生产情况

主要农产品种类	收获面积（万公顷）	产量（万吨）
谷物	344.84	606.49
柑橘类水果	7.15	147.81
纤维作物	0.03	0.00
初级水果	56.92	670.39
油料作物	44.76	89.55
豆类作物	11.20	13.77
薯类作物	14.97	465.33
坚果	4.30	5.72
主要蔬菜	29.93	691.02

数据来源：联合国粮食及农业组织数据库。

阿尔及利亚主要粮食作物为小麦、马铃薯和大麦。小麦是阿尔及利亚最重要的粮食作物，2010 年，小麦产量为 260.52 万吨，2011 年以后呈现出上升的趋势，2014 年大幅下跌，之后有所回升，并在 2018 年达到最大值，为 398.12 万吨。2010 年，马铃薯产量为 330.03 万吨，2010—2013 年产量保持稳定增长的趋势，2014—2018 年马铃薯产量在波动中保持稳定，2018 年为 465.33 万吨。2011—2017 年，大麦产量在波动中下降，2017 年仅为 96.97 万吨，2018年，大麦产量大幅上升，达到 195.73 万吨的水平（表 6-7）。根据美国农业部谷物生产地图，阿尔及利亚小麦和大麦主要产区均集中在北部，小麦的主产区位于提亚雷特地区、塞提夫地区，大麦的主产区位于北部的提亚雷特地区、巴特纳地区和泰贝萨地区。

表 6-7 2010—2018 年阿尔及利亚主要农作物产量情况

单位：万吨

农作物	2010 年	2011 年	2012 年	2013 年	2014 年	2015 年	2016 年	2017 年	2018 年
洋葱	100.13	114.42	118.33	135.95	134.09	143.63	152.60	142.03	139.97
马铃薯	330.03	386.22	421.95	488.65	467.35	453.96	475.97	460.64	465.33
小麦	260.52	291.09	343.22	329.90	243.62	265.67	244.01	243.65	398.12
柑橘	58.25	81.47	80.25	89.07	95.52	100.51	89.28	101.40	113.42
大麦	150.39	125.81	159.17	149.86	93.94	103.06	91.99	96.97	195.73
番茄	71.82	77.16	79.70	97.51	106.56	116.38	128.06	128.63	130.97
椰枣	64.47	72.49	78.94	84.82	93.44	99.04	102.96	105.86	109.47
西瓜	122.38	128.51	149.51	150.06	161.43	181.44	187.77	189.13	209.58

数据来源：联合国粮食及农业组织数据库。

阿尔及利亚重要的经济作物有洋葱、柑橘、番茄、椰枣和西瓜。2010—2018 年：阿尔及利亚洋葱产量在波动中上升，2016 年洋葱产量达到近十年间最大值，为 152.60 万吨，2018 年有所回落，产量为 139.97 万吨；阿尔及利亚椰枣产量快速上升，由 2010 年的 64.47 万吨上升至 2018 年的 109.47 万吨；阿尔及利亚番茄产量显著上升，由 2010 年的 71.82 万吨上升至 2018 年的 130.97 万吨；阿尔及利亚柑橘产量也显著上升，由 2010 年的 58.25 万吨上升到 2018 年的 113.42 万吨；阿尔及利亚西瓜产量显著上升，由 2010 年的 122.38 万吨上升至 2018 年的 209.58 万吨。

三、畜牧业

2010 年，阿尔及利亚肉类总产量 63.52 万吨，之后逐年上升，但 2018 年较 2017 年有所回落，为 80.64 万吨（表 6-8）。阿尔及利亚的肉类主要为禽类肉、羊肉和牛肉。2010—2018 年：阿尔及利亚禽类肉产量呈上升趋势，由 2010 年的 27.48 万吨上升到 2015 年的 29.15 万吨，并在此后数年始终保持 29 万吨左右的水平；羊肉产量上升明显，由 2010 年的 22.14 万吨上升到 2018 年的 34.36 万吨。牛肉产量在波动中上升，由 2010 年的 12.61 万吨上升到 2018 年的 15.32 万吨。

表 6 - 8 2010—2018 年阿尔及利亚畜牧产品产量情况

单位：万吨

畜牧产品	2010 年	2011 年	2012 年	2013 年	2014 年	2015 年	2016 年	2017 年	2018 年
肉类（总）	63.52	68.63	71.72	74.02	76.81	79.13	81.94	82.29	80.64
-禽类肉	27.48	27.71	28.88	28.75	28.59	29.15	29.97	29.75	29.47
-羊肉	22.14	27.02	27.87	29.85	32.21	33.04	34.06	34.42	34.36
-牛肉	12.61	12.54	13.57	13.99	14.57	15.50	16.43	16.63	15.32
禽蛋	26.05	27.97	30.90	34.73	35.15	38.54	38.82	39.00	31.40
奶类	316.04	348.07	366.46	388.26	410.00	348.16	365.50	359.56	306.49

数据来源：联合国粮食及农业组织数据库。

2010—2018 年：阿尔及利亚禽蛋产量在波动中上升，由 2010 年的 26.05 万吨上升到 2018 年的 31.40 万吨；奶类产量在波动中有小幅下降，2010 年奶类产量为 316.04 万吨，2011—2014 年不断上升，在 2014 年达到近十年间最大值，为 410.00 万吨，2015—2018 年下降，2018 年为 306.49 万吨，低于 2010 年水平。

四、林业

2010—2019 年，阿尔及利亚林业产品产量略有上升。圆木产量有小幅增长，由 2010 年的 832.11 万米^3 上升至 2019 年的 887.69 万米^3；工业圆木产量有小幅下跌，但始终保持在 13 万米^3 以上；木材燃料产量有小幅上升，由 2010 年的 817.65 万米^3 上升到 2019 年的 873.83 万米^3（表 6 - 9）。

表 6 - 9 2010—2019 年阿尔及利亚林业产品产量

单位：万米^3

林业产品	2010 年	2011 年	2012 年	2013 年	2014 年	2015 年	2016 年	2017 年	2018 年	2019 年
圆木	832.11	838.48	845.53	852.66	859.88	867.18	872.24	877.34	882.49	887.69
工业圆木	14.46	13.86	13.86	13.86	13.86	13.86	13.86	13.86	13.86	13.86
木材燃料	817.65	824.62	831.67	838.80	846.02	853.32	858.38	863.48	868.63	873.83

数据来源：联合国粮食及农业组织数据库。

五、渔业

阿尔及利亚渔业资源较丰富，该国大陆架面积约为 13 700 千米^2，渔区面积约为 95 000 千米^2，鱼类储量达 50 万吨。阿尔及利亚 1 280 千米的海岸线上有 20 个主要渔港。

1980 年阿尔及利亚从事渔业的人口约为 0.64 万人，到了 2014 年达到 4.45 万人。2014 年，阿尔及利亚渔船数量达到 4 800 艘（表 6-10）。2010—2016 年，海洋捕获量稳定在 9.35 万吨与 10.56 万吨之间，大部分渔获物是小型远洋鱼种。2017 年，水产养殖生产仍处于边缘状态，产量约为 1 400 吨，其中包括淡水中生长的鲤鱼和咸水中生长的海鲈鱼，以及极少量的贻贝。2017 年，阿尔及利亚水产养殖业的就业人数估计为 4 487 人，其中近一半为妇女。

表 6-10　1980—2014 年阿尔及利亚渔业发展状况

渔业发展指标	1980 年	1990 年	2000 年	2011 年	2012 年	2013 年	2014 年
从事渔业人口（万人）	0.64	1.93	2.70	4.15	4.37	4.35	4.45
渔船数量（艘）	—	—	2 600	4 200	4 400	4 600	4 800

数据来源：联合国粮食及农业组织水文数据库。

第三节　农业贸易

一、农产品进出口贸易总体情况

阿尔及利亚农产品贸易额在 2010—2017 年处于波动状态，2010 年贸易额为 70.67 亿美元，2011—2015 年，贸易额高于 100 亿美元，并在 2014 年达到峰值 122.06 亿美元，2016—2017 年，贸易额在 90 亿美元与 100 亿美元之间。总体来看，阿尔及利亚农产品贸易处于逆差状态，进口额显著高于出口额。2010—2017 年：阿尔及利亚农产品出口额基本在 2 亿与 4 亿美元之间波动，2017 年农产品出口额为 3.52 亿美元；农产品进口额波动明显，2010 年进口额为 67.47 亿美元，2011—2015 年进口额高于 100 亿美元，2016—2017 年进口额处于 90 亿与 100 亿美元之间（表 6-11）。

二、出口的重点农产品

从 2017 年数据来看，阿尔及利亚出口额最大的农产品为糖及糖食（HS17），2017 年出口额高达约 2.28 亿美元（表 6-12）。

表 6 - 11 2010—2017 年阿尔及利亚农产品贸易额

单位：亿美元

年份	出口额	进口额	贸易总额	贸易差额
2010	3.20	67.47	70.67	−64.27
2011	3.59	108.37	111.96	−104.78
2012	3.20	100.81	104.01	−97.61
2013	4.05	105.57	109.63	−101.52
2014	3.26	118.80	122.06	−115.54
2015	2.37	100.85	103.22	−98.48
2016	3.31	90.65	93.96	−87.34
2017	3.52	94.16	97.68	−90.63

数据来源：https://comtrade.un.org/data。

注：每年阿尔及利亚农产品进口额、出口额和贸易总额，由海关编码即 HS01～HS24 章农产品的对应数值加总计算而得。

表 6 - 12 2017 年阿尔及利亚各类农产品出口额

单位：×10⁶ 美元

商品分类编码	商品名称	出口额
HS01	活动物	0.04
HS02	肉及食用杂碎	0.37
HS03	鱼、甲壳动物、软体动物及其他水生无脊椎动物	9.54
HS04	乳品，蛋品，天然蜂蜜，其他食用动物产品	0.73
HS05	其他动物产品	0.01
HS06	活树及其他活植物，鳞茎、根及类似品，插花及装饰用簇叶	0.00
HS07	食用蔬菜、根及块茎	6.01
HS08	食用水果及坚果，柑橘属水果或甜瓜的果皮	52.61
HS09	咖啡、茶、马黛茶及调味香料	0.08
HS10	谷物	0.04
HS11	制粉工业产品，麦芽，淀粉，菊粉，面筋	0.18
HS12	含油子仁及果实，杂项子仁及果实，工业用或药用植物，稻草、秸秆及饲料	7.76
HS13	虫胶、树胶、树脂及其他植物液、汁	0.01
HS14	编结用植物材料，其他植物产品	0.00
HS15	动、植物油、脂及其分解产品，精制的食用油脂，动、植物蜡	13.50
HS16	肉、鱼、甲壳动物、软体动物及其他水生无脊椎动物的制品	0.49
HS17	糖及糖食	228.35
HS18	可可及可可制品	9.20
HS19	谷物、粮食粉、淀粉或乳的制品，糕饼点心	6.85

（续）

商品分类编码	商品名称	出口额
HS20	蔬菜、水果、坚果或植物其他部分的制品	1.72
HS21	杂项食品	0.91
HS22	饮料、酒及醋	13.75
HS23	食品工业的残渣及废料，配制的动物饲料	0.10
HS24	烟草、烟草及烟草代用品的制品	0.02

数据来源：https：//comtrade.un.org/data。

糖及糖食（HS17）2010—2017 年出口额波动较大。2010—2011 年出口额增加，2011—2012 年出口额下降，2012—2013 年出口额上升到最高点，2013—2015 年出口额下降到近 7 年的最低点，为 1.51 亿美元，2017 年上升至 2.28 亿美元。糖及糖食（HS17）类农产品主要出口向 3 个国家：毛里塔尼亚、约旦和土耳其。2017 年阿尔及利亚出口该类农产品到毛里塔尼亚的总额约为 0.46 亿美元，出口到约旦的总额约为 0.39 亿美元，出口到土耳其的总额约为 0.26 亿美元（图 6-2）。

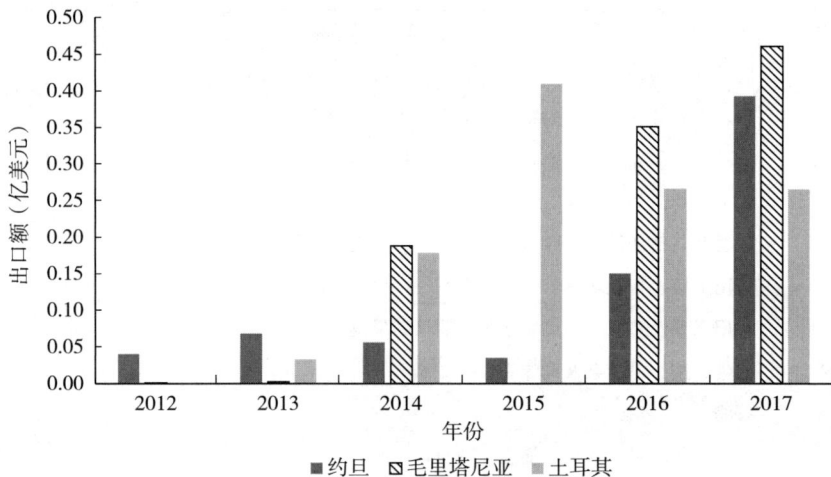

图 6-2 2012—2017 年阿尔及利亚 HS17 章农产品的主要出口贸易国和出口额

数据来源：https：//comtrade.un.org/data。

三、进口的重点农产品

阿尔及利亚可用耕地资源有限，受不稳定天气的影响（包括不可靠的降雨、洪水和干旱），农业生产大幅波动，因此，农产品进口成为阿尔及利亚满足国民消费需求的重要渠道（顾尧臣，2006）。从 2017 年数据来看，阿尔及利亚进口的重点农产品主要是谷物（HS10）和乳品，蛋品，天然蜂蜜，其他食用动物产品（HS04）两类（表 6－13）。从谷物（HS10）贸易数据来看，2010—2017 年谷物进口额波动较大，2010 年进口额最小，为 19.51 亿美元，2011 年进口额最大，为 40.2 亿美元，到 2017 年阿尔及利亚谷物进口额约为 27.51 亿美元。

表 6－13 2017 年阿尔及利亚各类农产品进口额

单位：亿美元

商品分类编码	商品名称	进口额
HS01	活动物	1.09
HS02	肉及食用杂碎	1.89
HS03	鱼、甲壳动物、软体动物及其他水生无脊椎动物	0.98
HS04	乳品，蛋品，天然蜂蜜，其他食用动物产品	14.10
HS05	其他动物产品	0.02
HS06	活树及其他活植物，鳞茎、根及类似品，插花及装饰用簇叶	0.23
HS07	食用蔬菜、根及块茎	4.50
HS08	食用水果及坚果，柑橘属水果或甜瓜的果皮	1.76
HS09	咖啡、茶、马黛茶及调味香料	4.24
HS10	谷物	27.51
HS11	制粉工业产品，麦芽，淀粉，菊粉，面筋	0.22
HS12	含油子仁及果实，杂项子仁及果实，工业用或药用植物，稻草、秸秆及饲料	1.72
HS13	虫胶，树胶、树脂及其他植物液、汁	0.20
HS14	编结用植物材料，其他植物产品	0.05
HS15	动、植物油、脂及其分解产品，精制的食用油脂，动、植物蜡	8.99
HS16	肉、鱼、甲壳动物、软体动物及其他水生无脊椎动物的制品	0.31
HS17	糖及糖食	10.34
HS18	可可及可可制品	0.82
HS19	谷物、粮食粉、淀粉或乳的制品，糕饼点心	1.90
HS20	蔬菜、水果、坚果或植物其他部分的制品	1.18
HS21	杂项食品	3.56
HS22	饮料、酒及醋	0.79
HS23	食品工业的残渣及废料，配制的动物饲料	4.82
HS24	烟草、烟草及烟草代用品的制品	2.92

数据来源：https：//comtrade.un.org/data。

阿尔及利亚主要从阿根廷、法国和加拿大进口谷物，2017 年进口额分别为 9.34 亿美元、7.30 亿美元和 3.87 亿美元（图 6－3）。2008—2017 年十年间，阿尔及利亚从法国进口的谷物最多，年平均进口额为 12.4 亿美元，阿尔及利亚从阿根廷进口谷物的年平均进口额为 6.2 亿美元，从加拿大进口谷物的年平均进口额为 3.22 亿美元。

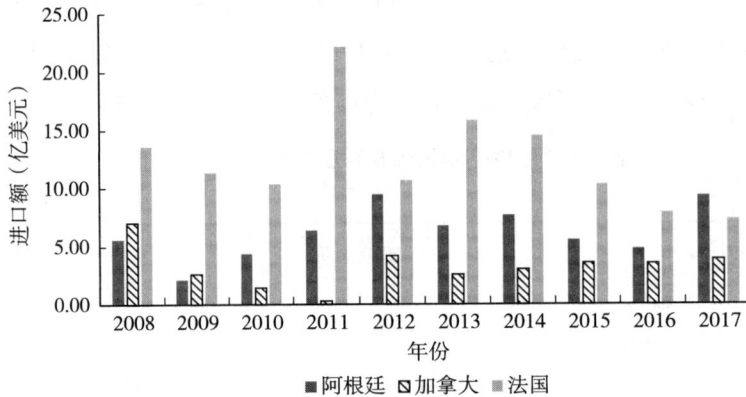

图 6-3 2008—2017 年阿尔及利亚 HS10 章农产品的主要进口贸易国和进口额

数据来源：https://comtrade.un.org/data。

此外，阿尔及利亚进口次多的农产品为乳品，蛋品，天然蜂蜜，其他食用动物产品（HS04）。阿尔及利亚主要从新西兰、法国和阿根廷进口该类农产品（图 6-4）。从 2017 年数据来看，阿尔及利亚从以上三国进口该类农产品的进口额分别为 5.22 亿美元、2.11 亿美元、0.72 亿美元。2008—2017 年，新西兰是阿尔及利亚该类农产品最大的进口来源国，十年间的年平均进口额为 3.53 亿美元，阿尔及利亚从法国进口该类农产品的年平均进口额为 2.15 亿美元，从阿根廷进口该类农产品的年平均进口额为 1.48 亿美元。

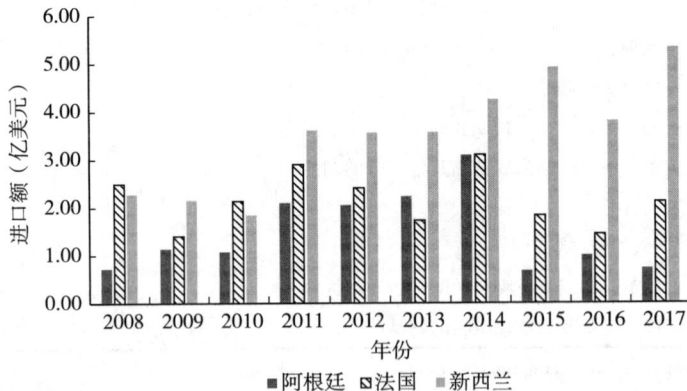

图 6-4 2008—2017 年阿尔及利亚 HS04 章农产品的主要进口贸易国和进口额

数据来源：https://comtrade.un.org/data。

第四节 粮食安全与营养

一、粮食安全与营养总体情况

（一）粮食不安全流行率

从粮食不安全流行率上看，阿尔及利亚总人口中严重粮食不安全的流行率不断下降，从2014—2016年3年平均的13.0%下降到2017—2019年3年平均的9.3%；同时，总人口中中度或严重粮食不安全的流行率也在不断下降，从2014—2016年3年平均的22.9%下降到2017—2019年3年平均的17.6%。从绝对值上看，严重粮食不安全的人数从2014—2016年3年平均的520万人不断下降到2017—2019年3年平均的390万人；中度或严重粮食不安全的人数从2014—2016年3年平均的910万人不断下降到2017—2019年3年平均的740万人（表6-14）。

表6-14 2014—2019年阿尔及利亚粮食安全情况

年份	总人口中严重粮食不安全的流行率（%）	严重粮食不安全的人数（万人）	总人口中中度或严重粮食不安全的流行率（%）	中度或严重粮食不安全的人数（万人）
2014—2016	13.0	520	22.9	910
2015—2017	12.7	510	21.5	870
2016—2018	11.4	470	19.7	820
2017—2019	9.3	390	17.6	740

数据来源：联合国粮食及农业组织数据库。

（二）饥饿状况

根据全球饥饿指数排名，阿尔及利亚2020年饥饿指数为9.0，在全球排名第46位，从指数分级来看，阿尔及利亚属于低度饥饿级别。从历史数据中可以看出，阿尔及利亚饥饿指数在2000—2020年不断下降，与2000年相比，2020年饥饿指数绝对值下降了5.5。与世界平均饥饿水平18.2和西亚北非平均饥饿水平12.0相比，阿尔及利亚饥饿指数低于这两个值。

（三）营养状况

阿尔及利亚在应对营养不良问题方面成果显著。阿尔及利亚2000—2002

年3年平均营养不良患病率为8%，此后不断下降，到2017—2019年3年平均营养不良患病率仅为2.8%（图6-5）。从绝对值上看，阿尔及利亚营养不良的人数也在不断下降，从2000—2002年3年平均的250万人下降到2017—2019年3年平均的120万人（图6-6）。

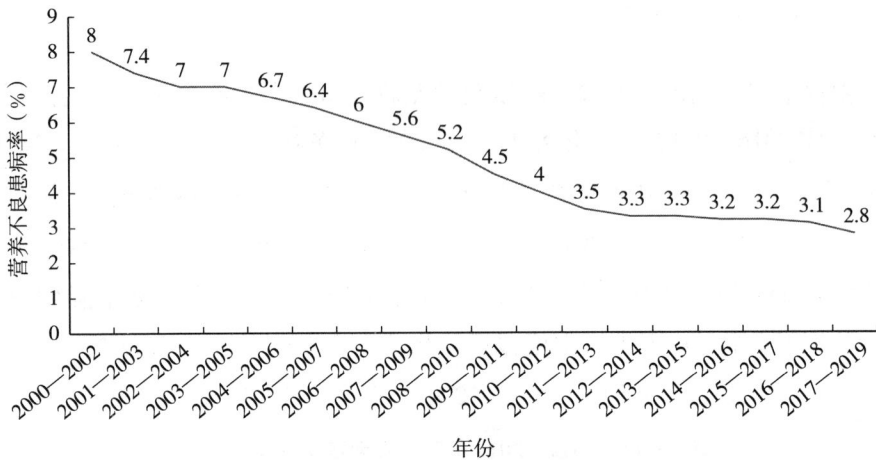

图6-5　2000—2019年阿尔及利亚营养不良患病率变化趋势

数据来源：联合国粮食及农业组织数据库。

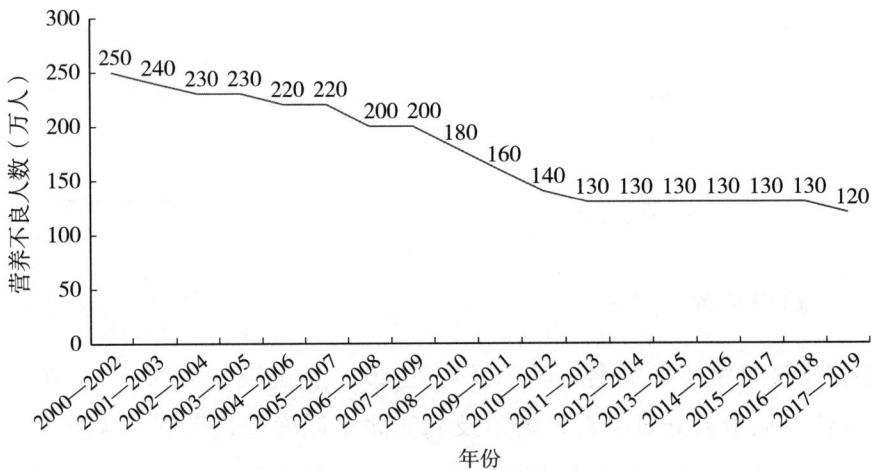

图6-6　2000—2019年阿尔及利亚营养不良人数变化趋势

数据来源：联合国粮食及农业组织数据库。

从热量摄取情况上看，2000—2019年阿尔及利亚平均饮食热量摄取充足率不断上升，从2000—2002年3年平均的127%上升到2017—2019年3年平均的145%。2000—2017年阿尔及利亚从谷物、根茎和块茎中提取的饮食热量摄取所占份额略有下降，但始终保持在53%～59%的水平。从蛋白质摄入情况上看，2000—2017年阿尔及利亚平均蛋白质供应量不断上升，从2000—2002年3年平均的77克/（人·天），上升到2015—2017年3年平均的92.7克/（人·天）。动物源性蛋白质的平均供应量也不断上升，2015—2017年3年平均动物源性蛋白质供应量为25.3克/（人·天）。

从儿童营养状况来看，2000—2012年：阿尔及利亚5岁以下儿童受消瘦影响的百分比在波动中上升，2000年为3.1%，2002年为9.6%，2006年和2012年为4.1%；5岁以下发育不良儿童的百分比不断下降，由2000年的23.6%下降至2012年的11.7%（表6-15）。婴儿低出生体重的百分比由2000年的7.7%下降到2015年的7.3%（图6-7）。

表6-15　部分年份阿尔及利亚儿童营养状况指标

年份	5岁以下儿童受消瘦影响的百分比（%）	5岁以下发育不良儿童的百分比（%）
2000	3.1	23.6
2002	9.6	24.0
2006	4.1	15.4
2012	4.1	11.7

数据来源：联合国粮食及农业组织数据库。

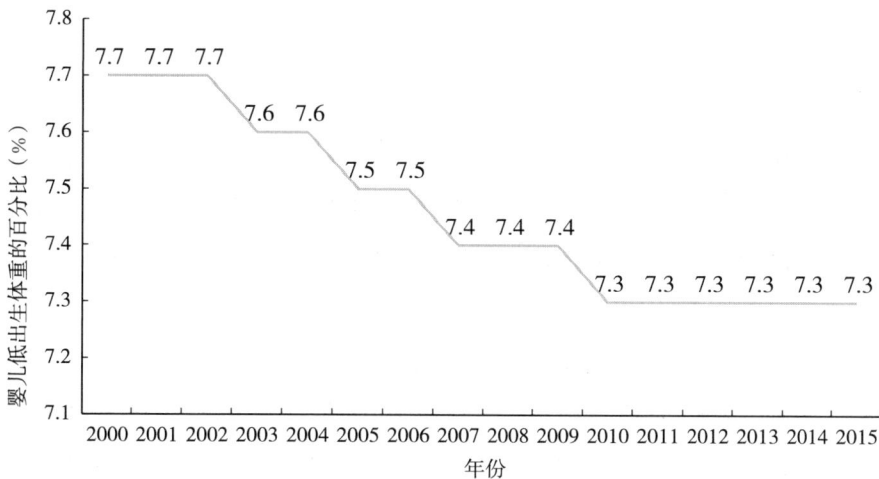

图6-7　2000—2015年阿尔及利亚婴儿低出生体重的百分比变化趋势

数据来源：联合国粮食及农业组织数据库。

二、食物供给状况

(一) 食物产量增长情况

1961—2019 年，阿尔及利亚食物产量在波动中逐渐上升。2003 年以来，除了 2009 年食物产量显著下降，其余年份食物产量都在 300 万吨以上，2018 年突破了 600 万吨 (图 6 - 8)。

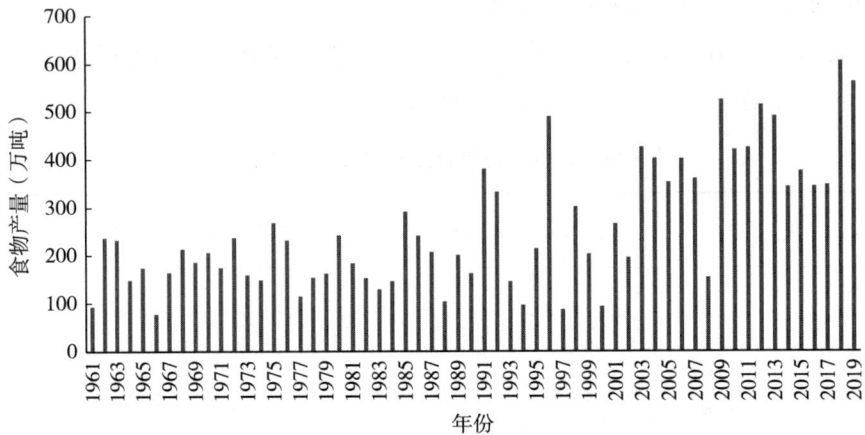

图 6 - 8　1961—2019 年阿尔及利亚食物产量

数据来源：联合国粮食及农业组织数据库。

(二) 谷物依赖进口

阿尔及利亚谷物依赖进口。1961—2019 年，阿尔及利亚谷物出口额几乎为零，进口额显著大于出口额，谷物贸易呈现逆差。尤其是在 2004 年以后，阿尔及利亚谷物进口额上升迅猛，贸易逆差呈现出不断扩大的趋势，谷物越来越依赖进口，口粮自给能力差 (图 6 - 9)。

2000—2017 年阿尔及利亚谷物依赖率在波动中略有下降，但整体上阿尔及利亚对进口谷物的依赖率很高。2000—2002 年 3 年平均谷物进口依赖率约为 79.7%，随后呈现下降的趋势；2003—2005 年 3 年平均谷物进口依赖率为近年来最低值，为 70.1%，此后则不断波动，但始终保持在 70% 以上；2015—2017 年阿尔及利亚谷物进口依赖率为 76.1%，相比 2000—2002 年略有下降 (图 6 - 10)。

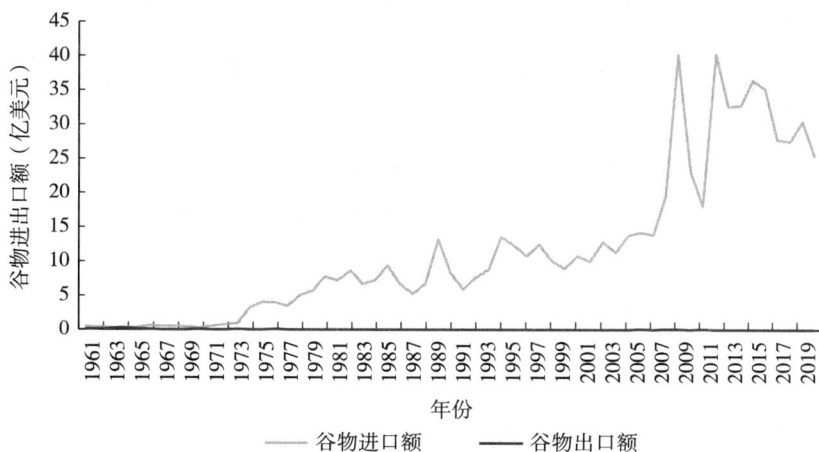

图 6-9　1961—2019 年阿尔及利亚谷物进出口额变化趋势

数据来源：联合国粮食及农业组织数据库。

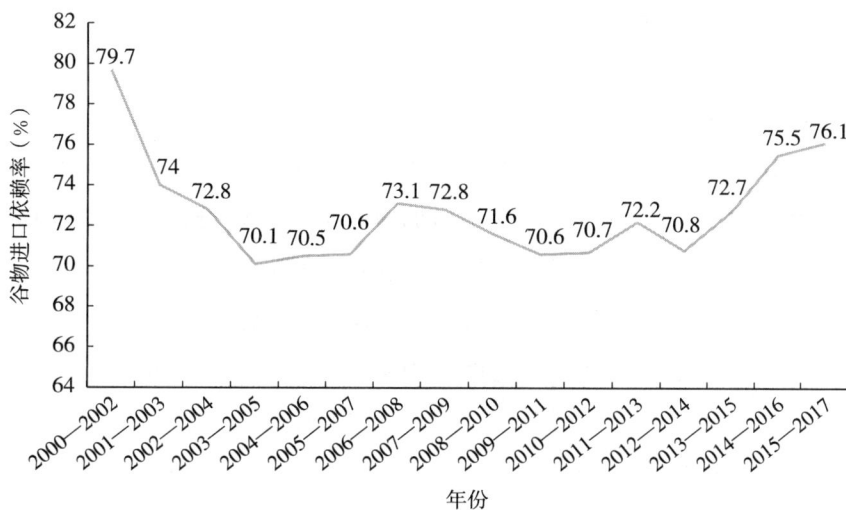

图 6-10　2000—2017 年阿尔及利亚谷物进口依赖率变化趋势

数据来源：联合国粮食及农业组织数据库。

第五节　农业政策

阿尔及利亚的农业政策经历了一系列变革和发展。阿尔及利亚在 1962 年
独立后首个 20 年的发展政策是工业优先于农业。自 1980 年以来政府发展农业
的愿望强烈，开始大力提高主要粮食作物自给能力。在 1985—1989 年五年计

划中，阿尔及利亚政府认识到改进农业生产以消除进口依赖的重要性。1990年阿尔及利亚实施国家农业发展计划（PNDA），该计划是为了解决诸如土地所有制、机械化水平低、化学制剂和肥料使用不足、耕种条件差等问题提出来的。PNDA 设定的目标包括：属于国家的可耕地分配到 100 万个农场、小规模土地持有者以及个体农民；允许干旱地区的失业青年在耕种 5 年之后购买土地；在具有最佳种植条件的东部地区提高作物的生产率；在生产条件差的地区，用传统果树作物葡萄和橄榄取代产量低的谷物；通过农业发展基金等引入一些为这些农业计划提供资金的机制。2001 年 4 月，政府实施了一个 72 亿美元的计划支持各部门发展，农业在其中分配到 9 亿美元，用于：①在农业领域创立 50 多万个岗位；②增加 70 万公顷可耕地；③增加 20 万公顷灌溉土地；④增加果树、森林和牧草的面积达 50 万公顷；等等（顾尧臣，2006）。2004—2009 年的五年计划中，阿尔及利亚实施了农村可持续发展战略，充分挖掘农村资源，调动农民积极性，增加农民收入，保护土地资源，改善农民的生产和生活条件。2009 年初，阿尔及利亚政府与 48 个省签约以提高每个省的农业产量，逐步摆脱对进口粮食的依赖。政府还制定法律法规保护私有种植户的利益，将土地转让给农民，同时加大对农业基础设施的投入力度，加大对农业种子生产者和化肥购买者的补贴力度，增加对购买农业设备者、农产品收购者和饲养畜牧奶牛者的补贴，培训农业技师和农业工程师。

近十几年来，阿尔及利亚实行了一系列的农业振兴计划，政府投资近 50 亿美元，加大农业基础设施建设力度，国家废除农民债务 2 亿美元，给予捕鱼业投资者高额的政府补贴。得益于这一系列支持措施，阿尔及利亚农林牧副渔业全面发展，有用农业面积增加近 50 万公顷，灌溉面积增加一倍，果木栽培园面积增加近 50 万公顷，修葺农场超过 10 万个。同时，阿尔及利亚大力发展农业基础设施建设，使大部分农村地区通水、电、天然气，农业总产值每年平均以 6% 的速度增长。农业发展还解决了大量人口的就业问题，增加了农民的收入。2017 年初，阿尔及利亚总统宣布免除农牧民 400 亿阿尔及利亚第纳尔的债务，加大对化肥、农机具和种子的补贴力度，使 11 万农户受益。

第六节 农业科技

阿尔及利亚长期缺水，且因气候变化，部分地区正面临更频繁、更激烈的极端气候事件（特别是干旱）。《2030 年可持续发展议程》要求各国发展应在管理水、土地和能源等战略资源方面进行变革。阿尔及利亚战略性地规划其水资源管理和分配，审查其水、粮食安全和能源政策，制定有效的投资计划，使治理和机构现代化，并对跨界地表水和地下水进行核算（FAO，2018）。

联合国粮农组织的两个项目支持阿尔及利亚促进水的合理利用，以最大限度地提高粮食产量，并改善干旱地区的粮食安全问题。农民参与培训项目，提高技术水平，试图在干旱气候条件下，将地下水输送到蓄水盆地，然后供给农场，并将耕作系统与水产养殖相结合。在这种模式中，农作物受益于养鱼废水中增加的营养，水亦得到双重使用，会比传统农业产生更多的经济效益。"水产养殖＋农业生产"是一种集约型的可持续农业生产系统，它结合了水培法和循环水产养殖系统，以生产一系列作物。水产养殖系统由 3 个基本要素组成，即鱼、植物和细菌，在这个系统中，水产养殖技术将鱼和植物的生产结合在一起，并且比传统的养殖方法使用更少的能源、节省高达 90% 的水，同时在相同的空间和时间单位内生产出更多的无化学残留的食物。

水产养殖与农业相结合被视为阿尔及利亚的一种积极的农业科技应用，阿尔及利亚政府的"地平线 2035"方案，加强了对"水产养殖＋农业生产"模式的应用，还建立了非常规水使用示范点、改进培训和推广活动等。在干旱和半干旱地区，该模式还规定了每千克生产减少用水的量以加强应用。

"水产养殖＋农业生产"有几种形式，包括牲畜-鱼、鸟-鱼或稻-鱼生产系统。这些系统是高度密集或半密集的，其中包括将动物排泄物添加到鱼塘系统中，增加水中的肥料，供养浮游动物和浮游植物使其作为鱼的食物，或者将牲畜直接安置在池塘上方的围栏中，使得肥料可以直接进入池塘。在阿尔及利亚，"水产养殖＋农业生产"已得到推广，作为增加粮食产量、通过减少废物和促进水资源再利用来保护环境的一种方式，以及改善粮食生产和粮食安全的一种手段。

这种循环农业模式让农民可以以相对环境友好的方式在同一个农场中生产出多种产品，并使其总产量高于单一栽培系统，也促进了社会、经济和环境效益的增加。从社会效益看，与传统的鱼类和农业耕作方式相比，一方面，循环农业需要的劳动力投入相对较少，富余的劳动力可进入国家的二三产业，促进宏观经济发展；另一方面，循环农业对劳动力技能要求相对较高，需要了解可循环再生农业系统的运作，并对其加以维护，但此过程有利于培养出一批更具环保意识的新型农民。从经济效益看，这种循环农业的模式可以利用同样数量的水来生产多种产品。其中，鱼可供家庭食用或在当地市场出售，农作物可在市场出售，有时还可种植饲料喂养牲畜然后出售牧畜产品。在农产品价格方面，在产品质量和品牌效应的加持下，这些环保型农产品能比传统模式生产出来的农产品售出更高的价格，从而使采取这一生产模式的农民获得更多收益。从环境效益看，这一系统还有助于促进水的再利用以及改善农场的土壤质量。

第七章 CHAPTER 7

苏丹农业 ▶▶▶

第一节 农业资源条件

一、土地资源

苏丹国土面积为 188.61 万千米^2，农业用地面积为 68.19 万千米^2。农业用地中，耕地面积为 19.99 万千米^2，占农业用地面积的 29.32%；耕地中，配备灌溉的土地面积为 1.86 万千米^2，仅占耕地面积的 9.30%（表 7-1）。

表 7-1 2018 年苏丹土地利用情况

单位：万千米^2

土地利用类型	面积
总国土	188.61
农业用地	68.19
耕地	19.99
永久作物土地	19.33
林地	19.21
配备灌溉的土地	1.86

数据来源：联合国粮食及农业组织数据库。

二、水资源

2008—2012 年，苏丹淡水资源用水量为每年 269.3 亿米^3，可再生水资源总量为 378.0 亿米^3/年，农业用水量为 259.1 亿米^3/年（表 7-2），人均可再生水资源总量为 932.6 米³/年，总体来说，苏丹水资源相对丰富。

表 7-2　2008—2012 年苏丹水资源利用情况

单位：亿米³/年

项目	数值
淡水资源用水量	269.3
可再生地表水总量	358.0
可再生地下水总量	30.0
可再生水资源总量	378.0
农业用水量	259.1

数据来源：联合国粮食及农业组织水文数据库。

注：可再生地表水总量与可再生地下水总量统计时有重合。

三、气候条件

降水方面，苏丹平均年降水量 255.81 毫米，低于世界平均水平，平均每月降水量为 21.32 毫米。从月份分布上看，苏丹夏季降水丰富，冬季干燥，12 月至次年 3 月平均降水量低于 1 毫米，而 7—8 月平均降水量超过 60 毫米（图 7-1）。从地理分布上看，降水南部多北部少。

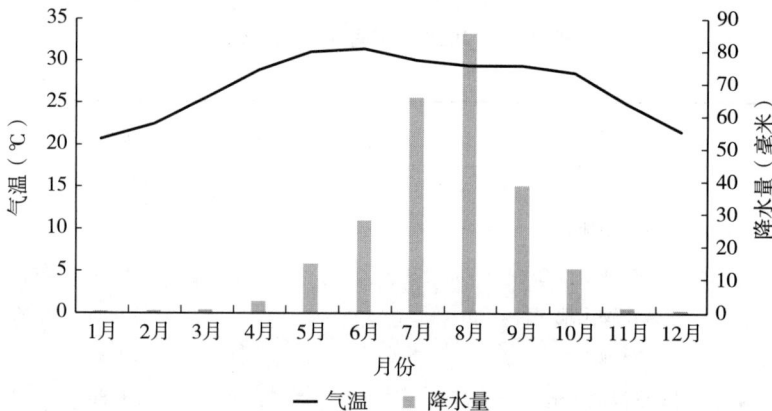

图 7-1　1901—2016 年苏丹月平均降水量和气温情况

数据来源：世界银行。

气温方面，从月份分布上看，苏丹全年气温较高，各月平均气温均超过 20℃，月均气温达到 26.98℃，最高月均气温出现在 6 月，为 31.40℃（图 7-1）。从地理分布上看，苏丹位于北纬 8.45 度和北回归线之间，全境受太阳直射，是世界上最热的国家之一，干旱而炎热是这个国家的基本气候特点。苏丹国土广袤，南北东西气温差异很大。全国可分为两个气候区：南部为夏季炎热多雨、冬季温暖干燥的热带草原气候区，北部则是高温少雨的热带沙漠气候区，气候干燥，多风沙。首都喀土穆有"世界火炉"之称，年平均气温在 30℃以上，4—7 月为最热的月份，一般日间气温在 40℃以上，酷热天气气温可达 50℃，地表温度最高可达 70℃。但在个别高海拔地区，寒冷之时气温亦可低到 0℃左右。

四、劳动力资源

2019 年，苏丹总人口约为 4 281.32 万人，其中农村人口 2 785.60 万人，占总人口的 65.06％。农业从业人口占总从业人口的 38.37％，女性农业从业人口占女性总从业人口的 51.83％，男性农业从业人口占男性总从业人口的 33.62％（表 7-3）。

表 7-3　2019 年苏丹劳动力资源状况

项目	数量
总人口	4 281.32 万人
农村人口	2 785.60 万人
农村人口占总人口比例	65.06％
农业从业人口占总从业人口比例	38.37％
女性农业从业人口占女性总从业人口比例	51.83％
男性农业从业人口占男性总从业人口比例	33.62％

数据来源：世界银行。

从人口素质来看，根据联合国开发计划署《2019 年人类发展报告》，苏丹 2018 年的人类发展指数为 0.507，在 189 个国家和地区中排名第 168 位。1990—2018 年，苏丹的人类发展指数从 0.332 增加到 0.507。1990—2018 年，苏丹人的预期寿命增加了 9.6 岁，平均受教育年限增加了 2.2 年，预期受教育年限增加了 3.8 年。苏丹的人均国民总收入在 1990—2018 年增长了约 145.5％。2018 年，苏丹女性人类发展指数为 0.457，男性为 0.546，性别发展指数为 0.837。同年，苏丹的全球创新指数为 0.560，在 162 个国家中排名第 139 位。在苏丹，妇女拥有 31.0％的议会席位；成年女性中至少有中等教育程度的比例为 15.3％，而男性为 19.6％。

第二节　农业生产

一、农业产值规模及构成

2010—2019 年，苏丹农业产值占 GDP 的比例一直比较高，保持在 30% 左右（表 7 - 4）。2019 年，苏丹农业产值占 GDP 的比例为 28.4%，农业产值约为 209.63 亿美元。

表 7 - 4　2010—2019 年苏丹农业产值占 GDP 的比例

年份	2010	2011	2012	2013	2014	2015	2016	2017	2018	2019
农业产值占 GDP 的比例（%）	33.9	32.0	31.3	27.1	30.5	27.7	24.8	22.4	20.9	28.4

数据来源：世界银行。

苏丹是传统农业国，农业是其经济的主要支柱产业。苏丹粮食自给率为 85%。主要农作物有高粱、谷子、小麦和玉米。经济作物在农业生产中占重要地位，主要经济作物有棉花、花生、芝麻和阿拉伯胶等，大多数供出口，这几类产品出口额占农产品总出口额的 66%。苏丹花生产量居阿拉伯国家之首，在世界上仅次于美国、印度和阿根廷；芝麻产量在阿拉伯国家和非洲国家中排第一位，出口量占世界总出口量的一半左右；阿拉伯胶种植面积 500 万公顷，年均产量近 6 万吨，占世界总产量的 80% 左右。苏丹幅员辽阔，适宜发展畜牧业。苏丹的畜产品资源在阿拉伯国家中名列第一，在非洲国家中名列第二。

二、种植业

种植业是苏丹农业生产中最重要的部分，对农业产值的贡献巨大。谷物、油料作物和糖料作物在苏丹种植业中占据主导地位。从收获面积看，谷物是苏丹第一大作物。2018 年，苏丹谷物收获面积为 1 113.09 万公顷，油料作物收获面积为 731.77 万公顷，豆类作物收获面积为 43.94 万公顷，初级水果收获面积为 35.32 万公顷，主要蔬菜收获面积为 26.63 万公顷，其后依次是薯类作物、纤维作物等。从产量看，谷物、糖料作物、油料作物产量排在前三位，

2018 年，苏丹谷物产量 827.00 万吨，糖料作物产量 590.27 万吨，油料作物产量 420.44 万吨，初级水果产量 347.26 万吨，主要蔬菜产量 336.17 万吨（表 7 - 5）。

表 7 - 5　2018 年苏丹种植业生产情况

主要农产品种类	收获面积（万公顷）	产量（万吨）
谷物	1 113.09	827.00
柑橘类水果	6.26	67.95
纤维作物	8.20	8.75
初级水果	35.32	347.26
油料作物	731.77	420.44
豆类作物	43.94	32.25
薯类作物	13.87	86.44
糖料作物	7.96	590.27
主要蔬菜	26.63	336.17

数据来源：联合国粮食及农业组织数据库。

高粱是苏丹最重要的粮食作物（表 7 - 6）。2012 年，苏丹高粱产量为 224.90 万吨，2013 年和 2014 年快速上升，2014 年高粱产量达到 628.10 万吨，2015 年大幅下跌至 274.40 万吨，2016 年恢复至 646.60 万吨，2017 年和 2018 年有所回落，2018 年高粱产量为 495.30 万吨。谷子也是苏丹重要的粮食作物。2012—2018 年，谷子产量在剧烈波动中呈上升趋势，2018 年达到 264.70 万吨。

表 7 - 6　2012—2018 年苏丹主要农作物产量情况

单位：万吨

农作物	2012 年	2013 年	2014 年	2015 年	2016 年	2017 年	2018 年
芒果	63.00	63.63	64.16	108.59	78.59	87.94	90.70
香蕉	75.00	75.75	90.90	91.00	91.01	91.50	95.12
洋葱	103.60	103.70	142.51	158.34	158.39	153.08	156.60
芝麻	18.70	56.20	72.10	32.90	52.50	78.10	98.10
花生	103.20	176.70	187.10	104.20	182.60	164.80	288.40
甘蔗	617.27	679.79	580.75	554.43	551.93	582.63	590.27
高粱	224.90	452.40	628.10	274.40	646.60	374.30	495.30
谷子	37.80	109.00	124.50	48.60	144.90	87.90	264.70

数据来源：联合国粮食及农业组织数据库。

苏丹主要的经济作物有芝麻、花生、甘蔗、洋葱、香蕉和芒果。2012—

2018 年，苏丹芝麻产量巨幅上升，2012 年仅为 18.70 万吨，2018 年达到 98.10 万吨。加达里夫州是苏丹最大的芝麻生产区，被称为苏丹的粮仓，每年芝麻产量占苏丹芝麻总产量的 70%。此外，该州靠近苏丹港口，出口便利。苏丹芝麻生产中有超过 250 万公顷的旱作耕地，主要集中在苏丹东部和中部的黏土平原上，其中 53% 是机械化的。苏丹约有 77% 的芝麻种植面积位于 3 个州：北科尔多凡州、青尼罗州和加达里夫州。2012 年，苏丹花生产量为 103.20 万吨，随后不断大幅波动，2018 年产量大幅上升至 288.40 万吨。近年来苏丹甘蔗产量不断下降，由 2012 年的 617.27 万吨下降至 2018 年的 590.27 万吨。苏丹洋葱产量稳步上升，由 2012 年的 103.60 万吨上升至 2018 年的 156.60 万吨。苏丹主要的水果产品为芒果和香蕉。芒果产量在 2012—2014 年较为稳定，之后出现大幅上涨，在 2018 年达到 90.70 万吨。香蕉产量 2012—2013 年保持在 75 万吨左右，之后逐渐增长至 2018 年的 95.12 万吨。

三、畜牧业

在中东及非洲区域中苏丹的畜牧业发展相对较好，畜产品资源在阿拉伯国家中名列第一，在非洲国家中名列第二。2012—2018 年，苏丹肉类总产量不断上升，从 2012 年的 90.40 万吨上升到 2018 年的 98.70 万吨。苏丹的肉类主要为牛肉、羊肉。2012—2018 年，苏丹牛肉产量不断上升但增长十分缓慢，从 2012 年的 35.80 万吨上升到 2018 年的 38.90 万吨。羊肉产量也不断上升，自 2012 年的 36.00 万吨上升到 2018 年的 38.30 万吨。2012—2018 年，禽类肉产量上升幅度较大，从 2012 年的 4.50 万吨上升到 2018 年的 7.00 万吨（表 7-7）。

表 7-7　2012—2018 年苏丹畜牧产品产量情况

单位：万吨

畜牧产品	2012 年	2013 年	2014 年	2015 年	2016 年	2017 年	2018 年
肉类（总）	90.40	91.90	93.20	93.90	95.87	97.26	98.70
-牛肉	35.80	35.80	36.50	36.68	37.17	37.96	38.90
-羊肉	36.00	36.40	36.60	36.90	37.80	38.10	38.30
-禽类肉	4.50	5.50	5.80	6.00	6.50	6.80	7.00
禽蛋	4.00	4.50	5.20	5.50	6.00	6.30	6.50
奶类	431.80	435.80	439.10	445.20	450.70	455.30	459.10

数据来源：联合国粮食及农业组织数据库。

2012—2018 年，苏丹禽蛋产量稳步上升，从 2012 年的 4.00 万吨上升到
2018 年的 6.50 万吨。奶类产量在波动中略有上升，2012 年奶类产量为
431.80 万吨，2018 年达到近年来最大值，为 459.10 万吨。

四、林业

2012—2019 年，苏丹林业产品产量略有上升。圆木产量由 2012 年的 1 568.6
万米³ 上升至 2019 年的 1 674.0 万米³；工业圆木产量 2012—2013 年稳定在
95.2 万米³，2014—2019 年稳定在 115.7 万米³；木材燃料产量由 2012 年的
1 473.4 万米³ 上升至 2019 年的 1 558.3 万米³（表 7-8）。

表 7-8　2012—2019 年苏丹林业产品产量

单位：万米³

林业产品	2012 年	2013 年	2014 年	2015 年	2016 年	2017 年	2018 年	2019 年
圆木	1 568.6	1 584.1	1 620.5	1 636.8	1 647.0	1 657.4	1 668.3	1 674.0
工业圆木	95.2	95.2	115.7	115.7	115.7	115.7	115.7	115.7
木材燃料	1 473.4	1 488.9	1 504.8	1 521.1	1 531.3	1 541.7	1 552.6	1 558.3

数据来源：联合国粮食及农业组织数据库。

五、渔业

虽然苏丹拥有丰富的水资源和土地，可以支持蓬勃发展的捕捞业和水产养
殖业，但渔业对苏丹国内生产总值的贡献微乎其微。根据联合国粮食及农业组
织数据库数据，1995 年苏丹从事渔业人口为 2.10 万人，到 2018 年，从事渔
业人口为 2.18 万人。水产养殖业从业人口从 1995 年的 900 人上升到 2018 年
的 4 400 人；捕捞业从业人口从 1995 年的 2.01 万人下降到 2018 年的 1.74 万
人，其中内陆捕捞业从业人口基本稳定在 1.38 万人，海洋捕捞业从业人口从
1995 年的 6 300 人下降到 2018 年的 3 600 人。1995—2018 年，苏丹渔船数量
急剧下降，从 1995 年的 0.42 万艘下降到 2018 年的 0.12 万艘（表 7-9）。

2017 年，苏丹的捕捞业产量接近 38 400 吨，内陆水域捕获量为 35 100
吨，海洋捕获量为 3 300 吨。2017 年，捕捞业活动主要集中在尼罗河及其支
流、季节性洪泛平原和 4 个主要水库以及红海沿岸苏丹的领水。水产养殖部门

产量在过去几年间呈现增长趋势，2017 年达到 9 000 吨。淡水鱼的养殖主要是基于池塘养殖的尼罗罗非鱼、非洲鲇鱼和尼罗口孵非鲫。苏丹鱼类和渔业产品出口额非常小，2017 年估计为 150 万美元。

表 7-9　1995—2018 年苏丹渔业发展状况

渔业发展指标	1995 年	2000 年	2005 年	2010 年	2015 年	2016 年	2017 年	2018 年
从事渔业人口（万人）	2.10	2.13	2.01	2.01	2.45	2.45	3.82	2.18
-从事水产养殖业人口（万人）	0.09	0.12	—	—	0.44	0.44	0.44	0.44
-从事捕捞业人口（万人）	2.01	2.01	2.01	2.01	2.01	2.01	3.38	1.74
-从事内陆捕捞业人口（万人）	1.38	1.38	1.38	1.38	1.38	1.38	2.75	1.38
-从事海洋捕捞业人口（万人）	0.63	0.63	0.63	0.63	0.63	0.63	0.63	0.36
渔船数量（万艘）	0.42	0.42	0.42	0.34	0.34	0.34	0.09	0.12

数据来源：联合国粮食及农业组织水文数据库。

第三节　农业贸易

一、农产品进出口贸易总体情况

苏丹农产品贸易额在 2012—2018 年呈现逐渐增长的趋势，由 2012 年的 19.25 亿美元增长至 2018 年的 50.72 亿美元。其中，进口额由 2012 年的 14.84 亿美元增长至 2018 年的 31.54 亿美元，出口额由 2012 年的 4.40 亿美元增长至 2018 年的 19.18 亿美元（表 7-10），整体上农产品贸易处于贸易逆差状态。

表 7-10　2012—2018 年苏丹农产品贸易额

单位：亿美元

年份	出口额	进口额	贸易总额	贸易差额
2012	4.40	14.84	19.25	−10.44
2013	—	—	—	—
2014	14.05	24.93	38.98	−10.88
2015	16.83	17.44	34.27	−0.61
2016	22.02	37.60	59.62	−15.59
2017	19.10	22.02	41.12	−2.92
2018	19.18	31.54	50.72	−12.36

数据来源：https://comtrade.un.org/data。

注：每年苏丹农产品进口额、出口额和贸易总额，由海关编码即 HS01～HS24 章农产品的对应数值加总计算而得。

二、出口的重点农产品

从 2018 年数据来看，苏丹出口额最大的农产品为含油子仁及果实，杂项子仁及果实，工业用或药用植物，稻草、秸秆及饲料（HS12），出口额约为 8.20 亿美元，活动物（HS01）次之，出口额约为 7.65 亿美元（表 7－11）。

表 7－11　2018 年苏丹各类农产品出口额

单位：×10⁶ 美元

商品分类编码	商品名称	出口额
HS01	活动物	765.04
HS02	肉及食用杂碎	66.64
HS03	鱼、甲壳动物、软体动物及其他水生无脊椎动物	7.49
HS04	乳品，蛋品，天然蜂蜜，其他食用动物产品	0.51
HS05	其他动物产品	0.13
HS06	活树及其他活植物，鳞茎、根及类似品，插花及装饰用簇叶	—
HS07	食用蔬菜、根及块茎	55.76
HS08	食用水果及坚果，柑橘属水果或甜瓜的果皮	5.23
HS09	咖啡、茶、马黛茶及调味香料	0.92
HS10	谷物	27.92
HS11	制粉工业产品，麦芽，淀粉，菊粉，面筋	0.05
HS12	含油子仁及果实，杂项子仁及果实，工业用或药用植物，稻草、秸秆及饲料	820.35
HS13	虫胶，树胶、树脂及其他植物液、汁	115.05
HS14	编结用植物材料，其他植物产品	0.99
HS15	动、植物油、脂及其分解产品，精制的食用油脂，动、植物蜡	11.39
HS16	肉、鱼、甲壳动物、软体动物及其他水生无脊椎动物的制品	—
HS17	糖及糖食	13.81
HS18	可可及可可制品	0.01
HS19	谷物、粮食粉、淀粉或乳的制品，糕饼点心	0.02
HS20	蔬菜、水果、坚果或植物其他部分的制品	0.90
HS21	杂项食品	0.04
HS22	饮料、酒及醋	0.12
HS23	食品工业的残渣及废料，配制的动物饲料	24.64
HS24	烟草、烟草及烟草代用品的制品	1.09

数据来源：https：//comtrade. un. org/data。

活动物（HS01）出口在 2012—2018 年整体呈现上升的趋势。2012—2014

年上涨幅度最大，2015 年变化不大，2016—2017 年继续上涨，2018 年出口额小幅下降，其间，2017 年出口额最高，约为 8.34 亿美元。从出口贸易伙伴关系来看，活动物（HS01）类农产品主要出口向两个国家：沙特阿拉伯和埃及。其中，沙特阿拉伯为苏丹该类农产品最大的出口贸易伙伴。2018 年苏丹向沙特阿拉伯出口活动物类农产品约 4.82 亿美元，向埃及出口约 2.6 亿美元（图 7 - 2）。

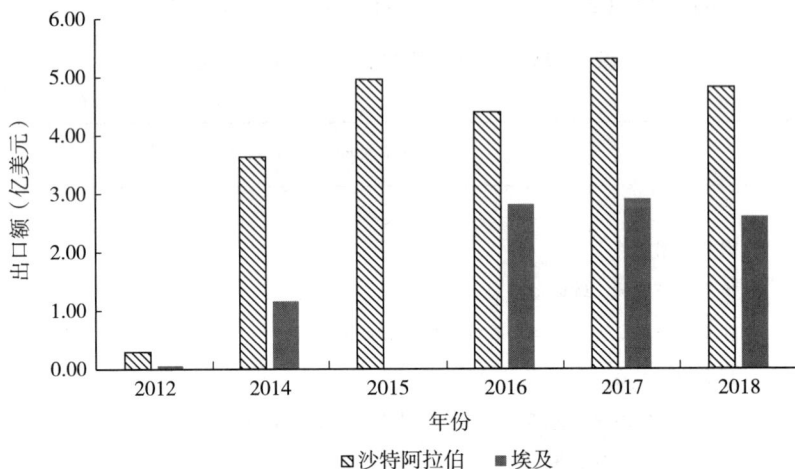

图 7 - 2　2012—2018 年苏丹 HS01 章农产品的主要出口贸易国和出口额

数据来源：https://comtrade.un.org/data。

注：2013 年数据缺失。

含油子仁及果实，杂项子仁及果实，工业用或药用植物，稻草、秸秆及饲料（HS12）也是苏丹重要的出口农产品种类，苏丹这类农产品主要为芝麻和花生。2015 年，苏丹是仅次于印度的第二大芝麻出口国，出口量达 29.6 万吨，约占世界芝麻总出口量的 13%。据数据统计，该类农产品出口额波动较大，2018 年约为 8.2 亿美元。该类农产品主要出口的 3 个国家为：阿联酋、中国和埃及。其中，中国为 2014—2017 年苏丹该类农产品最大的出口贸易伙伴。从 2018 年单年度数据来看，苏丹向埃及出口该类农产品最多，出口额约为 2.35 亿美元，向中国出口的总额约为 2.20 亿美元，向阿联酋出口的总额约为 0.68 亿美元（图 7 - 3）。

三、进口的重点农产品

从 2018 年的数据来看，苏丹进口谷物（HS10）和糖及糖食（HS17）两

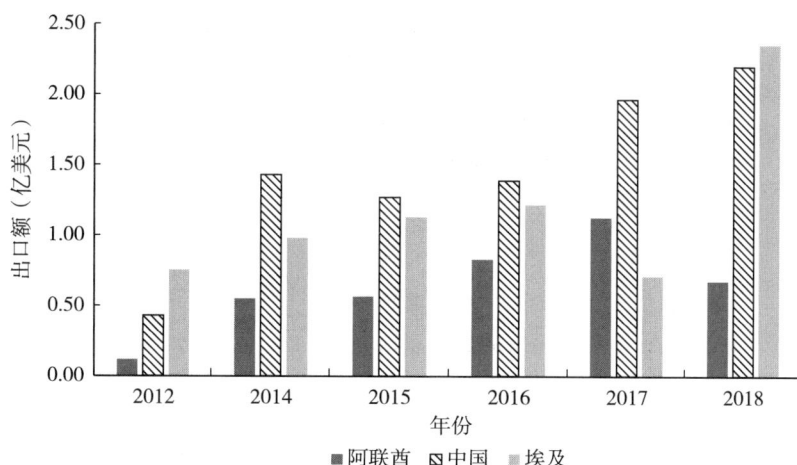

图 7-3 2012—2018 年苏丹 HS12 章农产品的主要出口贸易国和出口额

数据来源：https://comtrade.un.org/data。

注：2013 年数据缺失。

类农产品的总额较多，进口谷物总额约为 17.58 亿美元，进口糖及糖食总额约为 6.45 亿美元（表 7-12）。

表 7-12 2018 年苏丹各类农产品进口额

单位：亿美元

商品分类编码	商品名称	进口额
HS01	活动物	0.08
HS02	肉及食用杂碎	0.04
HS03	鱼、甲壳动物、软体动物及其他水生无脊椎动物	0.01
HS04	乳品，蛋品，天然蜂蜜，其他食用动物产品	0.79
HS05	其他动物产品	0.00
HS06	活树及其他活植物，鳞茎、根及类似品，插花及装饰用簇叶	0.01
HS07	食用蔬菜、根及块茎	1.25
HS08	食用水果及坚果，柑橘属水果或甜瓜的果皮	0.04
HS09	咖啡、茶、马黛茶及调味香料	1.41
HS10	谷物	17.58
HS11	制粉工业产品，麦芽，淀粉，菊粉，面筋	0.09
HS12	含油子仁及果实，杂项子仁及果实，工业用或药用植物，稻草、秸秆及饲料	0.16
HS13	虫胶，树胶，树脂及其他植物液、汁	0.01
HS14	编结用植物材料，其他植物产品	0.00

（续）

商品分类编码	商品名称	进口额
HS15	动、植物油、脂及其分解产品，精制的食用油脂，动、植物蜡	1.32
HS16	肉、鱼、甲壳动物、软体动物及其他水生无脊椎动物的制品	0.04
HS17	糖及糖食	6.45
HS18	可可及可可制品	0.01
HS19	谷物、粮食粉、淀粉或乳的制品，糕饼点心	0.04
HS20	蔬菜、水果、坚果或植物其他部分的制品	0.32
HS21	杂项食品	1.22
HS22	饮料、酒及醋	0.01
HS23	食品工业的残渣及废料，配制的动物饲料	0.34
HS24	烟草、烟草及烟草代用品的制品	0.30

数据来源：https://comtrade.un.org/data。

　　苏丹进口最多的农产品为谷物（HS10），主要从俄罗斯、罗马尼亚和加拿大进口，从俄罗斯进口的谷物最多。2018 年，苏丹从俄罗斯进口谷物的进口额为 15.24 亿美元，从罗马尼亚进口谷物的进口额为 0.73 亿美元，从加拿大进口谷物的进口额为 0.21 亿美元（图 7-4）。

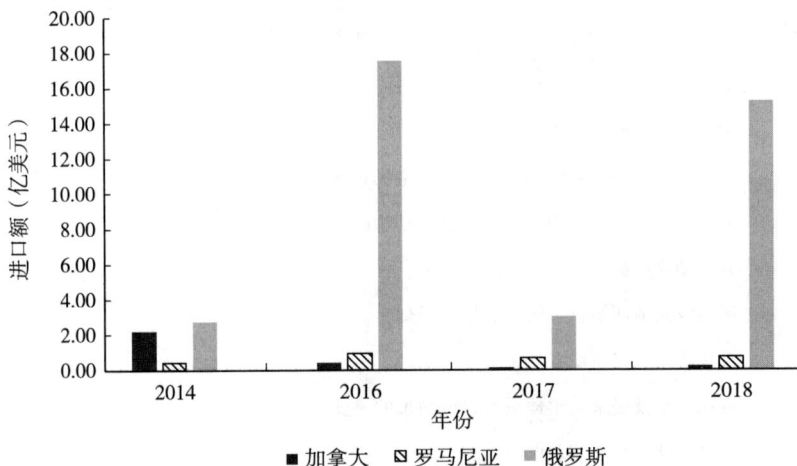

图 7-4　2014—2018 年苏丹 HS10 章农产品的主要进口贸易国和进口额

数据来源：https://comtrade.un.org/data。

注：2015 年数据缺失。

　　此外，苏丹进口糖及糖食（HS17）也较多，主要从印度和阿联酋进口。

印度是苏丹该类农产品最大的进口来源国，2018 年苏丹从印度进口糖及糖食的总额为 3.26 亿美元（图 7-5）。

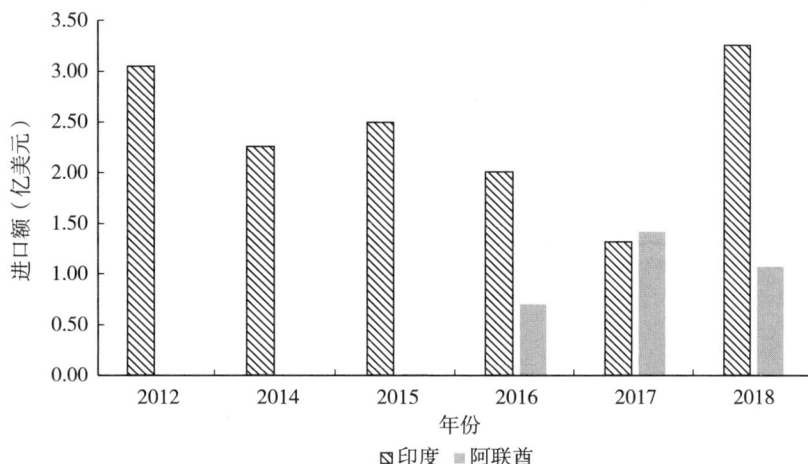

图 7-5　2012—2018 年苏丹 HS17 章农产品的主要进口贸易国和进口额

数据来源：https://comtrade.un.org/data。

注：2013 年数据缺失。

第四节　粮食安全与营养

一、粮食安全与营养总体情况

（一）粮食不安全流行率

近年来，苏丹的粮食安全状况整体上在不断恶化。苏丹总人口中严重粮食不安全的流行率不断上升，从 2014—2016 年 3 年平均的 13.4％上升到 2017—2019 年 3 年平均的 16.4％；同时，总人口中中度或严重粮食不安全的流行率也在不断上升，从 2014—2016 年 3 年平均的 41.4％上升到 2017—2019 年 3 年平均的 48.9％。从绝对值上看，严重粮食不安全的人数从 2014—2016 年 3 年平均的 520 万人波动上升至 2017—2019 年 3 年平均的 680 万人；中度或严重粮食不安全的人数从 2014—2016 年 3 年平均的 1 610 万人上升到 2017—2019 年 3 年平均的 2 040 万人，粮食不安全人数突破 2 000 万人，粮食安全形势十分严峻（表 7-13）。

表 7 - 13　2014—2019 年苏丹粮食安全情况

年份	总人口中严重粮食不安全的流行率（%）	严重粮食不安全的人数（万人）	总人口中中度或严重粮食不安全的流行率（%）	中度或严重粮食不安全的人数（万人）
2014—2016	13.4	520	41.4	1 610
2015—2017	14.4	580	43.9	1 750
2016—2018	15.4	630	46.4	1 900
2017—2019	16.4	680	48.9	2 040

数据来源：联合国粮食及农业组织数据库。

（二）饥饿状况

根据全球饥饿指数排名，苏丹 2020 年饥饿指数为 27.2，在全球排名第 54 位，从指数分级来看，苏丹属于严重饥饿级别。从历史数据中可以看出，与 2012 年相比，2020 年苏丹饥饿指数绝对值下降了 5.3，但是与世界平均饥饿水平 18.2 和西亚北非平均饥饿水平 12.0 相比，苏丹的饥饿指数仍远高于这两个值，说明苏丹近年来虽然饥饿状况有所改善，但仍不容乐观。

（三）营养状况

苏丹营养不良患病率近年来逐渐下降。2000—2002 年 3 年平均营养不良患病率为 21.7%，随后在波动中保持稳定，2011 年后又不断下降，2017—2019 年 3 年平均水平为 12.4%（图 7-6）。从绝对值上看，苏丹营养不良的人数在波动中有所下降，从 2000—2002 年 3 年平均的 610 万人下降到 2017—2019 年 3 年平均的 520 万人。

从热量摄取情况上看，2000—2019 年苏丹平均饮食热量摄取充足率在波动中上升。2000—2002 年 3 年平均为 104%，到 2017—2019 年 3 年平均为 114%。2000—2017 年，苏丹从谷物、根茎和块茎中提取的饮食热量摄取所占份额大幅上升，从 2000—2002 年 3 年平均的 13% 上升到 2015—2017 年 3 年平均的 47%。2010—2017 年，苏丹平均蛋白质供应量大幅上升，从 2010—2012 年 3 年平均的 23.2 克/（人·天）上升到 2015—2017 年 3 年平均的 67.7 克/（人·天）。动物源性蛋白平均供应量也不断上升，从 2010—2012 年 3 年平均的 9.9 克/（人·天）上升到 2015—2017 年 3 年平均的 21.3 克/（人·天）。

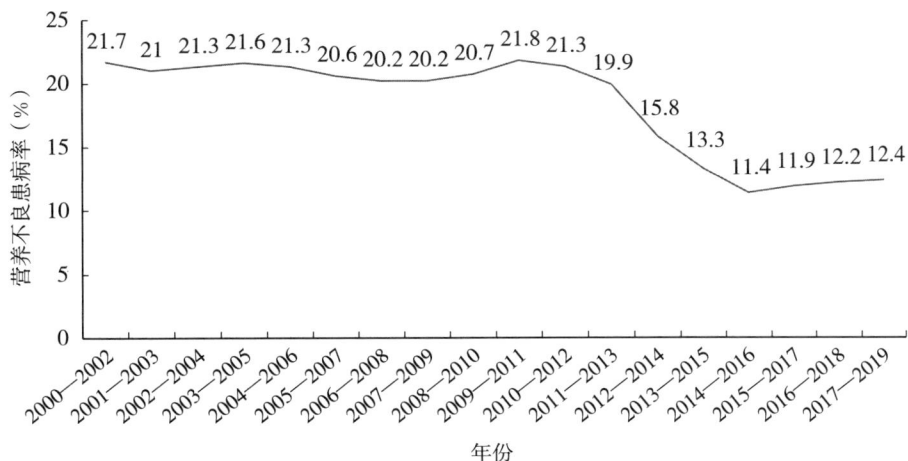

图 7 - 6 2000—2019 年苏丹营养不良患病率变化趋势

数据来源：联合国粮食及农业组织数据库。

从苏丹儿童营养状况来看，2006—2014 年：苏丹 5 岁以下儿童受消瘦影响的百分比从 14.5％上升至 16.3％；5 岁以下发育不良儿童的百分比基本保持稳定，从 38.3％小幅下降至 38.2％（表 7 - 14）。苏丹儿童消瘦（营养不良）问题有恶化的趋势，儿童发育不良也没能得到有效改善。

表 7 - 14 部分年份苏丹儿童营养状况指标

年份	5 岁以下儿童受消瘦影响的百分比（％）	5 岁以下发育不良儿童的百分比（％）
2006	14.5	38.3
2010	15.4	34.1
2014	16.3	38.2

数据来源：联合国粮食及农业组织数据库。

二、食物供给状况

（一）食物产量增长情况

苏丹是粮食进口国，本国产量不能满足消费需求。2012—2019 年，苏丹食物产量不断波动。最大值出现在 2018 年，约为 880 万吨，最小值出现在 2012 年，为 300 万吨，2019 年相较 2018 年有大幅下跌，仅为 550 万吨左右（图 7 - 7）。

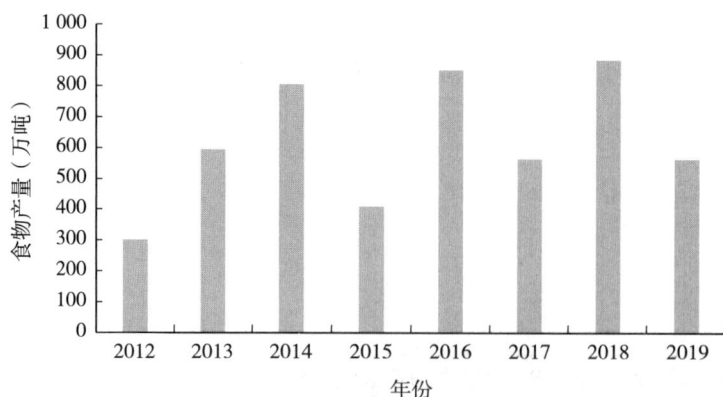

图 7-7 2012—2019 年苏丹食物产量

数据来源：联合国粮食及农业组织数据库。

（二）谷物依赖进口

2012—2019 年，苏丹谷物进口额显著大于出口额，谷物贸易呈现较大逆差。苏丹谷物进口额波动较大，在 2013 年和 2014 年超过 9 亿美元，但近几年贸易逆差有所缩小，2019 年进口额降至 5.77 亿美元（图 7-8）。

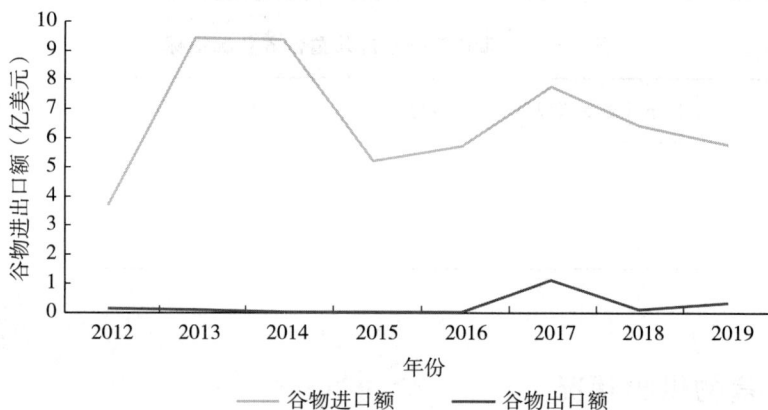

图 7-8 2012—2019 年苏丹谷物进出口额变化趋势

数据来源：联合国粮食及农业组织数据库。

2011—2017 年，苏丹谷物进口依赖率不断上升。2011—2013 年 3 年平均谷物进口依赖率约为 18.3%，2015—2017 年 3 年平均谷物进口依赖率增长到 37.7%，相比 2011—2013 年上升了 19.4 个百分点，说明苏丹对进口谷物的依赖增强（图 7-9）。

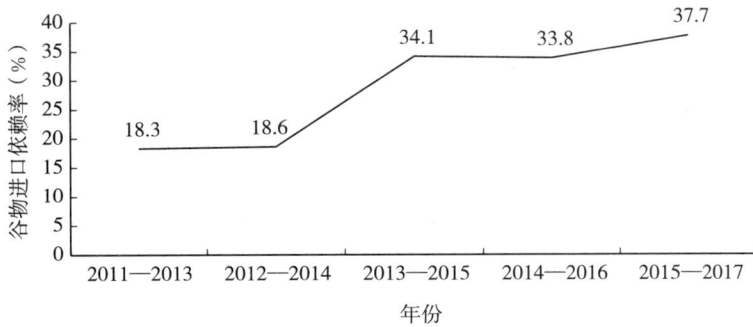

图 7-9 2011—2017 年苏丹谷物进口依赖率变化趋势

数据来源：联合国粮食及农业组织数据库。

第五节 农业政策

近年来，苏丹政府高度重视农业发展，称农业是"永恒的石油"。把实现农业复兴和粮食自给、发展以农业为基础的非石油经济定为国家发展战略，并制定农业振兴计划，出台一系列促农、惠农举措，对内加强农业市场建设，对外积极吸引农业投资。苏丹农业振兴计划（ARP）明确了农业领域的主要发展目标：保障粮食安全；提升农业现代化水平；扩大农牧畜产品出口；实现各产业链上下游融合发展；促进资源循环利用和可持续发展；等等。2015 年，苏丹出台了《五年经济改革规划（2015—2019 年）》，该规划以"生产——促进出口、改善生活"为标语，内容涉及 2015—2019 年苏丹宏观经济各项指标、各行业领域的发展目标及主要政策，其中农业部门涉及发展粮食、肉制品、牲畜、阿拉伯胶等生产与出口，改造灌溉设备等。苏丹农业投资全面执行计划（2016—2019 年）明确了国家财政进一步向农业领域倾斜：每年从国家预算中分配 10% 的资金用于农业发展，推动农业年增长率达到 6%；吸引外资方面的优惠政策主要有：农业投资公司实行免税政策，投资优先返还，以优惠的价格提供土地等。

苏丹政府 2006 年启动了农业绿色行动，制定了绿色动员计划，该计划目标是通过农业实现经济平衡和可持续发展，推动社会发展，降低贫困人口数量。绿色动员计划的直接目标是：①实现粮食安全；②到 2015 年贫困人口在现有基础上减少 50%，增加劳动力就业机会，提高人均工资收入；③实现苏丹全国各地区平衡发展；④发展和保护自然资源，以满足各行业持续生产的需求；⑤扩大农畜产品出口规模，实现出口多元化；⑥通过发展农副产品加工业，最大限度提高农产品附加值（中华人民共和国驻苏丹共和国使馆经济商务处，2009）。苏丹绿色动员计划优先发展领域见表7-15。

表7-15　苏丹绿色动员计划优先发展领域

序号	领域	具体内容
1	农业基础设施建设	包括灌溉系统、道路桥梁、仓储设施、农产品市场建设等
2	劳动者技能培训	通过技术、农业科技知识培训提高普通劳动者的劳动生产技能
3	农业支持和技术服务	包括科研、数据统计、种子改良、病虫害和疫病控制等
4	自然资源保护	包括草场恢复、植树造林、阿拉伯胶树林带建设、雨水储存利用、野生动物保护等
5	国家粮食安全战略	保证粮食生产及供应、提高粮食产量和质量、实施粮食战略储备、稳定粮价等
6	提高劳动生产率，降低生产成本	引进高产优良品种、提高农业机械化率、推广传统农业免耕技术、进行自然草场保护和种植、进行病虫害控制和杀虫剂使用管理等
7	推动农业现代化	引入现代化管理体制和先进技术，提高对水、土地等资源的使用及控制能力，改革灌溉体系，扩大喷灌面积，推广有机农业，提高蔬菜生产能力，优化畜牧业发展体制，缩小传统游牧式畜牧业规模，提高草场建设速度
8	农产品加工处理	将农业生产、农业初级产品和农产品加工工业有机联系在一起，提高普通农产品的附加值，使季节性农产品得到保值，减少蔬菜、水果等因储藏困难造成的浪费，改善仓储运输条件

注：表格整理自中国驻苏丹使馆经商处2009年文献。

苏丹对从事农业及相关产业者给予税收优惠政策，在1993年7月，苏丹农业税的统一费率从5%降到2%，这一税收是对在农贸市场出售的货值进行征税。苏丹对多数进出口产品征收附加税，但是减少或免除了大部分农产品的附加税。苏丹鼓励粮食进口，对进口粮食在进口关税税率上予以一定的优惠，规定对进口大米免征进口税。此外，苏丹还鼓励农产品出口，对出口的部分农产品实行关税优惠。1999年，苏丹通过了《投资鼓励法》，2000年对该法进行了修正，修正后的法律规定：鼓励包括农业、动物生产、水利等领域在内的投资（蒋和平，2013）。苏丹政府学习和借鉴国外农业发展的经验来发展苏丹的农业。2008年6月，苏丹副总统访华，希望与中国建立农业领域的战略合作伙伴关系，推动农业领域的务实合作。

第六节 农业科技

一、苏丹农业科研体系

2001 年，苏丹农业科研机构间进行了较为完善的职能分工，政府将所有研究机构划归新成立的高等教育和科技部管理。其中，动物资源研究公司（ARRC）负责畜牧业研究，苏丹农业科学院（ARC）负责种植业、林业和牧场研究，国家遗传工程研究中心负责应用遗传研究，工业研究中心负责食品科学和药用植物研究，原子能研究中心负责突变育种及食品保鲜和卫生研究。除此之外，在政府控制之下的一些研究中心和公立大学也致力于农业研究。例如喀土穆大学和各州大学农学院。但各大学农学院以教学为主，与生产相关的科研工作才刚刚起步。

苏丹农科院是苏丹农业科研体系中最重要的机构。1902 年，苏丹农科院由英国人建立，主要是为了研究在灌区种植棉花的可能性等相关课题，此后快速拓展出针对不同作物、不同生态区域等多方面的研究。1967 年，农业研究领域被划归到农业部门，苏丹农科院作为一个半自治性的机构，从此附属于农业森林部。2001 年，苏丹农科院成为新成立的高等教育和科技部的一部分，高等教育和科技部是 2001 年根据总统的命令合并了其他几个部的几个研究机构而设立的。2010 年，苏丹农科院又重新回到了农业部门。

在发展过程中，苏丹农科院（ARC）旨在培养具有熟练技能和高级科研能力的人才，建成苏丹农业人才的培养高地。此外，ARC 的任务是提高农作物的可持续生产力，不断专注于粮食安全所需的技术创新和学术研究，最终实现 ARC 在维护粮食安全、减轻贫困、创收、促进农业出口和保护自然资源方面的发展目标。

苏丹农科院在全国拥有 22 处试验站，如加达里夫试验站、莎姆巴特试验站、栋古拉试验站等；有生物技术安全研究中心、社会经济和政策分析中心等 9 个研究中心；有组织培养、基因资源、阿拉伯胶 3 个中心实验室；有棉花、高粱、玉米、花生、油葵、小麦、水稻等 24 个研究所；有国土水研究中心、病虫害综合治理研究中心、谷物研究中心、油料作物研究中心、园艺研究中心、豆类作物研究中心、棉花和纤维作物研究中心、植物生物技术与生物安全研究中心、农业植物遗传资源保护与研究中心、社会经济与政策分析中心、旱地研究中心、林业研究中心、品种维护和育种中心以及农业工程研究中心等14个研究中心。截至2020年，据官网显示，苏丹农科院共有51名教授、73名共同教授、91名助理教授、124名研究员、134名研究助理以及471名技术员、535名雇员和1 663名工人，共3 142人。

此外，苏丹农科院等科研院所或高校与许多双边和多边发展机构以及区域和国际研究机构建立了广泛的联系网络，包括区域农业研究协会、政府间组织、技术合作组织等。

为了进一步发展与国际研究中心的伙伴关系，苏丹决定在2014年加入国际农业研究磋商组织，签署了为期两年的协议，并向国际农业研究磋商组织捐款100万美元。作为国际农业研究磋商组织基金的捐助者，苏丹将受益于世界上最大的农业研究合作伙伴关系，该合作伙伴关系涉及改良作物品种的开发和推广、可持续农林业和作物-畜牧综合系统。

虽然苏丹农业科研体系在国内外的组织架构不断完善，但其发展性科研资金仍相对不足。ARC、ARRC和大学的年度预算只占苏丹国内生产总值的0.03%左右。有限的预算导致了人员减少，研究活动资源减少，以及由于缺乏维护而导致的研究设施老化。开发的新技术也很少能现场测试。除此之外，农业研究面临的另一大问题是：大多数农业研究项目往往不以土地综合管理或农民需求为依据，重点往往是工业原料作物的高技术投入，这使得大型农场或灌溉区的农户更为受益，而雨养区的小农户虽然也在这一创新型、低投入的技术和农业系统中受益，但农户个性化发展需求往往被忽视。

二、技术转让和推广体系

苏丹农技推广机构演变历程：1959年在美国的支持下，农业技术推广开始进入苏丹，采用的是美国模式。1964年通过实施各种项目，推广农业技术，为此成立了72个俱乐部，参与人数达8万多人，之后开始减少，如今荡然无存。1967—1970年，成立国家农业技术推广局。1971—1980年，在中央财政有限的资助下，各地区政府及有关部门成立技术管理机构。1975年农业教育作为基本科目被列入初高中教育，政府还建立了农业学校，后来又增加农业和动物生产课程等，使毕业生能够掌握一定的农业学科知识。1981—1990年，各地区农业部门成立农业技术服务局。1991—1995 年，建立联邦和州政府，联邦和州设立农业部，农业部设立农业技术服务局。1995—2010 年，各州相继成立农业技术推广局。2001 年，成立联邦农业技术推广与转让局。

农业推广是州级政府的重要职责。2001 年启动的新的国家农业战略认识到技术推广是提高农业生产水平和维护粮食安全的关键因素，促成了技术转让和推广管理局（TTE）的成立。技术转让和推广管理局计划与国家负责农业的各部门建立联系网络，并与各州、ARC 和大学合作。到 2006 年，已经有 10 个技术转让和农民培训中心、2 000 个示范农场的建设计划，还有一个合并雨养区和灌溉区作物的推广服务的计划。截至 2020 年，包括中国援苏丹农业技术示范中心在内，苏丹已经建立了 5 个农业技术示范中心。

苏丹农业部技术推广与引进局是联邦级农业技术推广的主管部门，该局由农业技术推广处、农业宣传处、农业工程处、种子管理处 4 个部门组成。农业技术推广处由田间作物技术推广、试验研究、信息传播、妇女参与部门组成。主要任务是协调各方关系、分类收集汇总农业技术信息，负责品种改良、作物栽培、土壤肥料、植物保护等技术推广和宣传工作，还负责培训工作。农业宣传处由宣传科、出口科、展览科组成。宣传处的任务是：创办农业宣传图书馆，馆内拥有音像资料与设备，各类参考书；录制并提供广播和电视节目；提供科学技术资料；编辑、出版和发行期刊；布置、协调国内外会展。农业工程处由机械检验科、培训科、技术标准科组成。农业工程处的任务是机械检验、进行拖拉机等农业器具试验以确定其适应性、更新机械与技术、进行干部及人员培训。种子管理处由种子监督科、种子加工科、品种注册科组成。该局还分别在森纳尔等地设立了 3 个国家农业技术引进与推广中心，还计划增加 3 个类似这样的中心。该局总目标是：在农民参与下，制定棉花、小麦、大米、油料作物、蔬菜、水果种植计划；在农村青年参与下，确定作物种植和家禽饲养小项目；了解农民、农村妇女、农村青年的困难和需求，通过非正规培训，向他们传播农业技术知识、增强他们的生存和发展技能，提高他们的内生发展动力，实现农业、农村、农民可持续发展。

此外，在农业技术推广中，农民田间学校也发挥了一定的作用。该学校有明确的教学目标，通过现场示范、种田能手的言传身教让农民成为真正的行家里手，具备科学用水技能，掌握科学种田技术。苏丹农村青年也参与农业技术推广工作，其工作领域包括：环境保护和自然资源保护、植树造林、种植牧草、种植与管理橡胶树、科学用水、使用替代能源。其中农业领域包括建立花卉园区、建立水果园、建立农产品和蔬菜示范农场、建设降温温室；动物生产领域包括加强山羊培育、搞好鱼类养殖、做好动物疾病防治。

三、苏丹农业灌溉技术

苏丹农业基础设施主要是灌区的灌溉系统。历史上，大规模的尼罗河灌溉项目一直是苏丹农业发展战略的支柱。尼罗河流域北方州、喀土穆、杰济拉州、森纳尔、青尼罗州和白尼罗州的灌溉面积为 170 万～210 万公顷。政府拥有并管理杰济拉灌区、拉哈德灌区、苏基灌区和新哈尔法灌区（张雷，2018）。

苏丹灌溉农业区共计 11 个区块，包括：杰济拉（Gezira），灌溉面积870 750公顷；新哈尔法（New Halfa），灌溉面积152 280公顷；拉哈德（Rahad），灌溉面积 121 500 公顷；盖斯三角洲（Gash Delta），灌溉面积 101 250公顷；苏基（Suki），灌溉面积 35 235 公顷；托卡里三角洲（Tokar Delta），灌溉面积 30 780 公顷；冈尼伊德甘蔗园（Guneid Sugar），灌溉面积 15 795 公顷；阿萨拉雅甘蔗园（Assalaya Sugar），灌溉面积 14 175 公顷；森纳尔甘蔗园（Sennar Sugar），灌溉面积 12 960 公顷；哈希姆·埃尔·吉尔巴（Khashm El‑Girba），灌溉面积 18 225 公顷；肯纳纳甘蔗园（Kenana Sugar），灌溉面积 45 000 公顷。

杰济拉灌区是苏丹最大的水利灌溉工程，也是苏丹最大的自流灌溉农业区，设计面积约 87 万公顷，位于青尼罗河、白尼罗河汇合处的三角平原，灌区水渠总长度 1 万多千米，干渠、主渠纵横交错，将灌区分为 113 片区、18组。杰济拉灌区是苏丹最大的棉花产地，苏丹出口的长绒棉 95% 产于这一地区。棉花是其主要种植农作物之一，历史最高种植面积 42 万公顷，2010 年下降到 5 万公顷，2015 年恢复到 16.8 万公顷。

拉哈德灌区是苏丹规划面积第三大、实际开发面积第二大的农业灌区，也是中国援苏丹农业技术示范中心所在地。该灌区横跨杰济拉和加达里夫两州，总设计面积约 25.2 万公顷，其中已经开发利用的约 12 万公顷。主干渠通过地下管道横穿丁德尔河，然后与拉哈德河（Rhad）交汇，拉哈德河是季节性河流，雨季水量较大。

苏基灌区位于森纳尔州，是苏丹利用青尼罗河水的灌区之一，面积约 3.5

万公顷，该区 1/3 的土地用于种植棉花，基础设施较好，多年来一直与中国援苏丹农业技术示范中心密切合作，进行棉花的试验示范和新技术的推广。

新哈尔法灌区位于苏丹东部的卡萨拉州，是利用阿特巴拉河水建设的灌区，20 世纪 70 年代埃及建设阿斯旺水坝（Aswan Dam）时将苏丹北方州小镇哈尔法淹没，使其永沉水底，埃及政府赔偿 3 400 万美元，苏丹政府利用这笔赔偿将当地居民迁移到卡萨拉州建立了新哈尔法灌区。该灌区总面积约 15 万公顷，有多年棉花种植习惯，常年种植棉花 2.1 万公顷，也是"中国 1 号"品种在苏丹最早的示范基地之一。

四、苏丹农业机械化

1956 年苏丹独立之后，苏丹政府采取了推进机械化的农业政策，鼓励私营部门投资新项目。时至今日，机械化雨养农业在高降水的大草原带仍占据大片黏土平原，约有 650 万公顷。栽培的主要作物有高粱、芝麻、花生以及少量棉花和油葵。联合国环境规划署曾经调查过 3 个比较有代表性的机械化农业区：一是南科尔多凡州的哈比拉（Habila），二是森纳尔州的达里（Dali）和马兹穆姆（Mazmum），三是加达里夫州毗邻的丁德尔国家公园地区。最早，苏丹农业生产装备整体水平比较低，大多数拥有现代化生产装备的农场都是国际组织和其他国家援建的。这些农场基本上实现了农业机械化作业，农业机械、化肥、农药的进口也主要用于这些农场，他们广泛采用现代化生产技术，在灌溉、肥料、种子、农药等方面的投入也比较多。国内广大农民的农业生产技术发展比较缓慢，农民的技术装备水平比较低，基本上没有先进的技术设备，完全采用手工作业，也很少施用化肥、农药等。苏丹财政部 2005 年经济报告显示，苏丹有 840 万公顷土地用于种植传统雨季作物，其中 756 万公顷土地为机械化和半机械耕作，另有 75.6 万公顷沿尼罗河两岸的现代农业耕作区。2006年，苏丹农业部施行绿色动员计划，进一步增加投资，大规模投建机械化农业，促进了苏丹农业机械化水平的提高。

但与此同时，有研究表明：半机械化农业系统产值占 GDP 的比例一直在下降，尽管 2003 年和 2004 年出现了复苏迹象。20 世纪 80 年代，有 100 万～200 万劳动力投入半机械化农业区，他们可以在除草和收割期间找到 3～4 个月的工作。现在这个数字由于半机械化农业面积和灌溉棉花面积的大幅度下降而至少减少了一半。这对传统的雨养农业地区的许多家庭来说都产生了严重的负面影响，因为这意味着半机械化部门的就业机会减少。如果国内外对高粱需求下降的趋势继续下去，其他作物没有多样化，情况就会更加恶化。缺乏适当的土地使用权政策和环境因素是这个分部门的主要制约因素（张雷，2018）。

　　虽然苏丹农业机械化发展存在一些障碍，但整体而言苏丹农业科技发展水平正在稳步提高。例如，阿拉伯苏丹青尼罗农业有限公司——一个现代化的雨养农场，由 22 个阿拉伯国家联盟共同投资、苏丹政府控股 95%，由苏丹农业部直接管理。其农场位于青尼罗首府达玛津（Damazin）西南 50 千米的阿哥迪（Agadi），公司规划面积 10.5 万公顷，现在已开发利用了 3.7 万公顷。2008年起该公司又与巴西政府合资建立了"农场中的农场"。农场拥有先进的大型农业机械化设备，仅采棉机械就有十几台。可以完成秸秆粉碎还田、整地、定量施肥、除草、喷药（飞机协助）、收获、入库等整个过程。这里土壤肥沃，光照充足，但没有地下水，也没有河流灌溉。降水集中在 8—10 月，年降水量400～700 毫米，正常年份降水都可满足棉花生长需求。农场共种植 0.63 万公顷棉花、0.76 万公顷高粱、2 100 公顷玉米、4 000 多公顷向日葵、2 000 多公顷芝麻、2 000 多公顷谷子等。

第八章 CHAPTER 8
北非特色农业生产组织方式 ▶▶▶

农业生产组织方式是影响农业发展以及农业产品产出的重要因素，同时也是农业生产对接国际的重要环节。农业生产组织方式以行政权力/市场资本的介入为特点，关注的是除单个小农家户自主自足式生产之外的具有一定公共性质/多主体的组织形态、管理以及治理等问题。本章将对北非国家的具有特色的农业生产组织方式进行梳理，力图展现出嵌入北非社会当中的各具特色的农业生产组织方式。

第一节　种植园

随着第二次世界大战的结束，埃及、苏丹等国家相继独立，从英国手中收回了苏伊士运河，参加万隆会议，同苏联交好，一时间成为北非与中东地区重要的政治力量。同时，埃及政府通过建立统一的国营棉花公司达成对棉花的收购加工的垄断，而负责苏丹种植园管理的苏丹垦殖辛迪加公司被国有的苏丹杰济拉委员会（Sudan Gezira Board）取代。随后在新自由主义改革中，埃及在1995年放开了棉花经营的垄断，引入私有资本进行棉花经营。摩洛哥、阿尔及利亚、突尼斯等国也收回了殖民者的土地，或私有化或集体化继续对种植园进行经营。到20世纪八九十年代，新自由主义改革逐渐在非洲兴起，彼时国有经济控制的种植园也纷纷进行了改革，埃及放开了土地的私有化，阿尔及利亚和利比亚大量的国营农场被私有化，到2005年，苏丹的杰济拉委员会被苏丹用水者协会所取代，种植园的佃农取得了土地的部分所有权。尽管变动繁多，但是北非各个国家的种植园经济仍旧沿着殖民者所建立的路径继续发展，埃及、苏丹的大量土地仍旧在种植棉花，阿尔及利亚的葡萄种植园仍旧繁盛地发展，而这些北非国家随着人口的增长，主粮缺口一直不断扩大，粮食自给率不断下降。

一、土地利用方式

集约式的大规模利用是种植园利用土地的主要形式。在种植园诞生之初，土地的取得方式多为殖民者强制取得。这种强制的取得方式被学者称为战争资本主义的暴力强制（贝克特，2019）。埃及在穆罕默德·阿里统治时期进行去集中化的土地改革，政府通过严格的专卖制度来达成对棉花出口的垄断。后期通过市场商业化手段，埃及的土地才逐渐集中在殖民者的手中。与此同时，大规模的强制取得土地现象在苏丹的种植园建立过程中则更为普遍，建立在青尼罗河与白尼罗河之间的杰济拉灌区，原有土地来自对牧民的牧场的剥夺，大坝建设后新增的土地50％为被英国殖民者控制的苏丹政府直接所有，并强制性地租给佃农耕种。同时随着棉花种植的发展，集中种植的土地利用方式也成为一项潜在的规范，以至于独立后，苏丹农业发展政策中对于大规模种植的集约式土地利用形成了某种偏好。独立后新自由主义改革时期，苏丹和埃及在推行大型农场相关政策上最为积极，这些土地交易方多来自经济富裕的海湾地区中东国家，并得到了政府和开发银行的支持。来自苏丹的案例研究表明，大规模购买或租赁合同的条款往往缺乏透明度，几乎或根本没有与当地社区进行谈判协商（Elhadary & Abdelatti，2016）。

二、生产组织形式

在农业从业者的组织形态方面，商业化种植园一般由种植工人来进行种植、收获等农业生产活动。北非的种植园，以苏丹和埃及为例，采取的生产组织形式主要是以佃农和流动的农民工为主的"Izab农庄"制度。Izab是建立在种植园附近的专门从事种植园农场劳动的农民聚居点。居住在此地的农民主要以在种植园进行种植活动为生，但是他们大部分不会得到现金报酬，因此并非是受薪的农场工人，这些农民租种种植园的土地，但并没有自主选择种植的权利。种植园严密地管控着农业生产的整个过程，规定租给农民的土地必须按照一定的比例种植棉花，而剩余的少量土地才能被农户用来生产自己的口粮。种植的日常工作由这些农庄内的居民来完成，但是其他季节性的工作，如棉花采收工作，其所需的大量劳动力则来自流动的农民工，这些农民工被称为"Tar-dhil"，他们普遍来自上埃及地区，在家乡饱受干旱等恶劣自然条件之苦，不得已来这些农庄成为临时工。据资料显示，埃及独立之前，大规模的 Izab 农庄和流动的农民工团体是种植园主要的劳动力来源（Richards，1978）。这一生产组织形式是基于埃及原有的封建土地和农村制度对资本主义种植园形式的灵活改变。

在苏丹，这种形式又发生了一定的变化。苏丹的种植园多是在原本的牧区上建立起来的，将剥夺来的土地强制性地租给佃农，因此在一定程度上类似于埃及的 Izab 农庄。但无论是埃及还是苏丹，在生产方面农民都面临着强力的监督和管控。在苏丹，这些监督者是跟随英国人而来的埃及人（Bernal，1997）。因此，苏丹还存在重要的监工团体，这些人的主要作用就是强制并监督底层农民完成种植园的棉花种植、收获等一系列的工作。

独立后，北非国家普遍进行了土地改革以推动农业发展。埃及的种植园被收归国有，阿尔及利亚的葡萄种植园被收归国营，埃及将集中的土地分给小农，并重新加强了国有棉花专卖制度以通过产业链控制的方式达到对棉花产业的国有管制，原先负责种植园管理的苏丹垦殖辛迪加公司被苏丹杰济拉委员会取代。同时，强制性的 Izab 农庄在一定程度上被改造，佃农对土地的所有权经过了国家认可。但原有的种植园主-监工-工人的三层管理体系得以保留，北非国家内的官僚体系替代了中层的监工人员，并成为日后新自由主义改革中接管原有种植园的重要力量。

冷战结束后，新自由主义改革席卷了北非。在新自由主义改革中，北非多数国家都进行了土地的私有化改革。商业化的种植园逐渐崛起，私有公司把控种植园经济成为当时的主流。在商业化种植园内，私有农场主多雇佣专业的团队进行种植的监督与管理，并以雇佣劳动力的方式将小农转变为受薪工人，商业化种植园的管理体系也逐渐现代化，并在一定程度上摆脱了强制劳动的"殖民遗产"。

三、模式特色

种植单一的经济作物是种植园的主要特色之一。过去北非地区的种植园开发集中在埃及和苏丹，埃及开发时间较早，可追溯到穆罕默德·阿里统治时期，而苏丹的种植园开发则可追溯到英国-埃及共管苏丹时期，这一时期埃及与苏丹种植园中的经济作物主要是棉花。这些棉花经过采摘与轧棉的简单处理后以原棉的形式出口，而这也是种植园农业经济方式的第二个特点，即农产品的出口导向。通过长期的、大量的开发与运营，以棉花种植园为主体的农业经济方式已经将苏丹与埃及两地改造成了英国的原棉种植地。单一的经济作物种植以及出口导向也造成了埃及与苏丹巨大的主粮缺口，乃至至今这两个国家也是全球范围内对粮食进口依赖极为严重的国家。这种农业经济形势也在一定程度上造成了当地政治的不稳定，如埃及需要长期依靠国家进口小麦再制成大饼低价卖给民众来维持社会稳定，而近年来苏丹爆发的民众运动的直接起因亦正是大饼涨价。

除了种植园单一产业的开发挤压当地主粮作物生产空间引起的粮食安全问题之外，在由外资主导的新自由主义改革中，海湾国家对北非土地的集中化租赁与投资，也在一定程度上存在交易的不透明和当地社区话语权缺失等问题。当然，种植园这一模式在历史上也发挥出了巨大的推动作用。以埃及为例，早期穆罕默德·阿里王朝的现代化改革，主要的启动资金即来自棉花种植园，而苏丹也在殖民统治下，通过大量投资建成了大片的灌溉农业区域，为当下以及未来的农业发展奠定了基础。

第二节　合　作　社

一、发展历程

北非多个国家在独立后的一段时期内都选择了社会主义性质政治经济实践道路，20 世纪 60—80 年代北非多数国家都成立了农业合作组织，以动员团结小农，推动农业发展。1952 年埃及政府将殖民者的土地收回，并分发给农户。当时的政府规定这些获得土地的农民和耕种面积为 2.1 公顷以下的小农须加入合作社，并接受政府官员监督，这类合作社被称为"土改合作社"。除此之外，埃及政府还鼓励推动了常规合作社的发展，如 1961 年建立了"农业合作社共同体"，1962 年建立了"农业持有卡"的管理方式，即确定农户的土地牲畜后向农户发放持有卡，并将农户的相关持有物交易信息的管理权赋予合作社。到

1970 年，土改合作社和常规合作社的数量增加至 5 013 个，会员达到 310 万人（刘志华，2018）。尽管摩洛哥与突尼斯并没有在独立后选择社会主义色彩的发展道路，但农民/农业合作社在这些国家还是有迹可循。如突尼斯在独立后通过赎买以及国有化等方式收回了法国在突尼斯的殖民土地，并进行了一定程度上的农业结构改革，由地主和农民联合组成"农业生产合作社"，由政府提供干部、技术人员和贷款支持。摩洛哥在独立后也将欧洲人所占有的土地收回，并将土地有偿分配给农户，同时通过贷款与技术援助的方式在摩洛哥建立合作社，合作社向社员出租机械、提供种子等生产资料，并收购、储存社员的农产品（潘蓓英，1994）

冷战结束后，北非的社会主义国家逐渐进行了改革，农业合作社逐渐衰落。1990 年阿尔及利亚出台了国家农业发展计划，允许将国家可耕地分配给农场、小持有人以及出售给个体农民并允许干旱地区的失业农民在耕种土地 5 年后购买土地（顾尧臣，2006）。埃及在 20 世纪 80 年代收紧了对农业合作社的政府支持，先是收紧对农业合作社的贷款支持，然后进行了新自由主义改革，减少了政府对农业的干预，并在美国国际开发署的援助支持下，对埃及的农业进行了市场化改革，政府通过合作社对农民社员的控制和支持名存实亡。同时，没有选择社会主义道路的摩洛哥和突尼斯的农业合作社受到新自由主义改革的冲击较小，通过商业市场经济的方法，摩洛哥与突尼斯的农业合作社的发展并没有明显的衰落趋势，只是政府在财政贷款支持方面有所收紧。

二、土地利用方式

一般而言，合作社是利用农民自己的土地。在新自由主义改革之前，虽然发展道路存在不同，但北非的所有国家都建立了土地私有制基础上的小农联合合作社。在土地的利用方式上，以小农户的联合为主要形式的农民合作社，其土地名义上仍旧属于小农，私有土地到集体土地的性质的转变并没有发生，而基于农业行业，如棉花行业建立起的农业（行业）合作社，也同样是土地私有的形式，大规模地集中利用土地并非是通过合作社来完成的，而是通过经国有化/私有化改造的原属于殖民者的种植园公司来完成的。因此，合作社模式下的北非土地利用方式还是基于小农的较为分散的私有土地的利用方式。尽管农业合作社的土地是私有的，但是埃及和苏丹还保有大量的佃农，这些佃农的权利在 20 世纪 70 年代之前的埃及得到了政府的认可，保护他们不受土地所有权人的驱赶，但新自由主义改革后这种保护被废止。与此不同，苏丹在 2005 年选择了保护佃农的耕种权利，出台法律限制土地所有人对土地的收回。

三、生产组织形式

同基于农业行业建立的农业合作社不同，基于既有小农生计方式建立的农民合作社内生产资料以及土地的集体化并没有大规模实行，如埃及的"农业持有卡"的登记实际上只涉及小部分农民。因此对合作社来说，生产组织形式一定程度上还停留在小农的水平，转变为集体耕作并非合作社建立的主要目的，合作社尤其是农民合作社内仍旧是以小农户式的生产组织方式为中心。在以农民合作社为中心的生产组织中，合作社主要起到的是国家与农户之间的中介作用。合作社不对生产进行集中化管理，而是将国家对农业的技术、贷款和其他支持分发给各个社员，社员在这些支持下比较自主地安排自己的生产。但在基于农业行业建立的农业合作社中，这种中介的介入权限得到了扩展，小农自主安排生产的自由度更低。如苏丹独立后的农业合作社围绕棉花行业，建立起了苏丹杰济拉委员会，这个委员会集中围绕棉花行业展开农业生产监督和管理，这一管控比较严格，如通过制定灌溉用水分配以及时间表的形式，直接管控了农民生产过程，良种技术贷款等其他国家支持也必须通过委员会的分配才能抵达农户。

四、模式特点

如上所述，合作社可以按照不同的联合方式分为农民合作社与农业合作社两种类型。这其中，小农生计主导型的农民合作社在土地以及生产的特色方面都不突出，多依托本土既有资源与生产经验展开生产，而围绕行业尤其是某一个经济作物行业而建立的农业合作社，其承继的是既有的种植园体系，其角色更类似于政府下派的监督者。但无论是农民合作社还是农业合作社，在北非它们并不是对既有的农业生产方式进行改革，而多为承继原有体系后进行改良。

尽管如此，以合作社为平台，国家政府对农业的管控力量仍旧加强了，可以说在独立后的北非各国中，合作社提供了一个完整的国家向小农提供服务、小农接受国家指导帮助乃至接受管控的渠道。如埃及和苏丹围绕棉花行业建立起的农业合作社，实际上就是整合了原有的种植园-佃农体系的棉花种植合作组织，这些合作社的社员能够接受到来自政府提供的良种贷款、农药补贴等财政支持和农业技术支持，还接受行政化的生产指令（刘志华，2018）。这些产业下游的合作社配合产业上游的大型国有公司建立起国家专卖制度，使得埃及、苏丹等国家对农业的行业管控能力大大加强。同样的情况也发生在阿尔及利亚，合作社在农业产业链上配合国有制的农业统购公司，形成了保留原有出口类农作物的农业发展体系。

新自由主义改革后，北非国家的合作社体系逐渐衰落，这种衰落主要体现在国家对农民生产的管控减弱上。如埃及自 1981 年起，外国商人和本国地主对农业的影响力逐渐上升，1992 年通过的第 96 号法案废除了承租者对土地的占有使用权，导致了土地的集中与自由化程度的加深，而随后的新自由主义改革与援助国的加入，还使得欧盟、美国及世界银行等国际援助机构对埃及农业的影响力增加（黄超，2017）。

第三节　订单农业

一、发展历程

订单农业，即合同农业，是一种农产品销售者同农产品生产者通过签订订单，组织安排农产品生产销售的模式。订单农业并非是一种新出现的农业生产组织形式，如苏丹的棉花种植中佃农会同棉花公司签署订单协议（Eaton & Shepherd，2001），但是这种殖民时期的产物实际上具有很强的劳动强制性，同新自由主义改革后依靠市场的商业公司同农户签订的订单具有显著的不同。因此，本节中讨论的订单农业在北非乃至全球范围，当下的含义都是去强制的自由市场化的农业生产组织形式，更强调参与农户的自主性。

由于订单农业模式能够较好地平衡市场需求、对小型种植户较包容，这种模式受到了国际机构的倡导。早在 2001 年 FAO 就发布了一份名为"订单农业：为了增长的伙伴关系"（Contract Farming：Partnerships for Growth）的农业服务简报来指导订单农业方式的更新。在北非，这一形式主要是在新自由主义改革后发展起来的。在苏丹，投资棉花产业的中国公司也采取了订单农业的方式同棉农进行合作、管理棉花生产与收购（Meng，2018）。

按照 FAO 报告的分类，订单农业可以根据不同的管理结构分为集中型、核心公司型、多边型、非正式型与中间人型。受到历史以及社会的影响，非洲的订单农业主要为集中型和核心公司型两种模式。这两种模式主要集中在高附加值的经济类作物的生产中，如烟草、糖类、棉花等，在北非，这两种模式在糖类、棉花、柑橘等水果这些作物类型的生产中应用较为广泛。集中型主要指的是由大型农业生产公司负责的大农场、大种植园土地集中生产的模式。这一模式中，公司直接雇佣工人进行农业生产。核心公司型是集中型的一个变种，更类似于中国语境中的"公司＋农户"模式，这一订单农业模式要求有一个核心的公司来进行农产品的加工，而农户构成的"卫星"围绕核心向其供给农产品。无论是哪种模式，订单农业都会要求订单发包方为农民提供农业服务支持，这些支持包括提供种子、农药化肥、贷款、技术等。这些基本的生产服务支持是农户与发包方签约的主要原因之一。

二、土地利用方式

订单农业的土地利用方式比较灵活，可以分散利用小农的土地，也可以集中利用成片的土地。首先，基于小农分散地块的非集中合作的开展一般需要公司或者订单发包方通过社区或者行政组织来挑选一些农户加入订单农业体系当中，而加入的农户一般是以自己的土地来种植符合要求的作物。其次，另一种形式的订单农业是通过职业经理人专门挑选地块进行生产，这些地块的面积较大、成片并且能够满足某些特定作物的生长需求，如甘蔗与棉花。因此，订单农业在土地利用方式上灵活多变，具有比较好的适应性。

三、生产组织方式

合作生产是订单农业中组织农户生产的重要方式。这一方式是通过订单发包方的组织实现的。同农民签署订单协议的公司、职业经理人与中间商等发包方，首先需要通过签署协议来挑选适合参与的农户，进而还需要将这些农户组织起来形成小组进行管理。在管理当中，订单农业的管理团队一般还提供专业的技术支持，如订单农业作物生产所需的物资和技术支持。对于订单发包方而言，订单农业的管理是一种从种植到收获的全过程投资和管理，投资包括种子、化肥、必要时投入的机械、生产资金等全方位的金融投入，管理包括生产管理等，如从技术上支持农户按照订单发包方的要求生产符合约定的质量水平的农作物。因此，订单农业的生产组织方式同传统的小农自主生产不同，具有较强的管理力度以及较高的技术水平要求，同时小农在整个生产过程中的自主性有所降低。

除了专门的农业技术支持人员以外，订单农业在生产组织方式中最重要的管理人员这一层级上，体现出很强的在地组织性。所谓在地组织性，就是这些管理人员一般从与农村、农民联系紧密的在地人员中挑选，而非是职业的、空降的管理人员。这些人员可能也参与种植项目，也可能是村落中或者农民团体中已有的政治、文化精英。这样将管理权下移给已有的社会权力团体的方式，体现出了很强的分权性，也提高了订单农业的可行性。一个好的管理团队，尤其是熟悉参与农户特点的管理团队对于订单农业的成功开展至关重要，这也是订单农业的一个鲜明特点。

四、模式特点

（一）由市场主体提供农业公共服务

原本属于国家的对小农以及农业生产的技术、贷款、物质等提供支持的义务转由市场主体也就是签订订单的商业公司承担，这种转变是北非的原社会主义国家在新自由主义改革后农业私有化改造基本完成后得到的发展。究其原因，社会主义阶段的北非国家一定程度上需要完成农业的去殖民化经济改革，因为放弃对农业的强力管控可能直接导致农业出口经济的萎缩，而这一改革所带来的大量外汇是支持独立后国家进行大规模工业化建设的基础。因此，这些国家可说是处于一种两难的境地，一方面很多耕地被经济作物占领且仅供出口，另一方面北非国家内部则面临巨大的粮食缺口。当时北非许多社会主义国家采取的一个折中的方案是一方面保留经济作物种植，将其国有化以尽可能地获取出口所带来的外汇收益，另一方面在其他土地上"打土豪分田地"，以解放小农生产力，并通过农业合作社的形式向小农提供农业服务，调动小农自我满足口粮需求的生产积极性。但随着冷战结束，新自由主义改革后，国有农场管控力度下降、农业合作社衰落，国家将照顾、监督农民的这一强力角色转让给了市场主体，而订单农业实际上从本质上占据了这种权力真空，形成了对原先强力控制农业生产、提供农业服务的国家职能的部分替代。

（二）经济作物优先

虽然北非国家的订单农业不断蓬勃发展，但同时其主粮的进口量也在扩大。这一局面在北非一些工业相对不发达的国家显得更为突出。由于工业产能的缺乏，为了满足不断增长的口粮需求，这些国家不得不利用订单农业的经济作物出口收入来换取主粮进口的费用。

（三）高程度的技术转移

在订单农业的开展过程中，公司或者赞助人不仅要负责提供相应的服务，很多时候还需要对参与的农户进行专门的培训，以保证其产品满足订单要求。较高端的订单农业对产品质量的要求比普通农产品生产要求高，农业公司一般通过良种发放、技术培训及严密的生产管理来实现对生产过程的管控。小农户在这一过程中既有可能因培训习得新技术而有所收获，也可能面临高强度的技术和生产过程的监督，使其自主性在订单农业中有所下降。

第九章 CHAPTER 9

北非特色农业生产体系 ▶▶▶

灌溉农业与绿洲农业是北非最具特色的农业生产方式，这些农业生产方式的产生与发展不仅能够反映出北非特有的农业地理和自然禀赋等条件，还能充分地反映出该地区的人文历史和社会变迁。因此，本章将对灌溉农业、绿洲农业两个重要的农业特色生产方式的发展历程、模式特点等进行介绍。

第一节　灌溉农业

一、发展历程

受到自然禀赋的限制，北非的灌溉农业区域集中在尼罗河沿岸，主要涉及埃及与苏丹两国。在埃及，利用尼罗河洪水进行淹灌的方法具有悠久的历史。在地块上修建格栅式的田埂，等尼罗河水泛滥淹盖并退去后，这些格栅田埂便能保存余水用于种植。近代以来，随着棉花种植需求的增长，埃及开始大规模修建水利工程，修建大坝和水渠对土地进行灌溉种植。这其中最为知名的案例是阿斯旺水坝的修建。1902 年，英国殖民者主导完成了旧阿斯旺水坝的修建，到 1933 年继续加高水坝，储水量上升到 57 亿米³。但随后由于棉花种植的一再扩张和人口增长的压力，农业灌溉用水需求迅速增长。独立后的埃及在原阿斯旺水坝上游又修建了阿斯旺高坝，于 1960 年开工，1964 年蓄水，苏联为第一期工程提供了 1.3 亿美元的优惠贷款以及 5 000 名技术人员支持，到 1966 年苏联总计向埃及提供了 7.8 亿美元的援助，大部分被用于水坝和后续的灌溉、发电工程的建设。阿斯旺高坝最终于 1970 年完成建设。阿斯旺高坝建成后，对尼罗河的季节性泛滥形成了有效控制，埃及新增了大量土地，灌溉农业的发展在水源和土地条件上得到了较好的保障。20世纪70年代以来，埃及在新自由主义改革中逐渐对灌溉区的土地进行了改革，主要是否认了佃农对土地的权利，加剧了埃及的土地集中化。目前，灌溉农业仍旧为埃及的国民经济发展贡献着重要的力量，虽然随着工业能力的增强，灌溉农业产出原棉的出口逐渐被工业制成纺织品所取代，但灌溉区的棉花种植仍旧是生产重点。

在苏丹，灌溉农业为其贡献了64％的国民生产总值。苏丹最为知名的灌溉农业工程为杰济拉（Gezira）灌区项目，这个项目也是热带非洲第一个河流引水工程（J F Robson 等，1982）。"杰济拉"在阿拉伯文中本意为半岛，从名字即可看出该区域水资源的丰富程度。该灌区位于苏丹首都喀土穆东南方，青尼罗河与白尼罗河的交汇处，其开发历史可追溯到苏丹的英埃共管时期。1906年美国人莱亨特（Leigh Hunt）首先建立了苏丹垦殖辛迪加公司，对这片土地进行农业种植园开发，本意为吸引美国黑人前来但最终失败，后他与英国殖民政府合作于1911年在杰济拉中心区域进行了棉花种植试验（Bernal，1997）。早期的试验田利用地势高差所产生的重力进行灌溉，因成本低与河口交汇处的土地优良且平整等原因，棉花种植取得了成功。随后苏丹垦殖辛迪加公司在英国的支持下进行了大范围的棉花种植开发，为了满足其灌溉用水需求，英国主导了森纳尔大坝（Sennar Dam）的建设，以利用青尼罗河水进行灌溉。该大坝于1925年建设完成，蓄水量达到了9.3亿米^3，灌区面积达到了12.6万公顷。英国殖民者通过细致的开发，将杰济拉改变成世界上最大的灌溉农业区之一，而其耕种的棉花则主要供给当时英国的纺织工厂。随着大坝建设的完成，1925年埃及和苏丹达成尼罗河水利用协议，苏丹获得的用水份额增加，灌区的面积也得到了增加，到1950年其灌区面积已经接近42万公顷。独立后的苏丹于1959年又同埃及达成了《1959年全面利用尼罗河水协议》，并增加建设了罗赛雷斯（Roseiris）大坝以拓展灌区，最终使得杰济拉灌区面积增至约87万公顷，成为灌溉面积位于世界前列的灌区。20世纪70年代，随着苏丹加入世界银行组织，灌区的运营以及维护得到了世界银行的援助，2005年灌区还在世行的参与下发布了《杰济拉项目法案2005》（Geriza Scheme Act 2005），对灌区进行了以机构能力建设、佃农的土地所有权、佃农组织建设为核心的改革（Salman，2010）。目前以杰济拉灌区为核心的灌溉农业仍旧是苏丹重要的经济支柱。

二、技术形式

埃及的阿斯旺水坝的灌溉系统由主管道将阿斯旺水坝中的水引出，并下分为副主管道、二级管道、三级管道和分支管道，这4支支线管道同主管道一起构成了完整的引流灌溉体系。这一体系中负责将阿斯旺水坝内的蓄水引流到灌溉区的管道为主管道、副主管道和二级管道，而将这些水资源再引流到灌溉区的农田当中的管道为三级管道和分支管道。通入农田的三级管道和分支管道由农民负责维护管理，而主管道的管理权限属于水务分配局（General Director-tate for Water Distribution），副主管道和二级管道由灌溉局来管理（Dutta & Edwin，2013）。政府管理的管道与农民田地内的支系管道之间还有可能使用水泵来提水以满足灌溉的需求，而在水泵推广之前广泛使用的是"Sakia"（一种木质的水轮水车，又被称为波斯水轮），利用畜力驱动来提水。灌溉系统另一重要的组成部分是排水系统，排水系统广布尼罗河三角洲，主要以明渠的形式将多余的水排出，这些灌溉过量的水仍旧从原有的灌溉管道排出，灌溉新水与排出的旧水使用同一管道，并形成了灌溉水的循环再利用。然而这一方式也为灌溉土地的盐碱化埋下了隐忧。

在早期的苏丹杰济拉灌区开发中，依靠地势差所产生的重力进行灌溉使得该地区的开发变得简单。而后在灌区的发展中，两座大坝提供了主要的灌溉用水，现代化的引水渠也逐渐建设起来。灌区内的水渠总长度达到了150.680千米，灌溉渠道分为主渠2条、副主渠11条、支渠107条、次支渠1 570条，这些渠道连通了水坝与农田，还有两级毛细支管作为田间水渠对农田进行灌溉。出于行政和水资源管理的目的，整个灌区被层层分级，首先被划分为18个小组，每个小组有2.5万～3.8万公顷的土地，每个小组再被细分为4～8个区块，共组成了灌区的114个区块。区块内进一步按照每37.8公顷一小块进行排序，排序的地块内又以每8.4公顷组成的一个"Hawasha"来确定区域（Salman，2010）。一定程度上这种多层级的渠道设计同埃及的灌溉体系类似，对渠道的管理和维护责任划分也类似，即除了田间水渠之外的管道都归政府管理与负责，苏丹的灌溉与水资源部直接对此负责。

三、生产管理

埃及在国家层面上设有专门的部门进行灌溉的管理，这一部门主要负责政策制定、管道维护、灌溉水量的分配，而在终端的田地用水管理中，用水者协会（Water User Association）为农民自组织，对三级管道、分支管道和公共物品进行管理与维护。除了这些日常的灌溉渠道的管理以外，北非最重要的灌区以国家协议的方式对尼罗河水的用量进行了分配，以利于灌区的可持续发展。但当下由于埃塞俄比亚在青尼罗河上游建设的复兴大坝对尼罗河水的下游利用造成了巨大的隐忧，埃及在青尼罗河水的利用中同埃塞俄比亚产生了分歧，两国协商还未见完成之势。因此，在北非以及包括埃塞俄比亚在内的尼罗河流域国家进行灌溉，需要额外关注水域的用水量的协商问题，这一点是后续灌溉体系建设以及依赖灌溉的农业得以发展的基础。总而言之，灌溉农业在北非的组织形式在顶层是尼罗河流域国家以用水量的分配为核心确定的国际间协议，而后在埃及由中央政府、地方政府的行政机构来进行各个地区之间的用水量分配管理和管道的维护，在终端农户使用中还存在用水者协会这种自组织来进行精细管理。

在苏丹，开发初期的杰济拉灌区的一半土地归属殖民当局，另一半土地则为私人所有。这些土地尤其是殖民当局的土地，被以 40 年为期限租给种植的佃农，负责开发灌区的苏丹垦殖辛迪加公司负责提供贷款以满足农户整备土地与购买化肥、种子、农药的资金需求。所有租用土地的佃农的生产受到苏丹垦殖辛迪加公司的严密控制，这些控制包括精细的时间管理、作物管理，同时也包括了以改造农民为核心的对农户品质的规训，佃农原有的租佃形式被废止，改为英国确定的股份有限制，最终殖民政府、佃农与苏丹垦殖辛迪加公司分别获得 40%、40% 与 20% 的股份份额分配收益，以至于有学者指出，苏丹的杰济拉灌区项目从本质上是一种现代化的规训工程，其规训仿照的模板是英国本土的农民（Benal，1997）。

独立后灌区的管理与维护责任主要归属苏丹政府。苏丹政府首先改苏丹垦殖辛迪加公司为杰济拉委员会，并上设苏丹灌溉与水资源部进行管理，在委员会下还设有农民的自组织即杰济拉农民协会，这个协会作为咨询方经常参与到委员会的工作当中，同时也在同政府和委员会的协调与谈判中代表农民的利益。委员会是杰济拉项目的主要管理方，承接了原苏丹垦殖辛迪加公司的作用，提供信贷支持并全面管理农民的棉花种植。但2005年的杰济拉项目法案削弱了委员会的权力，由农户成立的苏丹用水者协会取代了杰济拉委员会。改革后的用水者协会是在委员会的监督下成立的，是农民自我代表、自我管理的法人组织，这一组织通过与灌溉与水资源部签订供水和技术咨询等方面的合同，直接承担了用水管理的实际责任。

四、模式特点

（一）高度的组织性

高度的组织性显示出政府对灌溉农业的主导力。在埃及与苏丹的灌区管理中，从殖民时代开始政府即强有力地领导着灌溉农业的开发，并管控着灌溉水资源的分配。独立后的政府基本上延续了这一管理模式，并继续为灌溉农业的耕种农户，尤其是棉花种植农户提供着多样化的支持。同时，这种高度的组织性还体现在埃及与苏丹两次达成的关于尼罗河水使用的协议上，通过国家间的用水协议确定用水份额，构成了灌溉农业在北非发展的前提。但随着新自由主义改革的开始，国家高度垄断灌溉用水组织与水资源分配的权力受到了分权化改革，两国都建立起用水者协会来承接原先国家的灌溉管理职责，并放开了灌溉农业作物的选择权。

（二）一定的自治性

在灌溉农业的生产者农户那里，以用水者协会为中心的组织给予了小农自治权。在埃及，这种自治程度有限，用水者协会通常建立在地方既有的社会和权力关系基础之上，同时用水者协会主要负责的是向参与农户收取资金，用于管理和维护灌溉所需的水泵并支付电费，并处理解决农户之间的纠纷（Dutta & Edwin，2013）。但与之不同的是，自2005年改革后，苏丹赋予了用水者协会很大的自治权，其有权同国家部门订立合同，同国家进行协商，一定程度上替代承担了原先的灌区委员会的职责，全面负责灌区的用水规划和维护。

（三）耕作物的单一性

北非的灌溉农业，尤其是埃及和苏丹两个国家大面积的灌溉农业的开发一直以来都是围绕棉花种植开展的，这些棉花大部分出口在国际市场上售卖。虽然北非的长绒棉在国际棉花市场上口碑好、质量佳，但是棉花种植的耗水性以及种植棉花所采取的单一模式，很有可能对当地作物的多样性造成冲击，并在当下人口迅速增长的压力下，扩大主粮缺口。但是，这种单一性所造就的粮食安全问题正在逐步得到改善，日本国际协力机构已经支持并帮助埃及灌溉区农民进行稻米生产，并得到了热烈的响应（South - South World，2018）。苏丹灌区在世界银行的支持下，展开了以佃农为核心的一系列改革，不仅对佃农的土地进行确权，而且还倡导赋予佃农耕作作物的选择权，使得耕种多样性得到了增加，此外，还在灌区展开了以轮作为形式的多样化种植，种植物主要是棉花、小麦、高粱、花生和蔬菜（Salman，2010）。

第二节　绿洲农业

一、发展历程

撒哈拉沙漠内的绿洲，是北非绿洲农业形成与发展的基础，而绿洲的发展实际上和商业活动直接相关，尤其是马格里布、萨赫勒地区的商路，以撒哈拉沙漠内的绿洲作为补给点，造就了沟通西非-地中海-北非-中东的繁荣的商业之路和发达的宗教文化兴盛之路。公元 1000 年左右，这些依托绿洲建立在沙漠中的商路的兴盛带来的是北非地区重要城市结点的繁荣，如阿尔及利亚的因萨拉赫（In Salah）、利比亚的库夫拉（Kufra）。对于撒哈拉以南的地区而言，占领这些结点对于文化商业的繁荣及权力的扩张至关重要。虽然绿洲农业和沙漠商队的关系是相互依存的，但绿洲农业和沙漠商队的出现是有次序的。有学者认为绿洲农业的技术来源于中东美索不达米亚平原和埃及尼罗河三角洲，首先通过贸易途径抵达萨赫勒地区，直到公元前 500 年商队引入骆驼后，农业灌溉技术以及作物品种才沿着沙漠内部的绿洲扩散开来（Chaibou & Bonnet，2019）。随着大航海时代的来临以及殖民统治在北非的扩张，沙漠商队逐渐衰落，绿洲农业随之进入低潮。第二次世界大战以后，北非国家迎来了解放与去殖民化进程的巨大胜利，独立后的北非国家人口逐渐增长，公路等基础设施和交通工具的进步使得绿洲农业又有了繁荣的契机，但北非以及撒哈拉边缘的萨赫勒地区不稳定的政治局势和极端主义团体的兴起也为绿洲农业复兴带来隐忧。同时，传统的绿洲农业还面临着一些发展挑战，如树种间距过大、土地承载能力有限、农户小型种植园的高风险性与脆弱性特点、农产品产量低以及地下水位下降。近些年，一些沙漠绿洲因其独特的人文地理景观还被发展成了旅游观光景点，但不合适的开发也有可能致使当地水资源缩减（World Bank，2017）。

二、技术形式

绿洲农业技术以绿洲内地下水引流灌溉为基础。这些地下水通常水位不深，有些绿洲还可能存有地表径流。地下水的抽取和灌溉技术大多是传统的，引流灌溉的管道很多并非是封闭的，而灌溉农田也并非采用节水的滴灌，而是将土地分块打垄进行漫灌。落后的灌溉技术在近几十年内得到了一些改善，一些国际组织以及发展援助项目在绿洲内逐渐开展活动。在种植技术上，绿洲农业很巧妙地进行了多样化作物的立体种植开发。不同作物按照纵向空间维度分为3层，顶层的作物是椰枣树，中层为石榴、柑橘、橄榄等果树，下层则为小麦、豆类等粮食作物或低矮经济作物。绿洲农业不仅涉及种植业，还整合了畜牧业，牧场广布在绿洲周边甚至延伸到偏远的沙漠内部。牧场所畜养的牲畜主要为骆驼，骆驼的饲料则来自沙漠中的干旱植物，除此之外，一些水源比较丰富的绿洲还会种植牧草喂养一些小型反刍牲畜如羊等，以满足肉类需求，并积累粪便形成生物肥料。

三、生产管理

绿洲农业的从事者主要为小农，其组织形态大部分是基于农户的自组织，如在长期发展中形成的独特的或者受到政府一定介入的农业合作社团体，这些自组织建立的基础是已有的血缘和宗教关系。大部分绿洲农业缺乏政府的支持，绿洲农业在北非所占面积小且长期衰落，也是国家忽视这一农业形态的重要原因。但仍有一些北非国家在国际组织的支持下，对绿洲农业进行了新的开发，如摩洛哥南部在联合国开发计划署的支持下进行的尝试：针对性地改善绿洲农业产品的市场认可度，通过建立生产者组织来提高椰枣、藏红花、海娜花等经济作物的产量和质量（Chaibou & Bonnet，2019）。

四、主要产物

绿洲农业是一个农林牧复合体系，产物多种多样。其中，林业的椰枣与牧业的骆驼是核心产物。椰枣树属于棕榈科乔木，产出物为椰枣，在中国广受欢迎的伊拉克蜜枣即为椰枣，也称海枣、枣椰、棕枣等，椰枣在中东和北非等阿拉伯国家是具有经济价值以及宗教价值的产物。椰枣本身含糖量大，易储存，因此成了撒哈拉商路上重要的补给物。中东地区对北非的椰枣也有大量的需求，埃及更是世界主要的椰枣出口国。骆驼因为能够在沙漠中长途运输而成了绿洲周边牧区的主要牲畜，为过往商路提供畜力。除此之外，绿洲农业还利用立体的农业作物种植体系在林下中层种植石榴、柑橘等果树，底层种植主粮作物或者藏红花、海娜花等经济作物提高收入。饲养的牲畜除了骆驼以外，水源承载力较好的绿洲区还会养殖羊等小型反刍类动物，以满足肉类蛋白质的需求。

五、典型案例

（一）锡瓦绿洲

锡瓦绿洲位于埃及西北部沙漠一片低于海面 20～30 米的洼地中，锡瓦处于古代商路的交叉处，自公元前 3 世纪的托勒密王朝开始即有着繁荣的商业往来。锡瓦绿洲的水源来自绿洲内地下水溢出的泉水，依靠这些泉水的灌溉，锡瓦人开发了以椰枣为中心的复合农业体系。这一体系中，椰枣树在顶层空间，以生产出足量的椰枣，树下中层空间被锡瓦人用来种植橄榄树或其他果树，而底层则种植苜蓿、蔬菜和药材。这类对垂直空间的多层次利用，是绿洲农业复合种植形态的典型。除此之外，锡瓦绿洲耕种的作物类型丰富，高达 46 种，而且拥有锡瓦绿薄荷这一特殊品种作物。椰枣树庇护而成的绿洲亦为沙漠中的动物提供了栖息地，在这里至少生存着 2 种两栖动物、28 种哺乳动物、32 种爬行动物、52 种昆虫、92 种土壤动物和多种鸟类。作为商路交叉口的锡瓦，其族群构成是多样的，但在文化上其具有明显的柏柏尔人的特点。锡瓦人保有着自己独特的本土知识、社区文化和农业文化，同绿洲共同生存，共同构成了独特的沙漠绿洲文化。由于其独特的生产体系、农业文化独具特色、丰富的作物多样性、杰出的农产品产出，锡瓦绿洲农业被联合国粮农组织认定为全球重要农业文化遗产。锡瓦绿洲内现有椰枣树70多万株，年平均产出2.5万～2.8万吨椰枣。锡瓦椰枣的产量很高，每一株椰枣树能够产出超过120千克的椰枣，这也助推埃及成为全球最重要的椰枣生产国和出口国（FAO，2011）。

（二）阿特拉斯山脉绿洲

阿特拉斯山脉是北非最高峰所在的山脉，平均海拔为2 000米，因此不同于常见的撒哈拉沙漠中炎热地带的绿洲农业，位于摩洛哥的阿斯特拉山脉存在着一种寒冷地带的绿洲农业体系，并将轮耕、复合型种植和迁移性游牧整合在一起。生活在这一区域的人们面临着极端的气候条件和稀缺的水资源，但阿特拉斯山脉绿洲的农民们成功地建立了适应的系统，不仅可以获得食物，而且可以获得在这个地区生存所需的产品，并保持了他们的主要文化特征。阿特拉斯山的绿洲耕作是通过作物轮作和农林复合的种植技术完成的，由于所在山区土壤肥力不足，当地农民通过轮耕来进行水土保持，同时将蔬菜、谷物、水果进行复合型耕种，而处在山区的居民也可以进行迁移性游牧，绵羊和山羊是主要的畜牧业牲畜，除了满足人们的肉类蛋白质需求外，它们所产出的羊毛还能帮助人们抵御寒冷的高山气候。绿洲体系的生物多样性丰富，最特别的是山区还存有多种蜜蜂，它们所生产的蜂蜜为当地人提供了稳定的营养补充。整个绿洲农业体系的基础是当地社区建立起来的卓越的水资源管理系统。当地社区建立了一个提水系统，并使用了一种名为"Khettara"的灌溉体系，通过多个竖井与开挖在地下的水道配合，利用重力将含水层的水排向绿洲内的作物园内（Faiz & Ruf，2010）。当地社区内部的长老会是该绿洲的水资源管理者，社区内保存着数百年来人们赖以生存的本土性知识和技术，社区内女性通常负责种子管理与收获，男性负责种植，而且女性还具有丰富的传统医药知识，拥有数百年历史的知识和技艺在社区内部传承，有很强的文化内涵。阿特拉斯山脉的绿洲体系共有约38 000名居民，柏柏尔人是这里的主要族群。由于该绿洲所具有的独特的农业技术及文化和价值体系，2011年，阿特拉斯山脉绿洲农业体系被联合国粮农组织认定为全球重要农业文化遗产。

（三）加夫萨绿洲

位于突尼斯的加夫萨绿洲，是一片历史悠久的建立在干旱地带上的绿洲，同时也是沿海通往内陆的重要商站。该绿洲占地面积约 700 公顷，常住人口约 2 500 人，并有约 5 000 人的季节性流动人口。几个世纪以来，当地社区一直存在于加夫萨绿洲，发展出了自己的文化，并对土壤、水和农业进行适应性管理。加夫萨绿洲的生产系统建立在社区水共管基础之上，传统的汲水和灌溉工具也为绿洲灌溉提供了技术支持。利用绿洲的地下水，三层立体复合式的农业种植模式在加夫萨得以实施，椰枣树-橄榄树/其他果树-谷类和蔬菜为其核心复合种植模式，橄榄树还是当地主要的现金收入来源。据估算，这一地区的橄榄油产出约为每年 1 万吨，每年为当地居民带来约 585 万美元的收入。如今，绿洲农业仍然是该地区人民收入的重要来源与突尼斯境内适应干旱气候的农业体系的典范。2011 年，加夫萨绿洲生产体系被联合国粮农组织列为全球重要农业文化遗产。

（四）Ghout 绿洲农业系统

Ghout 绿洲农业系统位于阿尔及利亚境内的瓦德省，占地约 5 万公顷，人口承载能力为 4.4 万人。这一系统所在地区地理环境恶劣，沙漠广布。即便如此，自 15 世纪起当地人就以其独特的技术和知识发展出了一种非灌溉型的绿洲农业生产体系。具体而言，该系统首先确定地下水源，在水源的上部挖沙坑并种植椰枣树，大坑周围设干的棕榈叶编成的围栏。沙坑以及周围设置的围栏形成了风涡流，保护树木免受沙土淤积困扰，不必灌溉同时还能减少水分的蒸发，在这一系统中椰枣树的品种多达 26 种。这样的沙坑还构成了避风港，为野生动植物提供了栖息地。椰枣树之下仍旧采取绿洲农业传统的立体种植技术，果树和蔬菜在椰枣树的庇荫下得到了良好的成长，避免因沙漠中过强的日晒而导致水分过度蒸发。系统内耕作的作物具有极强的多样性，据统计，当地人在这一系统内耕作的作物种类达到了 800 种之多，并且这些多样的作物还经过了农民长期培育与挑选，对环境的适应能力极强。作物的多样性也免除了当地人使用化学农药的烦恼，农作物如牧草的种植也同时为当地人饲养小型牲畜提供了支持，进而满足了人们对肉类蛋白质的需求。这种可持续的非灌溉绿洲系统大多是自给自足的，建造它们所依靠的仅仅是当地的传统知识，确定水源以及风力等生产知识在社区内传承，掌握知识的精英在社区内很有威望。同时这一系统还体现出绿洲生活的文化和饮食习惯与当地适应性农业生物相契合，这使得当地人能够在资源稀缺的情况下保证自身的粮食安全。Ghout 绿洲农业系统不仅能满足当地人的生存需求，而且将濒临消失的丰富的生物保护起来，更为重要的是，这种治理沙土淤积的技术还可以为世界其他地区提供借鉴。当下，瓦德省有超过 9 000 个这样的 Ghout 绿洲农业系统，同时这样独特的农业地理和文化景观也吸引着游客前来观光。2011 年，联合国粮农组织将 Ghout 绿洲农业系统确定为全球重要农业文化遗产，以凸显其所具有的诸多特性及重要的技术和文化内涵。

六、模式特点

（一）复合性与多样性

绿洲农业是一种农林牧一体的复合型农业，绿洲构成的生态体系不仅能够利用极少的水源进行多样化的农业作物的种植，而且能够整合畜牧业共同为当地居民和过往商队提供支持。以椰枣树-果树-蔬菜/主粮为核心的 3 层立体种植技术和以骆驼和羊为核心的畜牧业是绿洲农业的主要特点。椰枣树为其他作物提供庇护，产出的椰枣成为重要的商品，林下种植的牧草和粮食既喂养了人也满足了牲畜的需求。骆驼和羊不仅能够成为前往遥远沙漠另一端的交通工具，还为居民和过往商人提供了肉类蛋白质。牲畜的粪便同时也能成为生物肥料，进而增强土地的肥力。这种农业的复合性和多样性离不开对地方特有物种和野生物种的长期驯化，以及对适应能力和抵抗力最强的品种的不断选择。

（二）强力保障粮食安全

农民通过熟练地管理资源、种植多样的农作物、优化作物和动物生态互利效应，逐步开发和建立了高产、高效、有抵御力且可持续的绿洲农业生产系统。这一体系克服地理、地形和环境方面的不利条件，稳定实现了粮食以及多种营养来源物的供给。而这一以粮食安全为先的农业生产方式同单一作物出口导向的种植园和大面积的灌溉农业相比，具有更强的抵御风险的能力，无论这样的风险是来自政治局势的变动，还是来自全球气候变化的极端天气影响。

（三）本土性

特定类型的农业系统的发展，还伴随着社会组织、价值体系和文化习俗的形成与变迁。绿洲农业在特定区域由特定的社区所实践，这些社区不仅有着独特的文化，同时还保有着成功运转绿洲农业所需的本土知识和管理技术。由于绿洲农业发展的长历史性以及同本地社区的紧密结合，农民往往拥有广泛的知识基础，这些关于作物、牲畜、土壤和环境的知识是他们通过长期观察和世代相传积累而来的。基于血缘、地缘和宗教关系的社会组织关系在社区中根深蒂固，并为传统知识的世代相传创造了条件；同时，这种传承和特殊的生计模式还为社区带来强烈的文化认同感，促进了社区内族群的形成与融合。

（四）跨区域的国际性

绿洲农业之所以存在，并不是因其封闭性与自足性，相反，与外界的联系对其至关重要。绿洲农业是北非国家在长期的实践中发展而来的，绿洲农业所种植的作物和养殖的牲畜，都是沙漠商队的重要补给。由于穿梭在萨赫勒-马格里布广大地区的商贸活动的兴盛，绿洲内的特定产物能够运送出去，外来的盐等必需品也能抵达绿洲。因此，绿洲农业是一种基于本土自然条件同时面向国际的农业形态，是一种联通中东、地中海与北非和西非的阿拉伯国家的跨区域农业。

第十章 CHAPTER 10
中国与北非农业合作 ▶▶▶

　　农业是非洲国家最重要的产业之一，是解决非洲粮食安全、增加就业、减少贫困的关键所在，但非洲农业发展还面临着农业生产技术相对落后、粮食作物自给率不高、农业价值链发展不完善、自然资源退化与气候变化等诸多风险和挑战。中国与非洲是坚实的合作伙伴，农业是中非合作的重点。中国在"真实亲诚"理念指引下，在农业领域与非洲开展了全方位务实合作，在多双边政策对话、农业科技合作、农业发展援助、农业南南合作和农业投资与贸易等重点领域取得了积极进展。中国与非洲区域性组织，如非洲联盟、非洲绿色革命联盟、非洲农业研究论坛（FARA）等，以及重点国家建立了紧密的合作联系。截至2020年，中国已与21个非洲国家，包括苏丹和埃及两个北非国家签署了农业合作谅解备忘录或议定书。近年来，中非农业合作的步伐不断加快，合作方式不断创新，合作领域不断拓宽，合作内容不断深化，推动中非关系再上新台阶。

第一节　合作机制

　　基于非洲发展面临的各种挑战和实现全球粮食安全的目标，中国和非洲建立了广泛和长期的农业合作关系，包括单边、双边和多边合作。中非全方位、多领域、深层次农业合作取得丰硕成果。2000年中非合作论坛（FOCAC）成立后，中非农业合作通过贸易促进、南南合作等渠道拓展到了更广阔的领域，中国现已基本形成了以"农业技术"为核心的对非洲农业援助政策体系和框架，包括建立农业技术示范中心、派遣专家、开展技术培训以及在FAO的粮食安全行动框架下派遣农业南南合作技术专家等。在中非合作论坛机制下，中方农业农村部与海南省人民政府自 2013 年起，定期举办中非农业合作研讨会，截至 2021 年已举办 4 届。

一、多边合作机制建设

中非农业合作机制丰富，政策对话不断加强。北非六国处于非洲与亚洲的交界处，毗邻红海、地中海、印度洋、大西洋，地理位置优越，是多个区域性国际组织的重要成员，包括非洲联盟、阿拉伯国家联盟、非洲绿色革命联盟等。中国与非盟等北非六国参与的国际组织建立了友好联系。自 2006 年中非合作论坛北京峰会召开以来，中国加强同非盟及非洲各国的友好往来，互利互助，达成健康、良好、稳定的外交关系。在中非农业多边合作领域，中国政府与非盟、绿盟等代表性区域组织签署了多项合作协定，涉及中央、地方等各个层面。中方着力打造中非农业政策对话平台，定期举办会议，邀请双方农业官员、专家学者交流分享各自发展理念和实践经验，推动中国农村经济社会发展五年规划、农业现代化发展规划等与非洲农业综合发展计划相互衔接、互为借鉴。因此，中国与北非六国应借助中国与各国际组织的多边合作机制框架，推动双边农业贸易、投资和科技合作。

（一）与非盟的合作

非洲联盟（African Union，AU）的前身是成立于 1963 年 5 月 25 日的非洲统一组织。1999 年 9 月 9 日，非洲统一组织第四届特别首脑会议通过《锡尔特宣言》，决定成立非洲联盟。

2019 年 12 月 9 日，在中国海南召开的首届中非农业合作论坛上，中方农业农村部部长韩长赋与非盟驻华代表 Rahamatalla Mohamed Osman Elnor 签署了《中华人民共和国与非洲联盟关于加强农业合作的谅解备忘录》，双方在务实开展中非农业政策、科技、人才、贸易、投资等全方位的合作交流，有效推进非洲农业现代化，提升粮食安全水平等领域达成一致意见，进一步拓展中非农业发展空间，实现互利互惠、合作共赢（农业农村部，2019）。

2020 年 12 月 15 日，中非农业合作工作会在北京召开，来自非盟和 33 个国家的驻华使节参加。各方在加强中非农业合作，确保区域粮食安全，深化中非务实合作，完善农业合作机制，促进农业经贸、科技创新、能力建设等方面达成共识。

2020 年 12 月 16 日，中国与非盟签署《中华人民共和国政府与非洲联盟关于共同推进"一带一路"建设的合作规划》，这是中国和区域性国际组织签署的第一个共建"一带一路"规划类的合作文件，有效推动了"一带一路"倡议与非洲《2063 年议程》对接，促进双方优势互补，为中国与非盟开展深度农业合作奠定了基础。

北非六国是非盟的重要成员，是中国在非洲重要的合作伙伴。北非六国广泛参与中国-非盟框架下的多双边农业合作，取得了一系列显著成果。未来，中国应与北非六国在中国-非盟农业合作工作会议机制下进一步开展高级别政策对话，加强投资与贸易往来，有针对性地开展适合北非地区农业发展的农业合作项目。

（二）与绿盟的合作

非洲绿色革命联盟（Alliance for a Green Revolution in Africa，AGRA）是 2006 年在联合国前秘书长科菲·安南号召下成立的非洲地区国际性非政府组织，总部位于肯尼亚内罗毕。AGRA 的 2017—2021 年新五年战略由非洲普惠农业转型合作项目（Partnership for Inclusive Agricultural Transformation in Africa，PIATA）支持，其中洛克菲勒基金会与比尔及梅琳达·盖茨基金会（简称"盖茨基金会"）以及美国国际发展合作署为主要出资方。AGRA 以推动具有非洲特色的绿色革命为使命，致力于为非洲 3 000 万小农户提高农民收入，保障粮食安全，帮助非洲实现可持续的农业转型。在董事会和非洲普惠农业转型合作项目的共同支持下，AGRA 于 2017 年启动了中非农业合作战略，致力于吸引更多的中国公共部门和私营部门对非援助和投资，并推动中国对非援助和投资项目更有效、更可持续、更公平地开展。

自 2017 年以来，AGRA 的董事会成员及主席 Agnes Kalibata 女士曾多次访问中国，并于 2017 年 11 月和 2018 年 7 月两次拜访中方农业农村部，就 AGRA 支持中非农业合作展开了深入的会谈。与此同时，AGRA 也与多个中国及受援国社会组织、中外智库、国际组织、中外农业科学院所和研究机构等建立了紧密的合作关系，其中包括盖茨基金会（北京代表处）、国际食物政策研究所北京中国项目、世界银行中国合作项目、中国农业科学院等。

2018 年，非洲绿色革命论坛在位于卢旺达首都的基加利会议中心召开，吸引了来自 79 个国家的 2 800 余名有关人士参与。中方农业农村部也应邀出席，并在活动最后一天的总统峰会-南南合作高级座谈会上，与各国嘉宾分享了中非农业合作经验，探讨未来发展方向。

（三）非洲发展新伙伴计划

非洲发展新伙伴计划（the New Partnership for Africa's Development，NEPAD）于 2001 年 7 月在非洲统一组织首脑会议的支持下通过并正式实施，这是非洲自主制定的第一个全面规划非洲政治、经济和社会发展目标的蓝图，目标是解决非洲面临的粮食安全、贫困、经济发展等问题。中方农业农村部已与 NEPAD 签署农业合作谅解备忘录，建立了工作组机制，在非洲农业综合发展计划（CAADP）框架下务实开展农业技术示范和推广。双方已共同确定了旱作农业、热作农业、水产养殖等重点合作领域，下一步，双方将利用中国-NEPAD 农业合作工作组机制，定期梳理合作情况，进一步提升合作层次，丰富合作内容。

（四）与阿拉伯国家联盟的合作

北非国家在非洲大陆上拥有特殊的地理和政治地位，北非六国是非洲联盟成员，同时也是阿拉伯国家联盟（简称"阿盟"）成员。阿盟总部设在埃及开罗。中国与阿盟于 1956 年建立联系，双方高层互访频繁，在多领域达成了合作意见。1999 年，中国同阿盟签署《关于建立政治磋商机制的谅解备忘录》，强调加强政治协调，扩大经济合作，密切国际合作。2004 年，时任国家主席胡锦涛访问阿盟总部，并与阿盟秘书处共同宣布成立中阿合作论坛。2018 年，习近平主席出席第八届中阿合作论坛第八届部长级会议，并发表《携手推进新时代中阿战略伙伴关系》重要讲话，鼓励阿盟成员在"一带一路"倡议的支持下，与中国在各个领域加强合作。

二、双边机制建设

目前，中国与非盟及非洲各国共签署了多双边农业合作协议 40 多项，涵盖埃及、苏丹、阿尔及利亚等 21 个国家及非盟、非洲发展新伙伴等非洲区域性组织，与多个国家建立了双边农业联合委员会或工作组机制，开展形式多样的农业政策交流，促进了双方农业发展战略有效对接。

（一）埃及

埃及是中非农业合作的重点国家。自 1977 年以来，中埃两国先后有 11 个部长级代表团互访。1999 年 4 月，埃及时任总统访华期间，中埃双方签署农业合作议定书，建立了中埃农业合作工作组，并召开第一次会议，两国农业交流与合作迈向机制化。2002 年 4 月，双方在北京召开第二次会议，并签署会议纪要。2005 年与 2008 年，中国农业科学院两次访问埃及农业研究中心（ARC），并签署合作谅解备忘录及会议纪要。2014 年 6 月，中方农业部农药检定所与埃及农业和土地改良部农药委员会签订农药管理技术合作备忘录，加强了两国在农药登记、农药质量监控、农药进出口方面的信息交流和技术合作。2018 年，中国与埃方签署《中华人民共和国农业农村部与阿拉伯埃及共和国农业和土地改良部农业合作行动计划（2019—2021 年)》。

（二）阿尔及利亚

2007 年 11 月，时任国务院副总理回良玉访问阿尔及利亚，双方就开展种质资源保护、荒漠化治理和农业技术培训等合作达成一致意见。2013 年，中方农业部与阿尔及利亚农业农村发展和渔业部就加强农渔业合作进行磋商，提出加强动植物检验检疫领域合作。2015 年，李克强总理与访华的阿尔及利亚总理萨拉勒举行双边会谈，明确农业是双方合作的重要领域。2017 年 4 月和 9 月，中方农业部与阿尔及利亚农业农村发展和渔业部高层互访，就开展双边农业务实合作进行了深入交流。

（三）突尼斯

2005 年 1 月，突尼斯农业与水力资源部时任国务秘书阿姆尔·阿贝德访华，考察了解中国水产养殖业发展情况，并与中方签署水产养殖合作谅解备忘录；2013 年 8 月，中突双方农业部共同签署了《中突渔业合作与交流计划（2014—2015)》。

（四）利比亚

因利比亚政局原因，中国与利比亚农业合作较少，主要集中在人力资源培训和农业贸易领域。

（五）摩洛哥

中摩两国未建立农业合作机制，仅在 1998 年签署了政府间动植物卫生检疫协定。双边合作主要集中在渔业领域。

（六）苏丹

1959 年 2 月中国与苏丹建交后，友好合作关系不断发展。两国外交部于 1997 年建立定期政治磋商机制。多年来，两国高层互访频繁。2014 年 9 月，习近平主席会见巴希尔总统并共同签署了《中华人民共和国和苏丹共和国关于建立战略伙伴关系的联合声明》。2016 年 9 月，时任农业部部长韩长赋访问苏丹并主持召开中苏农业执行委员会第三次会议。

中国与苏丹于 2017 年 1 月签署了《中华人民共和国政府和苏丹共和国政府关于加强基础设施合作的协议（谅解备忘录）》。此协议主要内容是加强中苏两国在基础设施建设领域的合作，包括但不限于以下领域：机场、港口、电站、通信、铁路、公路和其他双方认可的行业领域，并可进行调整。协议约定中苏双方应为两国进出口货物和资金流动提供便利，加强技术合作、交流等方面的工作，为两国彼此雇佣当地员工提供便利条件和保护，并加强对当地雇员的培训。

第二节　合作内容

一、政府间援助项目

（一）援建埃及蘑菇种植示范基地

根据中埃两国政府 2004 年签署的《关于为埃及援建蘑菇种植示范基地的协议》，中方农业部对外经济合作中心承担了项目建设和技术支持工作。2006 年该项目执行完毕，平菇、草菇两个菇种栽培示范成功，同时为埃及培训农业工程师、蘑菇专业种植户和蘑菇企业技术人员 270 多人，获得良好的社会和经济效应。

（二）援建埃及禽流感疫苗生产线

2007 年 5 月，埃方提出希望中方为其援建一条禽流感疫苗生产线。中方多部委联合提供了有关生产工艺、设备、种毒控制、技术知识产权及获得埃方药监部门认可等方面的具体意见。2009 年 7 月，埃及开罗大学兽医学院与中国农业科学院哈尔滨兽医研究所签署合作谅解备忘录，中方通过与埃及农业和土地改良部下属兽医研究机构、开罗大学及畜禽养殖龙头企业密切合作，研制针对埃及流行病毒的新型疫苗，于 2011 年投入生产并出口埃及，帮助埃及有效控制了禽流感。

（三）援建埃及水产养殖实验室

1992 年以来，中国水产科学研究院从埃及引进了尼罗罗非鱼、奥利亚罗非鱼、埃及尼罗尖牙鲈等优良品种，使中国罗非鱼养殖业有了迅速发展。2006 年，时任国务院总理温家宝访埃期间，埃及提出希望中方援建一个水产养殖实验室。2007 年 12 月，中方派水产科学研究院专家组赴埃及进行实地考察。水科院渔业工程研究所承担的援埃及苏伊士运河大学渔业水产教学与培训中心项目于 2011 年 5 月开工建设，2012 年 11 月竣工，2014 年 5 月完成验收，并移交埃方。

（四）援建突尼斯对虾养殖中心

中方为突方援建了一个对虾养殖中心。2010 年，中国政府和突尼斯政府签署项目考察换文，由中国水产科学研究院派遣专家组对该项目进行实地考察论证，广东农牧业国际合作公司负责建设运营。该项目位于突尼斯中东部沿海马赫迪耶省玛努勒希区一个面积约 300 公顷的半岛上，项目规划用地 22 公顷，实际开发 2 公顷，由对虾育苗场、对虾养殖场等功能区块组成，总养殖面积 1 248 米²，主要养殖南美白对虾，产品主要针对欧洲市场。对虾养殖中心的建成，填补了突尼斯对虾养殖空白，促进了当地水产养殖业发展，增加了本地就业。2018 年 1 月，中国水产科学院组团赴突尼斯开展了援突尼斯对虾养殖中心（第二期）项目建设可行性技术研究，并提交了可行性研究报告。

（五）援建苏丹农业技术示范中心

苏丹农业技术示范中心由中国政府无偿投资 4 000 万元人民币，于 2009

年 9 月正式开工，2011 年 3 月竣工并通过中方商务部验收，2011 年 6 月正式移交苏丹政府。示范中心位于苏丹农业大省加达里夫州法乌镇，总占地面积 65 公顷，其中包括高标准农田 53 公顷。

二、投资合作

（一）埃及

中方对埃农业领域投资项目主要包括：江苏牧羊集团和中非发展基金共同投资在埃及建设海外生产基地，为埃及提供粮食仓储系统和饲料机械，2016 年 5 月正式投产，总投资 7 400 万美元。四川新希望公司 2013 年在埃及建设年产约 30 万吨的饲料生产厂。江西正邦集团在埃及建设年产约 20 万吨的饲料生产厂，2017 年 3 月投产，计划总投资约 1 亿元人民币。

埃及是四川省在非投资流量和投资存量最大的国家，也是四川省开展对非农业投资合作的重要国家之一。2018 年，四川省企业在埃及的投资流量为 670 万美元，投资存量 2 314.69 万美元，在埃及注册并设立了 4 家境外农业企业，实现农业营业收入 4 741.34 万美元，雇佣当地员工 226 人。

（二）摩洛哥

目前中国共有 5 家企业、51 艘渔船在摩洛哥开展渔业合作，主要捕捞章鱼、墨鱼、舌鳎、赤鲦等。中摩渔业合作总体稳定，但近年来摩洛哥调整渔业政策，强制船员本地化，大大降低了渔船工作效率，对中方入渔作业企业造成一定影响。

（三）苏丹

2012 年，中国与苏丹签署合作协定成立中国-苏丹农业合作开发区，项目中的中国建设主体为由山东国际经济技术合作公司与山东省鲁棉集团有限公司联合出资成立的山东新纪元农业发展有限公司，总投资规模为 5 013 万美元。合作开发区位于苏丹加达里夫州拉哈德灌区。2016 年合作开发区正式建立，2017 年入选中方农业部评定的首批境外农业合作示范区（中国国际贸易促进委员会，2020）。

三、贸易合作

（一）整体概况

根据中国海关数据显示，2019 年中国与北非六国的农产品贸易总额为 16.88 亿美元，其中中国出口北非六国农产品 10.06 亿美元，自北非六国进口农产品 6.81 亿美元。在北非六国中，埃及是中国最大的农产品贸易伙伴，农产品贸易总额为 6.16 亿美元，其中中国出口埃及农产品 4.07 亿美元，较 2018 年同期增长 47.92％，自埃及进口农产品 2.08 亿美元，较 2018 年增长 66.10％。苏丹、摩洛哥分列第二和第三位。2019 年中苏农产品贸易额为 4.66 亿美元，以中国自苏丹进口农产品为主，进口额为 4.21 亿美元，占比 90.3％，同比减少 0.04％，出口额为 4 523.32 万美元，同比减少 11.2％。中摩农产品贸易额为 3.57 亿美元，以自中国出口至摩洛哥为主，出口额为 3.09 亿美元，占比 86％，同比减少 2.51％，进口额为 4 800.38 万美元，同比增长 19.9％。2019 年阿尔及利亚农产品对中国出口额为 1.52 亿美元，贸易产品以饮品和水产品为主，出口额分别为 5 083.61 万美元和 4 748.27 万美元，分别占比 33.5％和 31.3％。阿尔及利亚自中国进口规模较小，进口额仅为 157.87 万美元。利比亚和突尼斯与中国农产品贸易额相对较小，分别为 6 200.07 万美元和 3 281.89 万美元，均以自中国进口农产品为主。2019 年利比亚自中国进口农产品总额为 6 199.92 万美元，同比下降 98.6％，突尼斯自中国进口农产品总额为 3 011.39 万美元，同比增长 13.7％。

（二）贸易产品

从贸易产品来看，油籽、水产品、水果、棉麻丝、调味香料、饮品类和粮食作物（谷物）是中国与北非六国贸易的主要品种（图 10 - 1）。

1. 油籽

2019 年，中国与北非六国的油籽贸易额为 4.20 亿美元，除苏丹外，其他五国均从中国进口油籽，而苏丹以对华出口油籽为主。2019 年苏丹对华出口油籽 20.80 万吨，贸易额为 2.8 亿美元，同比下降 12.7％。埃及自华进口油籽 7.90 万吨，进口额为 1.03 亿美元，同比增长 7.7％；阿尔及利亚自华进口油籽 1.04 万吨，进口额为 1 733.59 万美元，同比下降 27.2％；利比亚自华进口

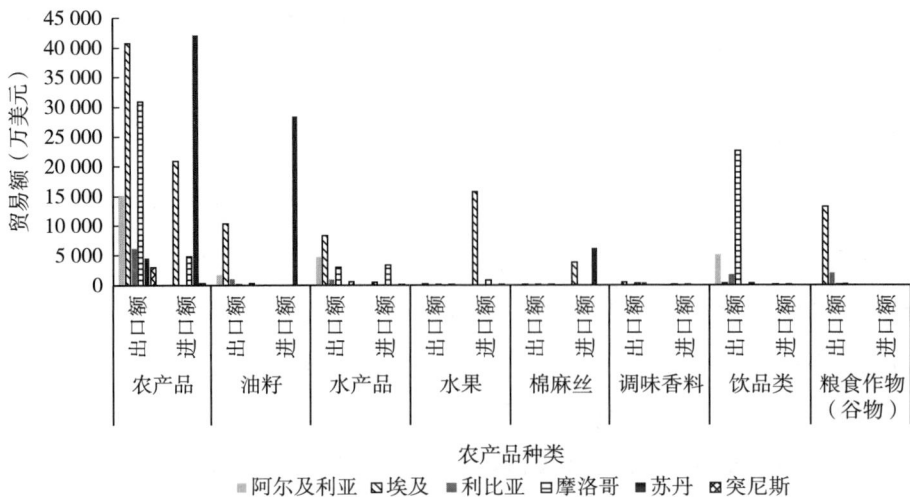

图 10-1 2019 年中国与北非六国农产品贸易概况

数据来源：中国海关。

油籽 8 207.61 吨，进口额为 1 063.88 万美元，同比增长 76.0%；突尼斯和摩洛哥自华进口油籽较少，分别为 2 580.10 吨和 902.26 吨，进口额分别为 329.16 万美元和 141.95 万美元。

2. 水产品

2019 年中国与北非六国水产品贸易额为 2.14 亿美元，其中中国出口至北非六国 1.76 亿美元，自北非六国进口 3 841.68 万美元。埃及、摩洛哥、阿尔及利亚三国与中国进行水产品贸易总额较大。2019 年埃及自华进口水产品 4.01 万吨，进口额为 8 303.91 万美元，比 2018 年增长 82.3%，对华出口水产品 1 369.76 吨，出口额为 471.33 万美元，同比减少 34.4%。摩洛哥自华进口水产品 9 206.17 吨，进口额为 3 020.57 万美元，同比减少 18.5%，对华出口水产品 1.98 万吨，出口额为 3 352.62 万美元，同比增加 49.3%。阿尔及利亚自华进口水产品 1.31 万吨，进口额为 4 748.27 万美元，同比增长 67.4%。利比亚、苏丹、突尼斯等国与中国进行水产品贸易的量较小。

3. 水果

2019 年中国与北非六国水果贸易额为 1.70 亿美元，其中中国出口至北非六国 428.66 万美元，自北非六国进口 1.66 亿美元。埃及对华出口水果 1.57 亿美元，较 2018 年增长 80.4%，自华进口水果 228.96 万美元，同比增长 32.2%。其他五国与中国进行水果贸易的量较小。

4. 棉麻丝

埃及、苏丹等国是世界优质长绒棉产区。2019 年中国自苏丹进口棉麻丝类产品 3.98 万吨，贸易额 6 145.05 万美元，较 2018 年增长 29.2%，自埃及进口棉麻丝 1.95 万吨，进口额为 3 840.72 万美元，同比增长 43.0%。

5. 调味香料

北非六国均从中国进口调味香料，其中埃及、摩洛哥、苏丹是北非六国中主要的进口国。2019 年北非六国合计从中国进口调味香料 5 454.95 吨，进口额 1 288.70 万美元，其中埃及自华进口调味香料 2 056.65 吨，占比 37.7%，进口额为 440.58 万美元，同比增长 65.4%，苏丹自华进口调味香料 1 717.85 吨，进口额为 431.55 万美元，同比增长 10.7%。

6. 饮品类

中国是摩洛哥和阿尔及利亚重要的饮品类产品来源地，其中茶是最主要的贸易产品。2019 年中国与北非六国饮品类产品贸易额为 3.03 亿美元，其中中国出口额为 3.01 亿美元。摩洛哥 2019 年自中国进口茶等饮品 7.45 万吨，进口额达 2.26 亿美元，同比减少 5.3%。阿尔及利亚自中国进口饮品类产品 1.54 万吨，进口额为 5 083.61 万美元，同比增长 0.03%。利比亚自中国进口饮品类产品 5 178.81 吨，进口额为 1 707.68 万美元，同比减少 26.9%。埃及、突尼斯、苏丹等从中国进口饮品类产品的总额相对较低，分别为 319.66 万美元、289.23 万美元、40.74 万美元。

7. 粮食作物（谷物）

北非六国粮食均不能自给，其中埃及、利比亚、苏丹、摩洛哥均从中国进口谷物。2019 年，北非六国自中国进口谷物 52.09 万吨，进口额为 1.56 亿美元。其中，埃及自中国进口谷物 44.60 万吨，进口额为 1.32 亿美元，同比增长 158.9%，利比亚自中国进口谷物 6.33 万吨，进口额为 1 973.58 万美元，苏丹和摩洛哥分别自中国进口谷物 8 000.15 吨和 3 686.00 吨，进口额分别为 278.97 万美元和 137.42 万美元。从谷物进口的品种来看，进口产品以大米为主，小麦和黍米进口量较小。

四、科技合作

（一）农业技术示范中心和农业合作示范园区

截至 2020 年，中国已在非洲 19 个国家建立了 20 个农业技术示范中心，在莫桑比克、苏丹、坦桑尼亚、乌干达和赞比亚等国建立了境外农业合作示范区。这些农业合作示范区（园区、中心），构成了中国对非洲农业合作的载体，提供了农业技术传递的平台，成为开展农业技术转移的重要渠道。位于苏丹的农业技术示范中心和农业合作示范园区为中国农业技术转移、培养当地农民、吸引中国投资发挥了重要作用。

（二）埃及 H9N2 亚型禽流感病毒疫苗的研制

针对埃及流行的 H9N2 亚型禽流感病毒，中国农业科学院利用反向遗传操作技术平台，成功构建出 2 株重组病毒疫苗株，为埃及 H9N2 亚型禽流感防控新疫苗研制奠定了基础。

（三）中埃农业绿色技术 （畜禽废弃物资源化利用） 合作研究

2020 年，中国农业科学院环境与可持续发展研究所与埃及农业研究中心（ARC）Khadiga Elgabry 博士等研究人员开展了合作交流，主要就中埃双方在畜禽废弃物资源化利用以及环境污染防控等领域的技术优势和产业需求逐步进行深入了解，为下一步中埃双方相互引进现有先进技术和装备奠定基础。

双方的合作主要集中在开展畜禽废弃物资源化利用以及环境污染防控关键技术的开发与优化方面，形成养殖场固废高效环保型覆膜堆肥新技术，并开展了气态污染物减排性能及微生物种群演替规律等试验研究。

（四）中埃农业水肥一体化合作研究

中国农业科学院资源与农业区划研究所联合国际干旱地区农业研究中心（ICARD）完成了埃及水肥一体化技术现状和需求分析调研。通过文献梳理及调研，发现埃及农业总体呈现人口众多、降水稀少、水资源短缺及耕地资源减少等现状。总体而言，除了埃及北部沿海极少数地区多年平均降水量在 200 毫米以上外，埃及绝大多数区域都属于热带沙漠气候区，降水稀少，而人均用水量为 663 米^3，预计到 2025 年，埃及居民人均拥有水量将降低至 582 米^3，下降 60.3%，人均耕地面积将从 1.45 亩下降到 0.82 亩，人均农作物面积将从 2.52 亩下降到 1.26 亩。项目构建了小麦、玉米、棉花和番茄 4 种作物水肥一体化技术模式，通过野外田间试验，提出了滴灌水肥一体化小麦、玉米、棉花和番茄灌溉施肥优化参数。

（五）中埃农业绿色发展联合实验室建设

2020 年，中国农业科学院资源与农业区划研究所正在与埃及航空遥感局商讨双方签订建立农业绿色发展联合实验室的谅解备忘录，双方正式建立国际合作平台，同时与开罗大学农学院开展交流与合作，邀请开罗大学参与中埃农业绿色发展联合实验室建设，得到对方的初步认可。

（六）中阿盐渍土壤改良项目

2012—2014 年，中国农业发展集团在阿尔及利亚埃利赞省成功实施了"中阿盐渍土壤改良项目"（一期），取得了可喜成绩。2016 年 9 月，中阿双方分别签署了两国政府二期项目的合作议定书，进一步开展盐渍土壤开发利用的示范和推广，项目由山西国际经济技术合作有限公司具体实施。

五、人力资源合作

2001—2020 年，在援外资金支持下，中国通过农业农村部组织实施了 71 个农业援外专家派遣项目，包括高级别农业专家组和技术组 52 个、农业职教组 18 期、高级农业顾问组 1 个，累计向 37 个非洲国家派出 724 人次农业专家和教师。中国的外派农业专家通过开展实用培训、试验示范、理论教学等多种有效方式，在外累计培训非洲农业官员、教师、农民、学生和技术人员近 3 万人，传播中国先进实用技术 100 余项，帮助非洲国家完善了农业发展规划，培养了各级农业人才。

（一）人员培训

2006 年以来，中方利用专项资金，为非洲国家举办旱作农业、水产养殖技术、畜牧业生产技术等培训班，埃及派出近 200 人次来华参加培训。中方也派出 10 余人参加埃及国际农业中心（EICA）为发展中国家举办的农村发展、水产养殖等领域培训。

2006 年以来，中方共为阿尔及利亚举办了 33 期农业管理与技术培训班，累计培训了近 200 名农业管理和技术人员，涉及农业土地管理、水产养殖等领域。

2012—2020 年，中方利用各类资金，为突尼斯举办了 19 期培训班，累计培训各类农业管理人员和技术员 42 人次，培训领域涵盖农村发展、农业文化遗产、水产养殖、农产品流通等。

（二）专家派遣

2009 年 6 月，中方向埃及派遣农机、拖拉机维修专家 3 名。专家组已于 2010 年 6 月底圆满完成任务回国。2014 年 11 月，中方向埃及派遣了 4 名农机、沼气领域的农业专家，专家在埃及工作 6 个月后完成任务回国。

六、重点案例——中国-苏丹农业合作开发区

1. 项目概况

2016 年 9 月，中国-苏丹农业合作开发区正式建立，两国农业部部长共同为中苏农业合作开发区揭牌。2017 年该园区入选中方农业部评定的中国首批境外农业合作示范区。

项目中的中国建设主体为山东国际经济技术合作公司与山东省鲁棉集团有限公司共同出资成立的山东新纪元农业发展有限公司。该公司于 2012 年 4 月在苏丹成立，总投资额约 5 013 万美元。开发区建有自主种植棉花试验示范和良种繁育基地 4 万亩，同时还配有剥绒车间、农机维修车间、仓储区、生活区、办公区和种植营地等配套设施。

2. 项目规划

按照规划，开发区产业结构分为四大部分：一是良种繁育和示范种植；二是棉花和种子加工；三是棉花贸易，以销往世界主要纺织国家的皮棉产品贸易为主；四是棉种、化肥、农药等农资产品贸易。开发区从空间规划上分为拉哈德种植加工区、杰济拉第一和第二种植加工区、达马津种植加工区、苏丹港仓储物流园区、纺织工业园区六大片区。

自 2018 年至 2023 年，园区制定了 3 期规划项目。第一期项目时间为 2018—2019 年，在拉哈德种植加工区、杰济拉第一种植加工区分别新建皮棉加工厂 1 座，将棉花种植和生产规模扩大到 30 万亩，建设棉花加工厂 2 座、日加工能力 3 000 吨小型纺纱厂 1 座、100 吨榨油厂 1 座，依托援苏丹农业技术示范中心在拉哈德灌区建立科技研发中心，成立农机服务公司、贸易公司、榨油公司和纺织公司等。

第二期项目时间为 2020—2021 年，在拉哈德灌区建立第二皮棉加工厂和仓储物流区一期，在杰济拉第一种植加工区建立油料加工厂和仓储物流区，在杰济拉第二种植加工区新建皮棉加工厂 1 座，建设苏丹港仓储物流区，棉花种植规模扩大至 40 万～60 万亩，建设大型纺织工业园区等。

第三期项目时间为 2022—2023 年，计划扩大棉花种植面积至 90 万～120 万亩，新建皮棉加工厂 1 座、榨油厂 1 座，建设仓储物流二期项目，完善苏丹港仓储物流设施，纺织园区投入运营。

3. 优惠政策

为推动苏丹经济发展，苏丹政府鼓励外国企业来苏开展投资合作，并提供相应的政策优惠。农业和加工制造业是苏丹重点鼓励外商投资的行业，苏丹对农业等战略性投资实施免费或低价租让土地、对进口生产资料免税、免征农业项目企业所得税，对农产品加工业按较低税率征收所得税。在 2018 年 1 月召开的中国-苏丹合作协调工作组第二次部长级会议上，苏丹政府表示，将以中国-苏丹农业合作开发区为试点，在农产品出口、外汇结算、园区土地和基础设施、入园企业税收等方面为中方提供更多优惠和便利条件。

4. 取得的成效

截至 2020 年，山东新纪元公司已在中苏农业合作开发区投资约 3 000 万美元，购置了国际先进水平的农机设备，包括最大型自动化采棉机 2 台，大型和超大型拖拉机 20 多台，国际先进水平的耕整地农机具 40 多台等。建成了 4 万亩棉花良种繁育基地，2017 年棉花种植包括自主种植和合作种植面积达 11 万亩，从土地整理备播、播种、田间管理到收获，全程实现机械化；建成年加工生产量 1.5 万吨皮棉的轧花厂 1 座，加工质量处于当地领先水平，2018 年新建 2 座轧花厂，年产皮棉达到 4.5 万吨；建成当地最先进的种子加工厂 1 座，年加工棉花种子 800 余吨，占全苏丹规模化棉花种子加工总量的 50% 以上。未来，中国-苏丹农业合作开发区将按照"一区多园"的模式，在棉花全产业链发展的基础上，继续拓展油料作物生产及加工、饲草种植（苜蓿草）及加工、畜牧养殖及加工等多维产业，重点开发从动植物良种繁育到农产品加工、仓储、物流、贸易全产业链覆盖的自由贸易平台。据统计，中国-苏丹农业合作开发区已带动当地 1 500 户农户致富，并解决了当地 15 000 多人的就业问题，被联合国粮食计划署（WFP）列为非洲人为非洲人做示范（DAA）的项目试点。

第三节　北非六国农业投资环境分析

北非地区政治比较不稳定，经济发展速度较慢，中国农业在北非国家的投资相对不足，主要集中在埃及和苏丹。北非六国拥有丰富的农业资源、地理位置优越，经济相比其他非洲国家仍处于持续发展阶段，但客观地讲，由于非洲的整体发展水平较低，国内市场狭小，农业生产落后，科技水平低，社会治安较差，投资者仍面临较大的风险。中国尚未与摩洛哥、利比亚等国签署政府层面的农业合作协议，企业投资规模也相对较小，主要以技术转移和援助为主，社会资本参与不足。随着北非六国营商环境的改善，以及中国与非洲国家在多双边领域的合作机制进一步深化，将带动中国与北非国家的农业合作，推动中国农业企业向北非国家走出去。

一、北非六国的优势和机遇

（一）独一无二的区位优势

以埃及和苏丹为代表的北非地区区位优势明显，投资辐射能力较强。埃及地跨亚非两大洲，北面紧邻地中海与欧洲相望，西部和南部与多个非洲国家接壤，是非洲北部腹地内陆国家陆上对外联系的主要通道。亚非交接处的苏伊士运河为埃及所属，是联通欧亚的重要的航运生命线，拥有极其重要的战略地位。同时，埃及作为非洲较发达的国家，拥有相对完善的基础设施，与欧、亚、非各国相连的海运、空运航线，以及同周边非洲国家相连的陆路交通网，交通相对便利，地理位置十分优越，运输成本优势明显。苏丹位于埃及的南部，东临红海，陆上与 7 个非洲国家接壤，其中 4 个为内陆国，苏丹港是进出红海的重要通道，与埃及相似，苏丹掌握着非洲北部腹地内陆国家与红海和阿拉伯半岛的联系通道，苏丹拥有相对完善的铁路、公路网络，交通较为便利。综上，埃及和苏丹具有先天地缘优势与较强投资辐射能力，对外国资本有较强的吸引力。

（二）非洲大陆自由贸易协定带来新的发展机遇

非洲内部贸易具有广阔的发展潜力，能够有效减少国际市场波动给非洲国家造成的风险。但目前，非洲内部贸易相对于其国际贸易来说仍处于较低水平。2015 年 6 月 10 日，苏丹、埃及、津巴布韦、马拉维等 26 个非洲国家在埃及沙姆沙伊赫举行非洲经济峰会，并共同签署了《非洲大陆自由贸易协定》，旨在加强非洲国家内部的贸易联系，促进非洲内部的贸易与投资，建立非洲地区最大的自由贸易区。按照协议内容，非洲国家将共同努力整合非洲现有的三大区域性经济一体化组织——"东南非共同市场""南部非洲发展共同体"和"东非共同体"，组成三方自贸区，预计该协定将覆盖 6.25 亿人口，参与协定的相关国家国内生产总值总额达到 1.2 万亿美元，占整个非洲生产总值的 58%。2018 年 3 月 21 日，在卢旺达非洲特别峰会期间，苏丹、埃及等国政府首脑签署了表达非洲保持团结发展意愿的《基加利宣言》《成立非洲自贸区框架协议》《非洲大陆人员自由流动议定书》以及《全面开放非洲商用空域议定书》等一系列协定。《非洲大陆自由贸易协定》的签署有利于将非洲本土的产品就地转化，减少成本，扩大市场，促进经济发展。2019 年联合国贸易和发展会议发布了《2019 年非洲经济发展报告》，主题为：加强非洲内部贸易的原产地规则，即在优惠的贸易制度下促进货物在非洲内部的流通，"原产地规则"也被称为"优惠贸易制度下货物流通的护照"。报告指出，如果非洲内部自由贸易区正式实施，预计将使非洲的内部贸易量增加约 1/3，其中对棉花、水产品、饮料等农产品内部贸易的影响将最为显著。北非国家是棉花、蔬菜等产品的主要产地，在《非洲大陆自由贸易协定》的影响下，将迎来巨大的发展契机。

（三）政府部门注重农业发展

苏丹拥有广阔肥沃的土地、相对丰富的水资源和矿产资源，发展农业条件得天独厚，矿产资源开发前景广阔，经济发展潜力巨大。近年来，苏丹政府高度重视农业发展，制定了农业振兴计划，出台了一系列措施加强农业市场建设，并积极吸引外资，已取得一定成效。2011 年以前，苏丹经济高速发展，GDP 增速连续多年保持在 8% 以上，经济繁荣，社会稳定，综合国力显著提升，人民生活水平不断改善。然而，2011 年南苏丹独立，苏丹经历了国家分裂的阵痛，领土减少，石油资源损失大半，外汇收入锐减，经济和社会发展面临巨大挑战。但 2011 年 7 月南北正式分裂后，苏丹政府立即着手制定《三年经济急救规划（2011—2013 年）》，大力推行政治经济改革，采取紧缩调控政策，推动农业、矿业、加工业、基建多元化可持续发展，并取得初步成效，《规划》主要内容包括：调整国家预算结构，发展石油替代品，控制银行借贷、实施外汇管制，发展农业、矿业、加工业，提高社会生产率和自给率，实现经济增长和国家稳定等。除全国性发展规划外，苏丹水电部、路桥部、铁路局等均制定了各自管辖领域内的发展规划。

（四）北非是非洲相对发达的区域

得益于区位优势，北非国家的经济发展水平相对较高。2017年，埃及在基础设施建设领域投资达到150亿美元。埃及拥有超过7万千米公路网，基本连接全国大部分城镇乡村，2017年新增公路里程6 000千米；有10个国际机场，开罗机场是非洲第二大空港；拥有15个商业港口，泊位155个，年货物处理能力2.34亿吨。此外，埃及拥有超过45 000兆瓦的发电装机容量，发电能力在非洲及中东地区居首位，并实现电力盈余和出口。整体上，埃及基础设施虽面临老旧的问题，但就整个非洲而言，仍可算较为完善。

南苏丹独立前，苏丹拥有丰富的石油等矿产资源，外汇收入高，经济发展较快，基础设施建设也得到长足发展。2011年后，南苏丹独立，苏丹经济进入结构调整和战略转型期，经济发展水平大幅下降，但苏丹政府在继续着力建设和完善水利、交通、电力等基础设施的同时，积极调动本国企业和大力引进外资开发农业和矿产资源，发展加工制造业，提升自主生产能力，以减少进口和扩大出口，增加创汇，弥补因石油减产造成的外汇短缺，摆脱经济发展困境。在过渡期内，苏丹基础设施建设步伐有所放缓，但农业、矿业、加工业等领域大有可为（商务部，2020）。

二、在北非六国投资的风险和困难

北非国家面临着政治、经济、战争、宗教等不稳定因素，对经济发展和吸引外来投资造成巨大的阻碍。

（一）经济发展水平相对落后

非洲仍是全球经济发展最落后的地区。受历史原因影响，非洲经济发展整体水平落后，基础建设条件相对不足，贫困、饥饿、粮食不安全等问题严重，加之政局动荡、战争频发，经济发展环境较差。农业作为非洲最重要的产业之一，仍是大多数非洲国家主要的收入来源，为非洲提供了超过 50% 的就业岗位。非洲农业资源丰富，但基础落后，科技水平和机械化率较低，单产水平低，不能满足当地的需求，十分依赖进口和国际援助。土地耕作面积的扩大是过去几十年非洲农业发展的重要原因，而非洲的农业生产率和单位面积作物产量相较于其他发展中国家和地区来说仍处于较低水平。根据 FAO 发布的《2020 年世界粮食安全和营养状况》报告，非洲可耕地和永久作物面积从 1961 年的 1.673 亿公顷增加到 2017 年的 2.788 亿公顷，而人均净生产指数仅从 1961 年的 93.64 增长到 2016 年的 98.86，相较于世界平均水平 112.22 仍相差甚远。

（二）农业科技发展水平较低、科研投入少

非洲农业科技在近 20 年内得到持续发展，但是仍呈现出区域不平衡、增速较慢、科技投入对附加值提高的影响小、科技研发资金来源单一、科技研发系统分散以及研发主体单一等问题。相较于其他非洲国家，如尼日利亚、南非、肯尼亚、加纳、埃塞俄比亚等，北非国家的农业科技水平依然较低，转化为生产力的能力较弱，农业研发投入较少，农业科技研发人员培养不足，埃及等国家自 2014 年开始农业科技投入出现负增长。北非国家的农业生产依然主要是"靠天吃饭"，以雨养农业为主，灌溉农业占比很低，且水资源地区分配不均衡，仅少量现代化农场开始使用大型喷灌设备；农产品加工和制造业技术落后，以生产农业初级产品为主，但粮食单产较低，粮食不能自给。

（三）政治和经济发展不稳定

北非地区国家整体上政局较为动荡，恐怖袭击时有发生，对居民安全造成了极大的威胁，因此企业在北非国家的投资积极性不高。2015 年，突尼斯发生恐怖袭击后，政治经济局势和社会安全存在许多不稳定因素，近年来，由于突尼斯经济形势下滑，罢工、抗议活动频发，导致企业无法正常运转，中方在建项目无法顺利进行，对企业运营产生了较大影响。

近年来，为消除国内反对派、反政府武装力量对社会和经济的影响，苏丹执政党致力于消除国内不稳定因素。在周边国家战事不断的背景下，苏丹总体安全形势良好，社会安全状况基本保持稳定，但达尔富尔、南科尔多凡和青尼罗州有叛军活动，给苏丹经济社会发展带来主动不稳定因素。此外，由于经济

形势的恶化，通货膨胀严重，偷盗、抢劫等事件不断发生，社会治安较差。

埃及的安全形势也比较严峻，近年来发生了多起恐怖袭击事件，并造成了人员伤亡，对在当地投资的企业带来了不小的影响。

（四）营商环境较差

北非地区，乃至整个非洲的营商环境都相对较差，摩洛哥和突尼斯依靠发达的旅游业和优惠的投资政策吸引了大量游客和外国资本投资，并在近年来通过一系列改善投资环境、吸引外资的改革创新政策，包括简化办事手续、避免双重征税等，改善了本国的营商环境。但埃及、阿尔及利亚、苏丹和利比亚营商环境在全球排名中靠后，有待大幅改善。根据世界银行《2020 年营商环境报告》显示，摩洛哥的营商环境在全球 190 个国家中排名第 53 位，较 2019 年上升了 9 位，是北非国家中营商环境最好的国家，在非洲排名第 3 位，仅次于毛里求斯和卢旺达；突尼斯在全球 190 个国家和地区中排名第 78 位，较 2019 年上升 2 位；埃及位列第 114 名，较 2019 年上升了 6 位，在跨境贸易、税负、履约能力等方面均排名靠后；阿尔及利亚排名第 157 位，苏丹排名第 171 位，利比亚排名第 186 位（世界银行，2019）。

第四节　北非农业发展经验与启示

一、农业生产组织变迁与出口导向型农业发展

以种植园、农业/农民合作社及订单农业为主的北非特色农业生产组织方式，在历史性的变化中存在着此消彼长的关系。在殖民时代，北非依靠以种植园为特色的农业生产组织形式，生产出了大量以棉花为核心产品的初级农产品，以种植园—农业初级产品—出口导向型经济为特色构成了当时殖民地的依附型经济特点，这造就了当时殖民与被殖民的政治社会的经济基础。进入独立时代，北非各国在反殖民运动和独立建国的过程中，普遍对种植园这种经济方式进行了国有化改革，将这些种植园收归国有，以国有经营的方式继续耕种棉花等经济作物，但是囿于普遍的工业化发展水平的限制，这一阶段产品仍旧面向出口，并没有达到农产品深加工的阶段。同时，为了发展国家，独立后的北非各国中一些国家整合了原有的土地，利用农业合作社的方式，组织农民开展

生产，在一定程度上面向解决自身的粮食需求，但粮食自给率仍旧很低，这部分的缺口主要依靠以美国与苏联为首的两大阵营的援助解决。随着苏联解体与冷战的结束，北非国家也进行了私有化改革，以公司为主体的订单农业也随之兴起。

如上所述，北非各国农业在不断的发展探索中，在农业组织方式上经历了不同的阶段，并在不同的阶段有其主导型的组织方式。这些组织方式并非是独立于社会和政治之外的，相反，其密切地嵌入了北非各国的政治与社会发展过程中。这些农业组织方式虽然有各种不同的模式特点，但也有一个共同点即以出口导向型的经济作物种植为核心的种植模式，这一模式根源来自殖民时代即建立起的全球化中的北非经济定位和依附地位，这一模式在后期不断加强，也是当下北非的粮食自给率不高的重要原因。主粮依靠进口，价格随着国际定价不断波动，而国际市场的价格也并非完全由市场自主控制，如面临政治变动和世界性流行疾病的冲击时，粮食自给率不足的北非各国很容易受到负面影响，发生国内的政治和社会变动。

因此，北非各国的农业生产组织方式对中国的启发有 3 点：首先，应当注重粮食安全与主权的重要性，以他国的经验为鉴，粮食主权的重要性不仅在于农业的发展，更在于它是整个社会的稳定器。其次，中国与北非的农业发展合作需要注重帮助北非各国解决粮食自给问题，合作中需要将主粮作物的发展放在核心位置，同时在发展合作对象上应当以小农户为核心，充分利用当下已经有一定基础的订单农业，发挥小农的耕种能力和技术。最后，北非各国在几种特色的经济作物的耕种中，具有长期的成熟的耕种经验和组织模式，后续合作时，有必要考虑进一步推动其加强农产品全产业链开发，注重工业能力的发展，以增加农产品的附加值，提高其在全球农产品市场上的盈利能力。

二、基于资源禀赋发展特色农业生产方式

灌溉农业与绿洲农业两种特色的农业生产体系是北非各国在长期的社会探索中发展出来的成熟的具有世界意义的农业生产体系。其中，灌溉农业充分开发利用了尼罗河等水资源，其发展历程长，发展水平成熟，形成了围绕水利工程、灌溉渠道、农业生产等的灌溉农业体系。灌溉农业前期投资巨大，基本上都属于国家开发的巨型工程，对开发国的现代化水平和执政能力有很高的

要求。虽然灌溉农业的开发史可以追溯到殖民时代，但是独立后的北非各国，尤其是埃及和苏丹在独立后对其进行了进一步的开发和改善，不仅提升了本国的灌溉农业面积，而且还在建设大型工程的过程中提升了新生国家的凝聚力和现代化水利农业等技术能力，具有广泛的溢出农业行业之外的社会和政治影响。

与此相对，绿洲农业则呈现出"小而美"的特点。在北非各国过去的历史进程中，撒哈拉沙漠商路培育下的绿洲农业，经过了两千多年的发展，已经融入了当地居民的生活之中，并且呈现出独特的农业文化生态，不仅高效地解决了主粮需求和经济作物的商业化需求，而且还发展出独特的人文地理景观，乃至具有发展旅游等第三产业的潜力。这证明了基于内源性的需求，经历长期发展的农业文化体系具有独特的价值，这种价值还受到了联合国粮农组织的认可，成为全球重要农业文化遗产。

这两种独特的农业生产体系，尤其是"小而美"的绿洲农业的发展经验和获得国际认可的经验，值得中国资源禀赋类似的地区，如西北干旱地区借鉴。同时，在中国已有的同为全球重要农业文化遗产的坎儿井等人文地理景观的旅游等第三产业的开发中，所积累的相关经验和操作方式也可以为中国与北非农业深层次合作所用，为北非的古老农业文明焕发出新的活力分享中国经验和方案。另外，规模巨大的灌溉农业，当下的发展需要一定新的资本投入进行维护和再次开发，这也可能成为中国对北非农业投资的一个切入口，但同时需要注意灌溉农业的种植品种单一，并趋向种植经济作物，如何在满足北非粮食安全、提高粮食自给率的前提下进行投资开发，研究解决这一问题是中国与北非农业合作开展的另一重要前提。

三、全球化背景下特色农产品发展

北非地区的埃及和苏丹是世界优质长绒棉产区，两国的气候条件很适宜种植棉花。棉花在埃及的大规模商品性种植与产业革命后欧美国家棉纺织工业的迅速发展有着密切的关系。1861—1865 年，作为世界棉花出口大国的美国发生内战，一向依赖美棉的欧洲国家不得不四处寻求新的棉花供应地，埃及的棉花种植业由此兴起。此后埃及以棉花为主的单一经济作物种植模式不断固化。1952 年以来，出于粮食安全等考虑，埃及政府在继续重视棉花生产的同时，采取措施逐步扭转了单一经济作物种植的局面，棉花种植面积自 1961 年达到历史最高值后，压缩了大约 50％。

随着全球经济格局的变迁，近年来，北非国家利用区位优势，向以欧洲和中东为主的地区出口新特色农产品。一方面，由于交通运输便利，北非国家的农产品和农业制品进入欧盟市场大都可享受优惠税率和相关优惠政策；另一方面，北非国家出台相关政策鼓励农产品出口，提升特色农产品国际竞争力。埃及甜橙出口近年来快速发展，近五年间保持了年均 10％的稳定增长率，2019 年埃及橙子出口额为 6.62 亿美元，占全球出口总额的 38％，此外，蔬菜也是埃及主要的出口农产品。突尼斯以出口橄榄油和水果为主，2020 年 2 月橄榄油出口额同比上升 28％，创收 3.71 亿突尼斯第纳尔；2019 年出口水果类产品 3.18 亿美元，主要为桃子和西瓜，占突尼斯水果出口总量的约 60％。摩洛哥是全球最大的沙丁鱼出口国家，是非洲第一大产鱼国，2010—2018 年，摩洛哥鱼类产品出口额呈持续上升趋势，2018 年出口额达到 13.62 亿美元，2019 年小幅下降至 12.15 亿美元。苏丹出口的农产品主要为芝麻和花生，2015 年，苏丹是仅次于印度的第二大芝麻出口国，出口量达 29.6 万吨，约占世界芝麻出口总量的 13％，苏丹也是中国最主要的芝麻进口来源国。

北非国家特色出口农产品的发展历程与全球政治经济格局紧密联系在一起。在全球化大潮中利用自身资源禀赋、独特区位等优势，积极发展具有竞争优势的特色农产品，是促进农业现代化、提升农业竞争力的有效途径。中国农产品进入全球市场的发展过程中，可借鉴北非国家的经验和不足，积极打造特色的、有竞争优势的重点出口农产品，积极优化农产品出口的政策和市场环境。同时，中国与北非国家的农产品贸易规模也在不断扩大，在未来的农产品贸易和农业投资合作中，应重点关注北非国家特色出口农产品，利用两种资源、两个市场，优势互补，深化合作。

第五节 中国与北非农业合作的趋势和重点领域

一、中国与北非农业合作的发展趋势

北非六国是中国开展对非合作的重点国家，中国与非洲的农业合作可以追溯到 1960 年中国向非洲国家提供单向的农业技术援助，最初主要是向马里、

几内亚等国家派遣少量农业专家指导种植水稻、甘蔗、茶叶（蒋华杰，2013）。伴随着中国国内经济社会发展变迁、对外援助理念的更新以及国际形势的变化，中国对非农业合作机制也在逐步调整和发展。让受援国走上自力更生的发展道路成为农业援助的重要目标，农业技术援助在农业对外援助工作议程中的优先级日益受到重视，农业农村部成立专门机构负责这项工作，并着力推进对外农业技术援助的机制化。20世纪70年代末以来，中国自身经历了经济调整转型，逐步建立起市场经济的机制，中国对非洲的农业合作也由单向技术援助转变为更深层次、更广泛主体参与的双向互惠互利的技术合作。当前看来，中国与北非之间的农业合作有以下三大趋势：扩大私营部门的参与、尝试三方合作、发展全产业链合作。

（一）扩大私营部门的参与

中国与北非国家的农业合作仍然以援助和政府间合作为主，私营部门参与程度较低。但近年来，全球国际发展援助领域都在积极探索和实践引入私营部门的参与来提高援助有效性。2011年第四届援助有效性高层论坛在釜山召开，会上提出要认识到私营部门在推动创新方面的中心作用。联合国秘书长在2017年私营部门论坛上重申了私人融资和投资在实现2030年可持续发展目标方面必须发挥关键作用。经济合作与发展组织秘书长在2017年全球发展论坛的开幕式中指出，该论坛的主题是利用发展援助资金促进私营部门的参与，以及探讨如何更好地引入私营部门。德国在2017年发布的马歇尔计划中建议金融的一个新层面是利用支持性工具、投资产品和官方发展援助资金激发私营部门资本。尽管提升私营部门在国际发展援助领域的参与程度已经成为全球发展领域的共识，但私营部门参与国际农业发展援助项目的设计、实施和评估的实践行动依旧很少。

从利他性的农业援助开始，中国对非洲的农业援助与合作逐渐转型为互惠互利的农业发展合作，在这个过程中，私营部门在中国对非农业援助与合作中的参与也逐步深入。20世纪50—70年代，中国在非洲的农业援助是完全的政府行为。20世纪70年代中国国内进行经济改革，提高市场在经济资源配置中的重要性的目标也影响了中国的对外援助，主要表现在两个方面：第一，一些政府部门开展了市场化改革，成立了公司进行市场运作，这些公司主体从而替代了援助实施中的一些政府机构的角色；第二，该历史阶段中国政府提出对外援助要为经济建设服务，中国对外援助的本质由完全利他转变为互惠互利。中国政府开始采用在国内经济体制改革中成功的承包制来管理对外援助项目，通过国际经济技术合作公司对企业进行承包（唐丽霞等，2014）。中国在1989年开始了农业研发系统的私有制改革，在这个阶段，产生了一批私营机构，包括公立研究机构所有的商业化农场、国家政府部门所有的农业公司以及私人持有或在股票市场上市的公司。一批国有农场在这一阶段的中国对非农业合作中承担起项目实施的工作。2006年，中方在中非合作论坛北京峰会上宣布开展援非农业技术示范中心建设，示范中心选择企业、事业单位作为承建主体。这是中国对非农业援助发展历程中，在国家政策层面开展的引入私营部门的尝试与实践，这也成为2006年之后中国对非农业发展合作最主要的形式之一。同时，中国对非投资的私营部门在商业协会和企业社会责任相关方面的活动进一步扩大和增强了中非合作（Chen et al.，2014）。

（二）尝试三方合作

南南合作及三方合作是中国开展对非合作的主要形式。近几十年来，国际合作格局发生了重大变化，次区域、区域和区域间各级的南南合作日趋重要。三方合作作为南南合作的重要补充，是发达国家或国际组织与南南合作国家共同向第三方发展中国家提供援助的合作。《亚的斯亚贝巴行动议程》《巴黎协定》和《2015—2030年仙台减少灾害风险框架》等为南南合作与三方合作提供了发展动力，联合国系统各组织将南南合作与三方合作纳入政策框架并使之主流化。2019年召开的第二次联合国南南合作高级别会议（BAPA＋40）提出大力推进南南合作与三方合作的发展。三方合作建立传统援助方与南南合作伙伴间的协作，充分利用不同发展合作模式与发展合作主体的比较优势，提供新型的资金与知识的组合，所有主体都是知识共享的提供者、促进者和受益者。全球范围内开展三方合作的良好探索与实践表明，三方合作可以成为一种有效的机制推动国际发展合作与全球伙伴关系。随着三方合作的稳步发展和全球伙伴关系的持续多样化，各方应充分发挥三方合作与全球伙伴关系在加快实现2030年可持续发展目标方面的潜力，进一步加强体制协调机制和能力，建立三方合作与全球伙伴关系的经验、成功案例共享机制，拓展贸易、金融和投资方面的三方合作与全球伙伴关系。中国与非洲同样以小农为基础的农业生产模式，以及中国适用于小农的农业技术的成功应用是开展三方合作、推动中国农业技术向非洲转移的重要前提。

（三）发展全产业链合作

非洲农业发展缓慢的一个重要原因是未能形成有规模、可持续发展的农业全产业链。以北非国家为例，由于农业生产相对落后，上游农业生产成本高、产量低，农业基础设施落后，不能有效支撑下游加工、物流等行业的发展。中国对非农业合作正在从最初的农业生产和技术领域逐步向农业全产业链发展，并在近几年内发展迅速。中非合作论坛历年政策文件中已经给出了明确的发展信号。2012 年《中非合作论坛第五届部长级会议——北京行动计划（2013 年至 2015 年）》中提出："承诺将开展多层次、多渠道、多形式的农业合作与交流。继续支持和帮助非洲提高农业生产水平，增强非洲粮食安全保障能力，扩大双方在农业技术交流和人才培训、农业发展规划和体系建设、农产品加工和农机推广等领域的合作，为非洲国家以本国农业生产和农产品加工为基础持久实现粮食安全创造有利的环境。"2015 年发布的《中国对非洲政策文件》中提出："中国愿同非洲国家分享农业发展经验和技术，支持非洲国家提高农业技术、农牧渔业产品生产和加工技术水平，带动农业产业链建设，增强粮食自主生产能力，促进粮食安全，提升棉花等特色产业的国际竞争力，增加收入，改善农民生活。"2018 年《中非合作论坛——北京行动计划（2019—2021 年）》中提出："中方支持非洲实现农业现代化，将帮助非洲推动农业升级，改善农业基础设施，提高农业产量和农产品附加值，提升粮食安全保障能力，调试农业机械适应非洲本土情况，培育有售后服务保障能力的非洲经销商，支持非洲乡镇产业发展……非方赞赏中方开展农业技术能力服务，实施高级农业技术人员互派项目，培养青年农业发展带头人，开展农业科研、技术培训与转让等合作，支持非洲建立生产—加工—营销等农业全产业链……中方将加强与非洲棉花生产国合作，全面提升非洲棉花产业规划、品质标准、生产加工、储运贸易能力，促进棉花价值链增值，扩大非洲在国际棉花市场份额。"

在实践层面，发展中非农业全产业链合作的主要途径有：第一，承建农业技术示范中心项目，项目承建企业开展经营性活动，在技术合作以外，拓宽农业产业链合作。第二，依托中非农业发展合作项目或企业自身基础，在非洲建设农业产业园区。农业合作产业园区在当前的实践中显示出了良好的发展潜力，对于发挥中非双方的比较优势、丰富当地经济类型、延长农业产业链条以及活跃投资和经贸能够起到积极作用（武雅斌，2018）。根据中国国际贸易促进委员会境外农业产业园区服务平台信息显示，截至 2020 年，中国在非农业产业园区共有 12 个，分布在埃塞俄比亚、津巴布韦、毛里塔尼亚、莫桑比克、塞拉利昂、苏丹、坦桑尼亚、乌干达和赞比亚 9 个国家，覆盖种植业、渔业、畜牧业各个领域。最早的园区是 1993 年由中国农垦集团开始建设的赞比亚中垦非洲农业产业园，其余 8 个产业园都是 2009 年以后开始建设的。12 个园区建设企业中，民营企业和国有企业各占一半。目前，苏丹农业合作园区已投入正常运营，在棉花种植等方面取得了一定的成效。

二、未来中国与北非农业合作的重点领域

中非农业合作潜力巨大，未来，中方要继续深化对非农业合作，立足非洲农业现代化发展需求，对接非洲《2063 年议程》，支持非洲国家实施《非洲农业综合发展计划》，聚焦重点农业产业，以技术转移、经贸合作、经验分享、能力建设等形式，加强全产业链合作，推进中非在农业科研、可持续农业、数字农业等领域的深入合作，健全合作机制，创新合作模式，强化多边合作，推动中非在非洲农业现代化发展中的密切合作，助力非洲农业现代化发展，最终实现互利共赢。北非国家拥有独特的地理优势和丰富的农业资源，相比于其他非洲国家，北非国家拥有相对稳定的发展基础和发展环境，因此，加强与北非国家的农业合作是推动和深化中非合作的重要战略举措。

（一）建立和完善与北非国家的农业合作机制，提升合作机制化水平

基于中国与北非农业合作的基础，一方面，在多边合作层面，充分利用中非农业合作论坛平台，推动与更多非洲国家商签合作协议，健全双边农业合作机制，继续深化与联合国粮农组织、世界粮食计划署等有关机构合作，强化多边农业合作关系和工作磋商机制。深入了解北非国家农业现代化的现状和需求，加强同北非国家的联系，与非盟共同编制并实施中非农业现代化合作规划与行动计划，并确保规划和行动计划反映北非国家需求，合作规划具体可行。另一方面，在双边层面，建立常态化和机制化交流平台和工作会议制度，制定双边投资和合作规划，以援助促合作，以合作促投资。应继续加强同非洲国家的政策对话和战略合作，与北非国家签署务实合作规划、商定投资保障措施，

为到北非投资的企业争取便利的支持政策。加强项目谋划和推动重大项目落地，打造中国与北非地区的双边合作旗帜工程。

（二）加强农业生产合作，提高北非国家粮食综合生产能力

埃及、苏丹、利比亚等北非国家拥有丰富的农业和自然资源。尼罗河流经埃及和苏丹，两国水资源相对充足，但北非国家农业基础设施落后，灌溉水源不足，农业科技水平和农业科技投入较低，农业生产力低下，饥饿和粮食不安全问题严重。因此，提高粮食的生产力是中国与北非国家及非洲地区合作的第一要务。第一，加强农业基础设施建设投资和管理合作，如路、桥、农田水利设施建设等，为农业生产奠定良好的基础；第二，通过技术转移、知识共享等途径，提高北非国家农业科技水平，开展中国与北非国家的农业机械化合作，调配适应北非国家农业生产模式的农机，推动农业规模化和机械化；第三，加强农业生产投入品合作，为北非国家提供优质种子，如已在非洲试种成功的杂交水稻品种，以及农药、化肥等投入品，通过南南合作，提高北非国家农业生产水平和区域内粮食供应能力，增强其粮食安全保障能力和灾害风险管理能力，增加农民收入，减少饥饿，提高北非国家营养水平，构建人类命运共同体；第四，支持苏丹已建成的农业技术示范中心提档升级，重新定位农业示范中心在国家农业技术示范和研究中的地位，为当地培育新品种，培养一批有知识、有经验的农民，支持在其他有条件的北非国家建立农业技术示范中心，提高农业技术推广能力。

（三）扩大农业经贸往来，促进北非国家农业全产业链发展

开展农产品贸易仍是中国与北非国家农业合作的主要方式。中国与北非国家在农业经贸领域具有较强的互补性。北非国家是世界优质长绒棉产地、世界重要橄榄油产地，中国的茶叶、调味香料等在北非国家也比较受欢迎。现阶段，中国与北非国家的农产品贸易以初级产品进出口贸易为主，加强中国与北非国家的农产品贸易往来主要体现在两个方面：一是在"一带一路"倡议和中非农业合作论坛的支持下，通过加强与非盟的合作，探索建立中非农业自贸试验区，深化与北非国家的贸易合作，扩大双方农产品的贸易范围，积极鼓励北非优势农产品输华，推动中国优势农产品开拓北非市场；二是加强中国与北非国家在种植业、畜牧业、渔业领域的合作，与北非国家开展全产业链经贸合

作，延长北非优势农产品价值链，提高农产品附加值，完善产品生产标准体系，推进生产标准化、管理集约化、产品优质化、经营产业化、销售品牌化，提高北非国家农产品的自给能力和就地转化能力，提高北非优势农产品的国际竞争力。随着非洲大陆自由贸易区建设进程的推进，北非国家凭借优势地理位置和相对较强的农业生产能力，能够将优势农产品销售到非洲内部其他国家，扩大北非国家在非洲内部的市场。

（四）推动农业可持续发展领域合作，共同应对气候变化与灾害

北非国家在农业生产过程中面临降水少且季节分配不均、土地沙漠化等问题，给农业生产带来很大的挑战。2019 年以来，非洲沙漠蝗虫灾害对当地农业生产造成了巨大的影响，并演变成了全球性的农业灾害。未来，中国与北非合作应建立在可持续发展的基础上，在提高农业生产水平的同时，注意环境保护和农业绿色发展。通过双方共建绿色农业技术联合实验室，因地制宜使用绿色农业生产技术，提高农业生产力；通过技术转移和联合研发，改善北非国家水资源管理水平，促进资源可持续利用，发展并推广环境友好型的林业和农业技术，在北非干旱和半干旱地区发展节水排灌农业，研发更加耐高温、耐干旱、抗洪涝的农作物优良品种，应对气候变化对农业生产的影响；通过高效施肥和施药等绿色农业生产技术，提高水肥利用率，维持土壤肥力，加强土地资源管理，提高农业生产应对自然灾害和气候变化的能力，加强双方在农作物秸秆等农业废弃物经济高效利用领域的技术合作，推动农业可持续发展。

（五）深化农业科技交流，推动协同研发和技术转移

农业发展的关键是实现农业科技的现代化。农业科技水平低是制约整个非洲地区农业发展的关键因素。目前中国农业科研院所和高校与北非国家已展开了相关合作，但项目的可持续性不足，缺乏资金和管理支持，没有形成长效联合研究机制。中国与北非农业合作要加强农业科技的交流，推动农业与科技融合，加强双方在农业科研、农业技术推广等领域的交流，充分挖掘中国与北非国家在农业科研领域的合作潜力，引导和鼓励中国与北非双方政府、科研院所、高等学校、企业建立农业科技创新战略联盟，加强人才交流，改善农业基础科研条件，提高基础研究水平，培养农业科研骨干，支持共建联合实验室和

科技示范园区，以北非农业科技发展的现实需要为前提，研发适合北非国家种植、养殖的优势品种和技术，开展优质种质资源、高效栽培技术、育种技术、产后加工和保险技术、病虫害防控技术、农业机械化等关键技术合作，推动企业与科研机构联合走出去，与当地的农业科研机构和企业建立多主体协作平台，广泛吸收多渠道经费和技术支持，建立机制化的合作体系，实现农业与科技的深度合作，科研成果与企业利润共享共赢，不断提升北非国家的农业科技水平。

（六）注重经验分享，加强能力建设与人才交流

通过中国与非洲开展的南南合作及三方合作项目，中国每年向非洲，包括北非地区派遣了多批次农业专家，并通过农业技术示范中心等平台为非洲培养了大批农民，推广先进的生产技术和经验。中方农业管理部门、研究机构及高校、农业协会、地方涉农机构等每年召开不同形式的农业培训班，邀请非洲相关领域人员来华参加培训。近年来，随着中非合作的不断加强，中方为非洲培养了大量留学生，部分学生学成回国后，成为当地农业领域的支柱人才。埃及、苏丹等国是中国开展农业能力建设及人才交流工作的重点国家。下一步，应继续开展形式多样的交流活动，分享中国农业农村现代化发展及减贫理念与经验。推动管理能力和信息化能力建设，提高非洲农业信息服务能力，支持建立中非农业合作信息系统。依托中非农业合作论坛和中国-FAO南南合作信托基金，支持非洲培养农业发展的领军人才，加强与北非国家农业青年的联系，鼓励中非青年人加强交流和学习，积极引导培养一批有技术、懂市场、会经营的非洲农业青年致富带头人。

（七）探索数字农业合作，开启中国与北非农业信息化合作

数字农业是非洲农业发展的重点领域，包括智能手机普及、智慧农业、数字支付技术、农业无人机技术等。非洲地广人稀，数字农业对非洲发展也具有重要的意义。中国智慧农业和农业大数据逐渐成熟，下一步应全面对接非洲数字农业发展规划（D4Ag），增强从政府官员到农民各层次对数字农业发展的认识和数字化素养，培养和储备非洲数字农业生态系统人力资本。目前，非洲数字农业发展存在着显著的弊端，数字农业基础设施落后、智能手机普及程度低等问题严重影响了非洲数字农业发展的速度。北非国家拥有较完整的基础设

施，经济发展水平相对较高，拥有发展数字农业的优势条件，中国与北非国家在数字农业合作领域应聚焦投资非洲信息基础设施建设，搭建基站和平台，广泛收集农业数据，提高数据管理能力和信息分析能力，如建立中国与北非国家的棉花大数据中心，监测棉花生产的国际市场需求和价格波动，加强自然灾害的监测预警，实现灾害预测和指导灾后恢复生产。非洲的数字农业发展也为非洲农业领域的青年提供了成为"数字时代农民"的机遇，未来应加强双方在数字农业领域的交流，尤其为青年农业人才提供交流和合作平台。

参考文献

References

贝克特，2019. 棉花帝国：一部资本主义全球史［M］. 徐轶杰，等，译. 北京：民主与建设出版社.

畅雄勃，2010. 援非手记（三）：埃及农业发展扶持政策纵览［J］. 农机质量与监督（9）：37-38.

杜炜，2016. 部分国家畜牧业发展概览［J］. 中国畜牧业（20）：50-51.

顾尧臣，2006. 阿尔及利亚有关粮食生产、贸易、加工、综合利用和消费情况［J］. 粮食与饲料工业（7）：45-47.

海龙，2009. 椰枣与阿拉伯人的生活［J］. 中小企业管理与科技（下旬刊）（2）：94.

黄超，2017. 埃及近现代农业经济与国家发展的互动关系研究［J］. 阿拉伯研究论丛（1）：76-86.

蒋和平，2013. 苏丹农业发展现状及政策建议［J］. 世界农业（6）：62-65.

蒋华杰，2013. 农技援非（1971—1983）：中国援非模式与成效的个案研究［J］. 外交评论（1）：30-49.

联合国粮食及农业组织，国际农业发展基金，联合国儿童基金会，2020.2020 年世界粮食安全与营养状况［R］. 罗马.

刘志华，2018. 中外比较视域下埃及农业合作社的百年嬗变（1910—2011 年）［J］. 世界农业（6）：37-42.

聂凤英，张学彪，2018. "一带一路"国家农业发展与合作——西亚北非十六国［M］. 北京：中国农业科学技术出版社.

农业部国际交流服务中心，2012. 非洲农业国别调研报告集［M］. 北京：中国农业科学技术出版社.

农业农村部对外经济合作中心，2019. 苏丹农业发展现状及中苏农业合作建议［EB/OL］.（10-08）［2021-03-10］. http：//www. fecc. agri. cn/ggxxfu/ggxxfw_tzdt/201910/t20191008_342625. html.

潘蓓英，1994. 摩洛哥农业发展初探［J］. 西亚非洲（3）：44-49.

齐冠钧，2020. 中埃农业合作凸显互补优势［J］. 中国投资（6）：106－107.

商务部，2020. 对外投资合作国别（地区）指南——阿尔及利亚（2020 年版）［R/OL］.［2021－03－10］. http：//www. mofcom. gov. cn/dl/gbdqzn/upload/aerjiliya. pdf.

商务部，2020. 对外投资合作国别（地区）指南——埃及（2020 年版）［R/OL］.［2021－03－10］. http：//www. mofcom. gov. cn/dl/gbdqzn/upload/aiji. pdf.

商务部，2020. 对外投资合作国别（地区）指南——利比亚（2020 年版）［R/OL］.［2021－03－10］. http：//www. mofcom. gov. cn/dl/gbdqzn/upload/libiya. pdf.

商务部，2020. 对外投资合作国别（地区）指南——摩洛哥（2020 年版）［R/OL］.［2021－03－10］. http：//www. mofcom. gov. cn/dl/gbdqzn/upload/moluoge. pdf.

商务部，2020. 对外投资合作国别（地区）指南——苏丹（2020 年版）［R/OL］.［2021－03－10］. http：//www. mofcom. gov. cn/dl/gbdqzn/upload/sudan. pdf.

商务部，2020. 对外投资合作国别（地区）指南——突尼斯（2020 年版）［R/OL］.［2021－03－10］. http：//www. mofcom. gov. cn/dl/gbdqzn/upload/tunisi. pdf.

世界银行，2019. 2020 年营商环境报告［R/OL］. （10－24）［2021－03－10］. https：//chinese. doingbusiness. org/zh/reports/global－reports/doing－business－2020.

唐丽霞，李小云，齐顾波，2014. 中国对非洲农业援助管理模式的演化与成效［J］. 国际问题研究（6）：29－40.

王磊，2018. 埃及有机农业耕作政策支持述评［J］. 世界农业（11）：95－99.

吴继德，1985. 非洲西北三国社会经济结构的演变［J］. 思想战线（5）：83－88.

武雅斌，2018. 新时期中非发展合作研究报告［M］. 北京：中国商务出版社.

杨冬燕，2002. 1955 年埃苏武器交易内幕［J］. 南京大学学报（哲学人文科学社会科学版）（6）：68－76.

张雷，2018. 苏丹农业［M］. 北京：中国农业科学技术出版社.

中非贸易研究中心，2018. 埃及农业现状及发展方向［EB/OL］. （10－01）［2021－03－10］. http：//news. afrindex. com/zixun/article11211. html.

中国国际贸易促进委员会，2018. 境外产业园区信息服务平台［EB/OL］. （11－05）［2021－03－10］. https：//oip. ccpit. org/ent/parkNew/140.

中华人民共和国驻阿尔及利亚民主人民共和国大使馆经济商务处，2009. 阿尔及利亚农业情况及开展中阿农业合作的建议［EB/OL］. （12－20）［2021－03－10］. http：//dz. mofcom. gov. cn/article/ztdy/201001/20100106734411. shtml.

中华人民共和国驻阿拉伯埃及共和国大使馆，2016. 埃及农业发展："尼罗河粮仓"的归来经历考验［EB/OL］. （12－09）［2021－03－10］. http：//news. afrindex. com/zixun/article7949. html.

中华人民共和国驻苏丹共和国使馆经济商务处，2009. 苏丹农业的绿色行动［J］. 国际农产品贸易（1）：40-43.

中华人民共和国驻突尼斯共和国使馆经济商务处，2006. 突尼斯农业状况及合作建议［EB/OL］.（05-19）［2021-03-10］. http：//tn. mofcom. gov. cn/article/ztdy/200605/2006050-2236157. shtml.

J F Robson，吕能慧，1982. 热带非洲的灌溉事业［J］. 世界农业（3）：5-9.

African Development Bank Group，2020. North Africa Economic Outlook 2020 - Coping with the COVID-19 Pandemic［R/OL］.（07-14）［2021-03-10］. https：//www. afdb. org/en/documents/north - africa - economic - outlook - 2020 - coping - covid - 19 - pandemic.

Allam M N，2004. Participatory Irrigation Water Management in Egypt：Review and Analysis［M］//A. Hamdy，M. Tuzun，N. Lamaddalena，et al. Participatory Water Saving Management and Water Cultural Heritage，Ciheam：123-131.

Bernal V，1997. Colonial Moral Economy and the Discipline of Development：The Gezira Scheme and "Modern" Sudan［J］. Cultural Anthropology，12（4）.

Chaibou M，Bonnet B，2019. The Arid Pastoral and Oasis Farming Systerm：Key Centres for the Development of Trans - Saharan Economies［M］//Dixon J，Garrity D P，Boffa J M，et al. Farming Systems and Food Security in Africa：Priorities for Science and Policy under Global Change. New York：Routledge.

Chen K Z，Hsu C，Fan S，2014. Steadying the Ladder：China's Agricultural and Rural Development Engagement in Africa［J］. China Agricultural Economic Review，6（1）.

Corner R，Fersoy H，Crespi V，2020. Integrated Agri - aquaculture in Desert and Arid Lands：Learning from Case Studies from Algeria，Egypt and Oman［R］. Fisheries and Aquaculture Circular No. 1195. Cairo，FAO.

Dutta S，Edwin R，2013. Understanding Mesqa and Marwa Water Management Practices in IIP areas of the Nile Delta. Final Report［R］. International Water Management Institute（IWMI）.

Eaton C，Shepherd A W，2001. Contract Farming：Partnerships for Growth［M］. FAO Agricultural Services Bulletin No. 145. Rome：Food and Agriculture Organisation.

Elhadary Y，Abdelatti H，2016. The Implication of Land Grabbing on Pastoral Economy in Sudan［J］. World Environment，6（2）：25-33.

Faiz M E，Ruf T，2010. An Introduction to the Khettara in Morocco：Two Contrasting Cases［M］//Water and Sustainability in Arid Regions. Netherlands：Springer.

FAO，2018. Water and agriculture in the 2030 Agenda for the Near East and North Africa Region［Z］.

FAO. Ghout Oasis system El Oued，Algeria［EB/OL］.［2021-01-15］. http：//www. fao. org/giahs/giahsaroundtheworld/designated - sites/near - east - and - north - africa/ghout - system/annexes/zh/.

FAO/EBRD，2017. Egypt：Wheat Sector Review 2015 ［R/OL］. ［2021 - 03 - 10］. https：//
agris. fao. org/agris - search/search. do? recordID＝XF2017000329.

Meng Q，2018. Sudan：Contract Farming Benefits Cotton Growers ［EB/OL］. （08 - 25）［2021 -
01 - 15］. https：//news. cgtn. com/news/3d3d674e32596a4e79457a6333566d54/index. html.

Richards A，1978. Land and Labor on Egyptian Cotton Farms，1882—1940 ［J］. Agricultural
History，52 （4）.

Salman S M A，2010. The World Bank and the Gezira Scheme in the Sudan Political Economy of
Irrigation Reforms ［R］. The World Bank.

SOUTH - SOUTH WORLD，2018. Rice Cultivation Techniques for Africa ［EB/OL］. （3 - 15）
［2021 - 1 - 15］. http：//africa. southsouthworld. org/46 - solution/1638/rice - cultivation -
techniques - for - africa.

UNDP，2019. Human Development Report 2019 ［R/OL］. ［2021 - 03 - 10］. http：//hdr. undp.
org/sites/default/files/hdr2019. pdf.

USDA. North Africa - Crop Production Maps ［Z/OL］. ［2021 - 03 - 10］. https：//ipad. fas.
usda. gov/rssiws/al/na_cropprod. aspx.

World Bank. Agribusiness and Value Chains ［R/OL］. ［2021 - 03 - 10］. https：//www.
worldbank. org/en/topic/agribusiness.

World Bank，2019. Agricultural Innovation & Technology Hold Key to Poverty Reduction in De-
veloping Countries，says World Bank Report ［R/OL］. （09 - 16）［2021 - 03 - 10］. https：//
www. worldbank. org/en/news/press - release/2019/09/16/agricultural - innovation - technolo-
gy - hold - key - to - poverty - reduction - in - developing - countries - says - world - bank - re-
port.

World Bank，2018. New Support for Irrigated Agriculture in Tunisia to Conserve Water and Cre-
ate Opportunities ［R/OL］. （05 - 17）［2021 - 03 - 10］. https：//www. worldbank. org/en/
news/press - release/2018/05/17/new - support - for - irrigated - agriculture - in - tunisia - to -
conserve - water - and - create - opportunities.

World Bank，2017. Sustainable Management of Oasis Ecosystems in Tunisia ［R/OL］. （05 - 23）
［2021 - 03 - 10］. https：//www. profor. info/knowledge/sustainable - management - oasis -
ecosystems- tunisia.

图书在版编目（CIP）数据

北非农业／张悦等编著．—北京：中国农业出版
社，2021.12
（当代世界农业丛书）
ISBN 978-7-109-28608-5

Ⅰ．①北… Ⅱ．①张… Ⅲ．①农业经济－研究－北非
Ⅳ．①F341

中国版本图书馆 CIP 数据核字（2021）第 149782 号

北非农业
BEIFEI NONGYE

中国农业出版社出版
地址：北京市朝阳区麦子店街 18 号楼
邮编：100125
出版人：陈邦勋
策划统筹：胡乐鸣　苑　荣　赵　刚　徐　晖　张丽四　闫保荣
责任编辑：潘洪洋
版式设计：王　晨　　责任校对：周丽芳
印刷：北京通州皇家印刷厂
版次：2021 年 12 月第 1 版
印次：2021 年 12 月北京第 1 次印刷
发行：新华书店北京发行所
开本：787mm×1092mm　1/16
印张：12.75
字数：210 千字
定价：68.00 元